Ayla Işik

BE
HAUPTET

Ayla Işik

BE
HAUPTET

Als Muslimin zwischen
Sicherheit und Freiheit

Kiepenheuer
& Witsch

Die Ereignisse, die im Buch geschildert werden, sind passiert, aber nicht so, wie sie geschildert werden. Namen, Orte, Handlungen und Ereignisse wurden verändert, auseinandergenommen und neu zusammengesetzt, sodass Ähnlichkeiten zufällig sind.

Ich widme dieses Buch meinen Kindern
und den Frauen, die diesen Weg gehen wollten, aber nicht konnten,
und all jenen, die für ihren Mut mit dem Leben bezahlten

verschwende nicht
(Q17:26)

speise die Bedürftigen
(Q22:36)

führe keine üble Nachrede
(Q49:12)

halte deine Eide ein
(Q5:89)

lasse dich nicht bestechen
(Q27:36)

halte deine Verträge ein
(Q9:4)

zügle deinen Zorn und vergebe anderen
(Q3:134)

verbreite keine Gerüchte
(Q24:15)

gehe vom Guten im anderen aus
(Q24:12)

behandle deine Gäste gut
(Q51:24–27)

sei gütig und geduldig mit deinen Eltern
(Q17:23)

mache dich nicht über andere lustig
(Q49:11)

laufe auf bescheidene Art und Weise
(Q25:63)

entgegne Bösem mit Gutem
(Q41:34)

predige nicht das, was du nicht selbst tust
(Q61:2)

hüte das dir Anvertraute und halte deine Versprechen
(Q23:8)

beschimpfe nicht die Götter anderer
(Q6:108)

betrüge nicht im Handel
(Q6:152)

gib anderen keine schlechten Beinamen
(Q49:11)

erkläre dich selbst nicht für rein
(Q53:32)

entgegne unhöflichen Menschen mit »Frieden«
(Q25:63)

erwarte keine Gegenleistung für eine gute Tat
(Q76:9)

schaffe Platz für Neuankömmlinge
(Q58:11)

wenn dein Feind Frieden will, akzeptiere ihn
(Q8:61)

halte anderen Menschen nicht deine guten Taten unter die Nase
(Q2:264)

VORWORT

Dieses Buch wird für viele eine Herausforderung sein. Es beschreibt meinen Weg aus den engen Strukturen einer Gemeinschaft von orthodoxen Musliminnen und Muslimen hin zu einem selbstbestimmten Leben. Unter »orthodox« verstehe ich ein auf Regeln fixiertes Religionsverständnis: Die Gebote und Verbote stehen im Zentrum und werden zu einem unhinterfragten Selbstzweck, sie werden nicht auf ihre Sinnhaftigkeit und Intention hin überprüft. Wichtig ist es mir zu betonen, dass Menschen, die Kopftuch tragen, beten oder fasten, kein Hinweis auf diese Art der regelgläubigen Orthodoxie sind. Auch ist der Kreis der orthodoxen Gläubigen relativ klein.

Mein Wunsch ist es, mit diesem Buch zwei unterschiedliche Welten zu erreichen. Einerseits die Welt meiner orthodoxen Glaubensgeschwister mit strenger Regelgläubigkeit und andererseits die Welt jener Menschen, die sich mit dem Islam nicht auskennen und keinen Bezug dazu haben. Für die Gruppe meiner Glaubensgeschwister wünsche ich mir, dass sie diesem Buch eine faire Chance einräumen und darin Werte wie Aufrichtigkeit, Geschwisterlichkeit, Barmherzigkeit und Kritikfähigkeit erkennen, die im Islam verankert sind. Für alle anderen Menschen wünsche ich mir, dass ihnen dieses Buch einen Einblick in die Lebens-, Denk- und Glaubensweise einer Gruppe bietet und sie die Parallelen zu anderen, ihnen bekannteren Strukturen erkennen.

Mein Buch erhebt nicht den Anspruch, ein theologisches oder wissenschaftliches Werk zu sein. Vielmehr erzähle ich meine ganz persönliche Geschichte und meinen Prozess der inneren und äußeren Auseinandersetzungen. Deshalb sollen weder meine Entscheidungen noch mein Lebensweg zum blinden Nachahmen animieren. Auch wurde das Buch nicht geschrieben, um eine Gruppe, einzelne Menschen oder eine bestimmte Religion zu verurteilen und der Öffentlichkeit vorzuführen. Vielmehr soll es seine Leser:innen für die feinen Unterschiede und Mechanismen freiheitlichen Glaubens, dogmatischer Religiosität und fanatischer Ideologie sensibilisieren und Mut machen, eigene Gedanken zuzulassen.

Dieses Buch ist also Zeitzeuge, Perspektive, Trost.

Bis zu meiner Entscheidung und auch eine Weile danach hatte ich Angst davor, die mir vertrauten Regeln, Verbote und Selbstverständlichkeiten zu hinterfragen. Zu den schwierigsten Aufgaben auf meinem bisherigen Lebensweg gehörte es deshalb, gegen die Angst anzukämpfen und sie zu überwinden. Jedes Mal, wenn ich dachte, dass ich es geschafft hätte, tauchte plötzlich eine neue Herausforderung auf, die mich zwang, genauer hinzusehen und differenzierter mit dem Erlebten umzugehen.

Was ich mir wünsche, ist eine Welt, in der wir anderen Menschen mit mehr Aufrichtigkeit, Verständnis und Offenheit begegnen.

Als Mutter, Tante, Schwester und Cousine möchte ich, dass meine eigenen Kinder und meine Nichten und Neffen, meine Brüder oder Cousins und Cousinen das Generationenkarussell unhinterfragter Glaubenssätze verlassen können, wenn sie es möchten. Die neue Generation soll sich mutig und ohne Angst Denkfreiheit erlauben. Eine Möglichkeit, wie das geschehen kann, wäre, wenn wir unsere Geschichten, Erfahrungen, Zweifel und Wünsche ehrlich erzählen und mit noch viel mehr Menschen teilen.

Geboren bin ich 1982 in einer deutschen Kleinstadt. Mit fünf Jahren zog ich in eine norddeutsche Großstadt, in der ich bis zu meinem Abitur lebte. Als einziges Mädchen und älteste von fünf Kindern wuchs ich in einer muslimisch praktizierenden Familie auf. Mit elf Jahren begann ich, ganz selbstverständlich und ohne es zu hinterfragen, Kopftuch zu tragen. Mit Ende sechzehn verliebte ich mich in einen palästinensisch stämmigen Mann, heiratete ihn mit achtzehn und machte mein Abitur. Mit einundzwanzig Jahren wurde ich zum ersten Mal Mutter.

Als meine eigene Mutter einen inneren Prozess durchlebte und begann, neugierig und kritisch theologische Fragen zu stellen, die für die Welt, aus der wir kamen, weder üblich noch gern gehört waren, stand ich ihrem Wandel kritisch gegenüber. Doch der unbarmherzige Umgang meiner Glaubensgeschwister mit ihr stellte mich vor noch größere innere Konflikte, sodass ich anfing, gleichermaßen und Stück für Stück das Regelkorsett infrage zu stellen. Ich geriet in eine fünfjährige Identitätskrise mit der Einsicht, dass ich alles bis dahin Geglaubte und Erlernte erst hinter mir lassen müsse, um einen authentischen Lebensweg gehen zu können. Auf diesem Weg begegnete ich vielen Menschen, die mich in meinem Prozess teilweise bis heute begleiten. Immer wieder musste ich feststellen, dass es vor allem Nichtmuslim:innen waren, die an meine Kraft und Stärke glaubten und mich in meinem Entschluss, diesen schweren Weg zu gehen, unterstützten. Nicht wenige Mitglieder meiner muslimischen Gemeinschaft hingegen konfrontierten mich mit Ablehnung, Belehrung und Diffamierung: Den positiven Zuspruch von Nichtmuslim:innen bekäme ich nur, weil ich offensichtlich meinem Glauben den Rücken gekehrt hätte. Es dauerte seine Zeit, bis ich die wahren Ursachen für ihr Verhalten erkennen konnte: Mit meinem Zweifel und meinen Fragen rüttelte ich am System. Deshalb richtet sich meine Kritik an den unbewussten und durch Nachahmung und Angst geprägten Dogmatismus. Für mich ist es heute Privatsache, ob Menschen sich streng an alle Regeln halten, ob sie die Gebote als Empfehlungen sehen und ob eine Frau ein Kopftuch trägt oder nicht. Mir erscheint es als eine Anmaßung, wenn der moralische Zeigefinger erhoben und mit Strafen gedroht wird. Die wichtigste Grundlage ist heute für mich das Recht auf Autonomie und Selbstbestimmung, gerade für Frauen in einer immer noch patriarchal geprägten Struktur. Ohne Autonomie ist der Mensch seelisch und geistig tot, deshalb ist es auch so wichtig, dass wir einander nichts vorschreiben, uns nicht bevormunden und nichts aufoktroyieren, sondern auf die positiven Einflüsse einer liebevollen Umgebung vertrauen.

Freiwilligkeit ist heute für mich die Grundvoraussetzung für alles.

Stille. Ich öffne die Augen. Zwischen den selbst genähten Gardinen blitzt das Licht der Straßenlaterne. Die Gardinen sind aus weißem Samt, verziert mit grauen Gräsern. Als eine Freundin sie vor zwei Jahren nähte, irrte sie bei den Maßen, sodass die Gardinen nicht ganz zugezogen werden können. Das macht aber nichts, denn für mich gibt es nichts Schöneres, als mit natürlichem Licht aufzuwachen und der Sonne die Möglichkeit zu geben, mit ihrem Licht die Räume dieses Hauses lebendiger zu machen, denn in diesem Haus, meinem Haus, wird das der Sonne oft sehr schwer gemacht. In allen Räumen dienen die dickeren Vorhänge dem Schutz vor unbefugten Blicken, wenn es draußen dunkel ist. Die etwas dünneren Gardinen aus Tüll sind Sichtschutz bei Tag. Und so wie keine fremden Blicke in unser Haus schauen dürfen, kann es die Sonne ebenfalls nicht. Umso dankbarer bin ich über die zu knapp genähten Vorhänge, die mir morgens helfen, den Tag gemeinsam mit den ersten Sonnenstrahlen zu beginnen.

Heute früh allerdings möchte ich nicht aufstehen, möchte keine Sonne, kein Straßenlaternenlicht, keinen Start. Ich will die

Zeit stoppen, aufhören zu atmen, aufhören zu fühlen, aufhören zu denken, aufhören zu sein. Ich schließe die Augen, überlege, wie viele Stunden ich wohl geschlafen habe, und komme auf drei. Oder waren es vielleicht doch vier? Ich weiß es nicht, ich weiß nur, dass ich das erste Mal nach längerer Zeit in dieser Nacht keine Panikattacke hatte. Nach Tagen der inneren Erstarrung hatte ich mich wieder in den Schlaf geweint.

Mist, denke ich, ich habe bestimmt geschwollene Augen, taste mit den Fingern über meine Oberlider und spüre die raue Kruste vertrockneter Tränen. Ich darf keine dicken Augen haben. Nicht heute. Ich stehe auf, gehe ins Bad, das an das Schlafzimmer angeschlossen ist. Bei der Planung musste ich den Architekten überzeugen, dass das für uns wichtig ist. Schließlich wollten wir unsere Ruhe vor den Kindern, dem Besuch und nicht zuletzt vor meinen Brüdern haben, die bei uns ein- und ausziehen würden – das stand vor dem Bau schon fest. Ich habe vier jüngere Brüder. Der Jüngste ist zwanzig Jahre jünger als ich, die anderen verteilen sich dazwischen.

Jetzt stehe ich im Bad, schaue in den Spiegel und sehe in meine verheulten Augen. So dürfen mich die Kinder nicht sehen. Ein Glück, dass sie noch schlafen. Ich setze mich auf den flauschigen Badezimmerteppich – mein Rücken an die runde Duschkabine gelehnt. Ich erinnere mich, wie ich die gerade Wand um die runde Duschkabine, die wir in einer Kamikaze-Wochenends-Aktion in Luxemburg gekauft hatten, abschlug, um sie anschließend rund wieder hochzuziehen. Die erstaunten Blicke des Handwerkers werde ich nie vergessen. Damals war die Welt heil, und im Rückblick weiß ich, dass sie es nur war, weil wir uns in eine Vorstellung geträumt hatten, die keinen Platz für unbequeme Fragen ließ. Wir planten unsere Zukunft, so wie wir es bei anderen gesehen hatten. Raus aus der Stadt, ein Haus bauen, einen Garten anlegen und Bäumchen pflanzen. Das Haus bauten wir ohne einen Cent Eigenkapital. Es war die Zeit, als die Zinsen im Keller waren und der Staat junge Familien mit zinslosen Darlehen unterstützte. Wir wollten keine Miete mehr zahlen, das Haus in den nächsten fünfundzwanzig Jahren abbezahlen und unseren Kindern später Eigentum hinterlassen. Dass die Geschichte anders verlaufen könnte, war keine Option. Wir waren das perfekte Paar, das von so vielen für ihre Liebe, ihren Zusammenhalt, ihre Familien, ihre tiefe Religiosität und ihr junges Elternglück beneidet und bewundert wurde. Und jetzt bauten wir so jung auch noch ein Eigenheim.

Ich sitze auf dem Boden und lehne mit dem Rücken an der Dusche. Tränen rollen mir über die Wangen. Nein, ich will nicht mehr weinen. Ich starre durch die himmelblauen Lamellen am Badezimmerfenster. Wie soll ich in wenigen Stunden für immer dieses Haus, mein Haus, verlassen können? Wie soll das gehen? Warum passiert mir so etwas? Wo ist hier die Gerechtigkeit? Die Kinder, mittlerweile sind es drei, zwei Söhne, eine Tochter. Sie müssen geweckt werden. Ich muss sie wecken. Ich stehe auf, wasche mir das Gesicht, nehme die kleine rituelle Waschung vor, um das Frühgebet noch rechtzeitig zu schaffen. Eiskaltes Wasser läuft über meine Hände und mein Gesicht. Ich halte die Unterarme unter das kalte Wasser, hebe den rechten Fuß ins Waschbecken, lasse das Wasser zwischen meine Zehen und über die Ferse laufen. Dann folgt der linke Fuß.

Die Reihenfolge der Waschung ist vorgeschrieben. Ebenso die Regel, dass die linken Körperteile den rechten folgen. Ich trockne meine Füße, gehe ins Schlafzimmer, das seit drei Monaten zu meinem persönlichen und spartanisch eingerichteten Rückzugsort geworden ist, ziehe mir die Gebetskleidung an, nehme einen Schal, wickle ihn mir um die Haare und um den Hals. Die Gebetskleidung, ein weit geschnittener Umhang, ein Kleid oder Rock, soll bei Frauen alles am Körper bis auf Hände und Gesicht bedecken. Männer müssen ihren Körper nur zwischen Bauchnabel und Knie bedecken, wobei die meisten Männer beim Gebet auch den Oberkörper bedeckt halten und eine längere Hose tragen. An diesem Morgen also werde ich mich in diesem Haus zum letzten Mal zum Gebet hinstellen. Das Gebet ist für mich zu einer Reise in mein Innerstes geworden. Es gab Zeiten, da war das Gebet eine Abfolge von Bewegungen, begleitet von Gedanken, die jenseits religiöser Inhalte waren, manchmal eine willkommene Unterbrechung einer anstrengenden Unterhaltung, eines unwillkommenen Besuchs, eines lästigen Termins oder aber auch nur Pflichterfüllung aus Angst vor Strafpunkten. Viele Muslime und Musliminnen glauben daran, dass ihnen gute Taten und das Befolgen der Regeln Punkte auf dem Paradies-Konto bringen. Das Pendant dazu ist das Minus-Konto, das sich bei Sünden und Regelbrüchen füllt. Und wenn am Ende des Lebens das Minus-Konto voller ist als das Paradies-Konto, wartet die Hölle.

In den letzten Monaten war das Gebet meine Rettung und meine Zuflucht. Ich fand nirgends so viel Trost und so viel Kraft wie in den Momenten des Gebets – der Zwiesprache mit meinem Schöpfer. Wenn ich mit meiner Stirn den Boden berührte, fühlte ich mich gehört und verstanden, geborgen und sicher. Und auch jetzt ist es nicht anders. Ich beginne wieder zu weinen und kann nicht mehr aufhören. Als meine Stirn den Boden berührt, ist mein Schluchzen nicht mehr zu überhören, bis ich das Klopfen an der zugesperrten Tür höre. Meine Kleinste, Leyla, ist wach geworden. Ich hoffe, nicht durch mein Weinen, denke ich laut zu mir selbst. Ich versuche mit der letzten Konzentration das Gebet zu beenden, stehe auf, ziehe mir die Gebetskleidung aus, gehe kurz ins Bad, um mir das Gesicht zu waschen, und öffne die Tür. Vor mir steht meine Vierjährige mit ihren großen, wachen und dunkelbraunen Augen und fragt mich, wieso ich weine. Irgendwie bin ich heute dazu verdammt, nicht aufhören zu können. Ich nehme sie auf den Arm und schmiege meine Nase an ihren Hals, atme ihren Geruch tief ein und trage sie auf mein Bett.

Meine kleine Kämpferin. Die Schwangerschaft mit ihr kostete

mich viel Kraft, doch ich wurde nach 41 Wochen belohnt, als mir die Hebamme nach einer schmerzvollen Sturzgeburt ein schweres Päckchen auf die Brust legte. In den darauffolgenden Minuten und Stunden wurde mir klar – dieses Kind wird eine Herausforderung. Es war bereits im Alter von fünf Minuten ein Charakterkind mit einem unbeugsamen Willen, einer Ausdauer und Zähigkeit, die ich in dieser Form von seinen beiden älteren Brüdern Adam und Noah nicht kannte. Doch genau diese Eigenschaften sollten uns beiden später als wahres Geschenk dienen.

Ich lege mich mit ihr unter die Decke und wir kuscheln. Lieber Gott, wenn es etwas gibt, was du mir bitte niemals nehmen sollst, dann ist es diese Nähe und Verbundenheit mit meinen Kindern, denke ich und halte unter der Decke ihre kleine Hand. Ich weiß noch nicht, dass dieses Band durch äußere Einflüsse in Gefahr geraten könnte. Irgendwann kommt Noah und schaut mich mit einem traurig fragenden Blick an. »Mami, warum bist du traurig?«. Seine Lippen zittern, seine Hände suchen mein Gesicht. Ich nehme sie und küsse sie, sage ihm, dass ich traurig bin, weil ich bald wegmuss. »Du darfst nicht gehen Mami«, höre ich ihn leise sagen. Seine kleine Schwester schweigt, doch ihr Körper spricht Bände. »Ich liebe euch und werde euch immer und ewig lieben.« »Bis zum Mond und zurück«, sagt Noah. »Ja, bis zum Mond und zurück und bis zum Mond und zurück und bis zum Mond und zurück. Tausendmal.« »Und ich dich eine Million Mal zum Mond und zurück, Mami.« Er legt sich zu uns.

Damals, vor sechs Jahren, platzte plötzlich meine Fruchtblase, während ich abends vor dem Fernseher saß. Ich wusste nicht, wie mir geschah, und befand mich urplötzlich in einer Gefühlsachterbahn aus Angst, Trauer, Freude und Aufregung. Angst, weil ich noch vage in Erinnerung hatte, wie es mir knapp fünf Jahre zuvor im Kreißsaal ergangen war. Trauer, weil die Schwangerschaft mit Noah zu der schönsten Zeit seit Jahren gehört hatte und ich nicht wollte, dass sie jetzt aufhörte, Freude, weil in mir die Hoffnung auf bessere Zeiten so stark wie nie war. Ich sprang von der Couch auf und lief ins Bad, während mir das warme Fruchtwasser an den Beinen herunterlief. »Bitte, ruf Caron an«, hörte ich mich mit überschlagender Stimme sagen.

Caron war meine belgische Hebamme, die kurz vor ihrer Pensionierung stand und mir in den vielen Monaten der Schwangerschaft mit ihrer mütterlich weisen und erfahrenen Art die Angst nahm. Bei ihr fühlte ich mich sicher. Sie redete nichts schön und blieb stets freundlich und bestimmt. Als Frau und Schwangere wusste ich, dass meine Belange und Bedürfnisse an erster Stelle standen. Caron fragte am Telefon, in welchen Abständen die Wehen kämen und dass ich mich ausruhen solle. Sie sei in spätestens einer Stunde bei mir. Als sie kam, lag ich auf der Couch. In der Zwischenzeit war bereits eine Freundin gekommen, um meinen großen Sohn abzuholen, denn es stand noch der Gedanke an eine Hausgeburt im Raum, und ich wollte unter keinen Umständen, dass er das mitbekam. Draußen war es bereits dunkel geworden. Caron und ich gingen ins Schlafzimmer. Ich legte mich aufs Bett, und Caron untersuchte meinen Muttermund. »Fünf Zentimeter. Wenn du wirklich zu Hause entbinden möchtest, sollten wir das langsam entscheiden. Sonst könnte es zu spät werden, um noch ins Krankenhaus zu fahren.« Wir befragten Caron und wollten in Bezug auf Risiken sichergehen, dass sie alles im Griff hatte. Sie machte uns mit kurzen Sätzen deutlich, dass sie eine Hausgeburt niemals in Erwägung ziehen würde, wenn es auch nur eine Kontraindikation gäbe. Doch die Anspannung im Raum war deutlich zu spüren, und unter diesen Umständen würde ich mich niemals in meiner Badewanne entspannen und im wahrsten Sinne des Wortes loslassen können. Also willigte ich ein, ins Krankenhaus zu fahren. Ich wusste, dass mir mit Caron an der Seite nichts passieren konnte und dass sie niemals ohne meine Zustimmung in Dinge einwilligen würde, die ich nicht wollte. Und so war es dann auch.

Während der gesamten Geburt waren wir unter uns. Die Ärztin warf einmal einen kurzen Blick in den Kreißsaal, sah, dass alles in Ordnung war, und ging wieder. Die Geburt verlief so, wie ich es mir gewünscht hatte – ganz natürlich, ohne unnötige Eingriffe, intim und trotzdem so schmerzvoll, dass mir die Luft wegblieb. Aber eine PDA wollte ich nicht. Lieber brüllte ich das Krankenhaus zusammen und krallte meine Finger in die Decke. Als mir Caron gegen fünf Uhr in der Früh unseren Sohn Noah auf den Bauch legte, konnte ich meinen Augen kaum trauen – ich hatte noch nie so ein schönes Kind gesehen. Große wache Augen schauten mich an. Eine Haarpracht, die mich breit grinsen ließ, denn er war unverkennbar eine perfekte Mischung aus uns beiden. Dieses Kind war ein absolutes Wunschkind.

Die darauffolgenden Tage waren ein Ankommen in der Realität und ein schöner Traum zugleich. Noahs Wesen half mir dabei, nicht in Wochenbettdepressionen zu versinken. Er war sensibel und weich und weinte selten. Trotzdem wurde mir schnell bewusst, dass mein Wunsch nach trauter Zwei- bzw. Viersamkeit nicht in Erfüllung gehen sollte. Zu sehr waren die Rolle der Mutter, des Vaters und die gesamte Familienstruktur in Stein gemeißelt. Ich verbrachte in den kommenden Wochen viele einsame Stunden mit meinem kleinen Sohn, weinte beim Stillen und Windeln wechseln, lag oft starr mit dem Blick zur Decke auf meinem Bett und kam bei den vielen Verpflichtungen als Mutter, Ehe- und Hausfrau kaum hinterher. Schließlich war da noch ein Fünfjähriger, der die volle Aufmerksamkeit einforderte, was schließlich auch sein gutes Recht war. Hilfe von der Familie gab es so gut wie keine. Meine Mutter wohnte zu weit weg und konnte ihre Hilfe nur anbieten, wenn sie uns besuchen kam, und andere Familienmitglieder sahen sich nicht in der Verantwortung, denn schließlich gab es noch weitere Töchter, die ihre ganze Aufmerksamkeit bei der Kinderbetreuung in Anspruch nahmen. Und die bekamen sie auch. Ich hingegen sollte mir selbst helfen und mich freuen, wenn die Kinder irgendwann alt genug seien, um ausziehen zu können, und dann meine Träume verwirklichen. Wie Frauen sich gegenseitig im Stich lassen können, würde ich im Laufe der Jahre noch an vielen Stellen zu spüren bekommen. Doch das war mir zu diesem Zeitpunkt noch nicht bewusst.

Die Rolle meines mittleren Kindes sollte sich mit der Zeit immer mehr herausstellen. Er war der Tröster, der Aufmerksame mit sechstem Sinn, derjenige, der es immer schaffte, mir in meinen traurigsten Momenten ein Lächeln ins Gesicht zu zaubern. Er würde auch derjenige sein, der mich später mit Stolz und Freude über mein Leben überschütten sollte, aber auch das konnte ich zu diesem Zeitpunkt nicht wissen.

Wir liegen zu dritt auf einer 90 Zentimeter breiten Matratze und fallen fast hinunter. Ich halte beide fest. Lange werde ich euch nicht mehr so festhalten können, denke ich. Die Gedanken werden lauter, und mein Bemühen, sie zum Schweigen zu bringen, endet wieder mit Tränen. So unterschiedlich beide in ihrem Wesen sind, so sehr ähneln sie sich jetzt gerade. Beide wissen nicht, was sie machen sollen, und der Zusammenhalt untereinander, der bereits seit mehreren Wochen immer stärker wird, ist unübersehbar. Mit Blick auf die Uhr weiß ich, dass wir nicht viel Zeit haben, denn im Zimmer nebenan schläft Adam, der zur ersten Stunde in die Schule muss. Das Aufstehen alleine fällt ihm mit dem Älterwerden zunehmend schwerer, und so gehört es seit Jahren zu meiner Aufgabe, ihn morgens im 5-Minuten-Takt aus dem Bett zu schimpfen. Doch heute kann ich weder schimpfen noch dafür sorgen, dass er pünktlich ist – und ehrlich gesagt ist es mir heute auch egal, ob er pünktlich zur Schule kommt. Und überhaupt – wieso war das seit Jahren immer meine Aufgabe, dafür zu sorgen, dass jeder in diesem Haus seine Termine wahrnimmt?

Soll er halt ausnahmsweise zu spät kommen, schließlich ist heute kein Tag wie jeder andere, geht es mir durch den Kopf. Mit seinen zwölf Jahren ist er ein überdurchschnittlich selbstständiges Kind. Mit großem Sinn für Gerechtigkeit und einem Dickkopf, der ihn bereits bei seinen ersten Gehversuchen im wahrsten Sinne des Wortes regelmäßig auf den Boden zog. Unser Verhältnis hatte von Anfang etwas von einem Konkurrenzkampf. Mein Sturkopf gegen seinen Sturkopf. Seine Schwangerschaft überforderte mich lange, bevor ich von ihr erfuhr. Im Nachhinein weiß ich, dass die Überforderung dem Druck geschuldet war, mich beugen zu müssen und so jung schon ein Kind zu bekommen, wenn ich meine Ehe nicht riskieren wollte. Wenn es etwas gibt, was mir wohl bis zu meinem Lebensende wie ein festgewachsener Dorn im Herzen erhalten bleiben wird, dann ist es die traurige Wahrheit über das Fehlen eines unbeschwerten ersten Mutterglücks. Viel zu früh und viel zu schnell mussten Adam und ich einen Weg finden, aus der Situation das Beste zu machen. Er für sich in seinem Kindsein, ich für mich in meinem Muttersein. In meinem Fall mit einem riesigen Loch aus Trauer, Sehnsucht und Hoffnung. Da waren Themen wie ein abgebrochenes Studium, die nicht vorhandenen Reisen ins Ausland, die nicht gelebte Jugend mit all ihren Facetten, die Erfahrungen eines ersten Jobs, das Erkennen von Fehlern nach selbstständig getroffenen Entscheidungen – all das sollte für eine sehr lange Zeit, damals noch für immer, unerfüllt bleiben. Doch jede Faser meines Körpers schrie fast zwei Jahrzehnte lang danach, Erfahrungen machen zu dürfen. »Mami, du bist stark. Du wirst es auch ohne uns schaffen. Papa braucht uns«, sagte Adam, als ich ihm die Entscheidung, dass ich ohne sie ausziehen würde, mitgeteilt hatte. Bis heute hallen seine Worte in meiner Erinnerung nach. Ich erinnere mich, als wäre es gestern, wie mein Herz vor Schmerz explodierte und gleichzeitig von Liebe und Stolz überwältigt wurde. Und ich schämte mich meiner Schwäche als Erwachsene, während mein kleiner Junge nur so vor Stärke und Besonnenheit strotzte. Wenn er nur wüsste, wie oft ich in den vielen endlos einsamen und von Sehnsucht nach ihm und seinen Geschwistern heimgesuchten Nächten wach lag, laut weinte und Sorge hatte, dass die Nachbarn irgendwann an die Tür klopfen würden. Adams Worte gaben mir die nötige Kraft, immer wieder aufzustehen und weiterzumachen. Genauso verhielt es sich mit meinem täglichen Gebet, das mir auf seine Weise Kraft gab, dessen Form sich aber im Laufe der nächsten Jahre verändern sollte.

Andere Worte wiederum wecken bis heute den Kampfgeist in mir. »Alleine wirst du es sowieso nicht schaffen!«

Meine Geschichte ist die Geschichte vieler junger Mädchen, die davon träumen, als Ehefrau und Mutter ihr persönliches Glück zu finden. Sie ist eine Geschichte, die trotz ihrer Individualität stellvertretend für Millionen junger Mädchen und Frauen jedweder Kultur steht. Meine Gedanken, Ängste und Erfahrungen werden von vielen anderen Frauen, auch vielen Nichtmusliminnen, geteilt. Mein Nordstern war früher und ist bis heute die selbstbestimmte Freiheit. Obwohl ich viele Frauen kenne, die ohne diese selbstbestimmte Freiheit ein gutes Leben führen, weil sie sich der Maxime ihres Mannes, anderer Menschen oder den Regeln ihrer Gemeinde angepasst haben, weiß ich um das Gefühl, wenn etwas, das sich anfangs noch richtig anfühlte, plötzlich wie das Damoklesschwert am seidenen Faden hängt. Besonders, wenn die Freiwilligkeit eher Gewohnheit war und sich mit einem Mal in einen Zustand der Unfreiwilligkeit wandelt. Um es mit einem Vergleich zu erklären: Bevor Truman durch die Pappwand stieß, war seine Welt in Ordnung. Ich jedenfalls brauche Freiheit und wurde unglücklich, weil sie mir nicht gewährt wurde.

Damals, als all das in meinem Leben geschah, gab es keinen Menschen, dem ich mich anvertrauen und der mir sagen konnte, wie ich am besten zwischen religiöser Komfortzone und selbstbestimmter Freiheit entscheiden sollte und ob meine Ängste bezüglich der möglichen Konsequenzen tatsächlich berechtigt waren. Letzten Endes blieb mir nichts anderes übrig, als mir jede Frage selbst zu beantworten, obwohl ich mir an vielen Stellen eine Orientierung gewünscht hätte.

Ich war sechzehn Jahre alt und saß inmitten von Gleichgesinnten beim Jahrestreffen der Muslimischen Jugend Deutschland, einem Verein aus jungen, hier in Deutschland geborenen Muslim:innen. Das Ziel: den Jugendlichen aus religiös praktizierenden muslimischen Elternhäusern als Anlaufstelle zu dienen und dabei möglichst viele verschiedene Freizeitaktivitäten anzubieten. So gab es beispielsweise im Rahmen der Lokalkreise bundesweit in jeder größeren deutschen Stadt die Möglichkeit, sich im geschützten Raum zu treffen und dabei wie die »anderen« Gleichaltrigen seinen Spaß zu haben. Der einzige Unterschied zu konfessionslosen Jugendaktivitäten lag im Fokus eines gemeinsamen Regelbewusstseins und darin, seine Religion lieben, verstehen und praktizieren zu lernen. Für mich war die Muslimische Jugend mein zweites Zuhause. In der Zeit zwischen meinem dreizehnten und sechzehnten Lebensjahr verging kein Tag, an dem ich nicht in irgendeiner Form aktiv am Gruppengeschehen teilnahm. So auch an diesem Treffen.

Neben meinen muslimischen Glaubensgeschwistern gab es auch »die Anderen« – das waren die mit anderen Wertvorstellungen, mit einem anderen Glauben, mit einer anderen Erziehung und mit anderen Zielen im Leben. Und »anders« war eben oft auch ein »Nicht-Gut« oder ein »Nicht-Richtig«, je nach Toleranz. Auch wenn diese Haltung nicht nach außen gezeigt wurde, war sie ein unausgesprochener Konsens. Ein Konsens, der für Zusammenhalt, Loyalität und Verständnis untereinander sorgte. Rückblickend würde ich es Parallelwelt nennen oder das Leben in einer Bubble. Doch zu diesem Zeitpunkt war die Muslimische Jugend neben meiner Familie und der Schule der Dreh- und Angelpunkt meines Lebens. Freund:innen außerhalb hatte ich keine. Ich brauchte sie auch nicht, denn im vertrauten Kreis meiner Mädchengruppe waren genug Freundinnen, mit denen ich, ohne aus meiner Komfortzone treten zu müssen, Zeit verbringen und Gedanken austauschen konnte.

Bei dem diesjährigen Treffen sollte an diesem Wochenende ein neuer Vorstand gewählt werden. Wahlberechtigt waren nur die Mitglieder des Vereins, und die Wahl war für den frühen Abend geplant. Doch wie immer zogen sich die Vorträge der meisten Redner und der eher wenigen Rednerinnen sowie die Einwände der Hörenden und die erneuten Erklärungen der Redner:innen sowie die anschließenden Diskussionen zwischen Redner:innen und Hörenden in die Länge. Am Ende wurde es immer später als geplant, und eine Frage zog eine neue Frage nach sich. Ein wenig ist das vergleichbar mit einer Grundschulklasse, die wissbegierig nach Antworten sucht, aber mit den gegebenen Antworten entweder nichts anzufangen weiß oder die Antworten möglicherweise neue Fragen aufwerfen oder zum Umdenken auffordern. Doch der Konsens, dass Regeln wichtig sind und Sinn haben, gibt eine klare Struktur vor, es gibt wenig Raum für Interpretation, und bei Befolgung werden Zufriedenheit und Gottes Wohlgefallen versprochen. Eine dieser Regeln, die sich aus meiner Sicht an der Oberfläche bewegt, ist beispielsweise die Nagellack-Regel, die besagt, dass das Tragen von Nagellack nicht erlaubt ist, weil das Wasser während der rituellen Waschung, deren korrekte Ausführung wiederum Voraussetzung für das fünfmalige Pflichtgebet ist, dann nicht an die Fingernägel kommt. Ganz Pfiffige umgehen diese Regel, indem sie beispielsweise den Nagellack unmittelbar nach der Gebetswaschung auftragen und dann dafür sorgen, dass sie nicht in die Situation kommen, beim nächsten Gebet erneut die Waschung vornehmen zu müssen. Das wäre beispielsweise durch den Gang zur Toilette, das Entweichen von Darmgasen, durch das Bluten einer Wunde der Fall. Dann müsste der Nagellack runter. Als Antwort auf dieses Problem gibt es seit einigen Jahren wasserdurchlässigen Nagellack, der aber 20 Euro pro Fläschchen kostet und – für Jugendliche also fast unerschwinglich ist.

Eine weitere dieser Regeln, die bei unseren Zusammenkünften stets für neue Diskussionen sorgte, war das Verbot des Augenbrauenzupfens. Diese Regel hat den Hintergrund, dass es Muslim:innen nicht erlaubt ist, sichtbare und/oder nicht reversible Veränderungen am Körper, beispielsweise durch das Zupfen der Augenbrauen, das in meiner Familie verboten war, oder das Stechen eines Tattoos, durchzuführen – Monobraue hin oder her. Bärte und Kopfhaare sind von dieser Regel ausgenommen. Auch die Dos und Don'ts, wie eine Unterhaltung zwischen Mann und Frau geführt wird – mit so wenig Blickkontakt wie möglich –, sind im Islam geregelt. Heute frage ich mich, wie Heranwachsende jemals in die Situation der Eigenverantwortung kommen können, wenn ihnen der Zugang zu eigenen Erfahrungsprozessen aufgrund von diesen und anderen Normen und Regeln verwehrt bleibt?

An dieser Stelle mag man die Sinnhaftigkeit und insbesondere die Aktualität dieser Regeln infrage stellen, denn Tattoos sind bereits seit Längerem entfernbar und Augenbrauen wachsen, seit es Menschen gibt, nach. Doch wenn es um diese und ähnliche Regeln geht, bei denen der Interpretationsspielraum, angefangen vom Zweck bis hin zum persönlichen Stellenwert, weit gefasst werden kann, führt es oft dazu, dass die Regeln so lange diskutiert und infrage gestellt werden, bis der Fragende seine individuelle und befriedigende Antwort erhält. Doch wo es früher noch wenige Anlaufstellen für die religiösen Fragezeichen im Kopf gab, wuchs mit der Digitalisierung auch der Markt der Online-Geistlichen, um der entsprechenden Nachfrage gerecht werden zu können. Das Ergebnis dieser Entwicklung lässt mich täglich aufs Neue die Hände über dem Kopf zusammenschlagen, wenn ich einen Blick in die Kommentarspalten selbst ernannter Theologen und Islamkenner auf Instagram, Facebook und YouTube werfe. Nicht selten stellt sich mir dann die Frage, wieso Menschen für Entscheidungen, die ihr persönliches Leben betreffen, die Meinung und das Wissen eines fremden Menschen hinzuziehen, der sich innerhalb anerkannter Lehrmeinungen bewegen muss. Die Antworten der Geistlichen werden in den allermeisten Fällen nicht infrage gestellt. Wieso ordnen sich Menschen den zum Teil sehr willkürlich anmutenden religiösen Regeln, die das Leben bis ins Detail festlegen, unter? Ist es vielleicht die Sicherheit, weil sie dann nicht Gefahr laufen, sich möglicherweise für den falschen Weg zu entscheiden? Oder spielt hier das religiöse Versprechen auf ein gutes Leben, die Geborgenheit durch die Gruppenzugehörigkeit und die Angst vor dem möglichen Alleinsein eine Rolle? Ist es vielleicht auch eine gewisse Faulheit, vielleicht sogar eine Unfähigkeit, nicht selbstverantwortlich und täglich aufs Neue eigene Entscheidungen treffen zu müssen, weil das andere schlicht bequemer ist? Es sollten viele Jahre vergehen, bis ich die Mechanismen und Strukturen hinter dem erkennen konnte, womit ich mehr als drei Jahrzehnte meines Lebens tagtäglich konfrontiert war. Aber die Antworten stimmten mich traurig und zeitweise auch wütend. Ich wollte und konnte nicht begreifen, dass weltweit Millionen Menschen an Fernsehern, auf YouTube, TikTok, Instagram oder Facebook fragend an den Lippen dieser geschulten und gut in Szene gesetzten Online-Geistlichen hängen und dabei das Wertvollste verpassen, das ein Mensch für sich tun kann – nämlich eigenverantwortlich und selbstbestimmt das Für und Wider abwägen und mit bestem Gewissen eigene Entscheidungen treffen. Egal, ob sie letztlich richtig oder falsch sind. Ich jedenfalls sehe die starre Befolgung von vorgegebenen Regeln heute kritisch, denn obwohl ich die Gründe hinter diesem

Verhalten verstehe, kann ich aufgrund meiner persönlichen Erfahrungen behaupten, dass Lernen und inneres Wachstum nur durch Probieren, Abwägen, Hinfallen, Aufstehen, Reflektieren und wieder Von-vorne-Anfangen funktionieren können.

In diesem Buch werde ich an der einen oder anderen Stelle noch auf weitere Regeln genauer eingehen. Dabei ist es nicht meine Absicht, die für viele Menschen so wichtige Grundlage ihrer Religion zu kritisieren. Vielmehr geht es mir darum, auf die so selbstverständlich gewordene Praxis des Nachmachens und Nicht-Hinterfragens hinzuweisen, in der Hoffnung, dass Bewegung in die Köpfe und Herzen derjenigen Menschen kommt, die ihre autonome Entscheidungsfähigkeit in die Hände religiöser Regeln und Oberhäupter legen. Es spielt primär auch keine Rolle, um welche Religion oder welche Bereiche des Lebens es geht. Denn ich bin überzeugt davon, dass Gutes und Nachhaltiges nur dort gedeihen kann, wo Veränderung stattfindet, und unzeitgemäße, falsche und die Menschen zur Heuchelei verleitende Lebensmodelle nur dort entstehen können, wo Nachahmung und blinder Gehorsam gelebt und gefordert werden.

An den Jahres- und Lokaltreffen der jeweiligen Städte dürfen sowohl Gäste als auch Mitglieder teilnehmen, wohingegen die Wahlberechtigung ausschließlich den Mitgliedern vorbehalten ist. So auch auf diesem Jahrestreffen. Während sich nun die Nichtmitglieder auf ihre warmen Betten freuten, die in den weitläufig verteilten und nach Geschlechtern getrennten Gebäuden auf sie warteten, versammelte sich eine Gruppe aus knapp einhundert Menschen im großen und mit Teppich ausgelegten Raum, der in erster Linie für die gemeinsamen Gebete genutzt wurde. Wie selbstverständlich saßen auf der einen Seite die Frauen und auf der anderen die Männer. Dazwischen wurde ein Durchgang gelassen. An dieser Stelle von *Frauen* und *Männern* zu sprechen, scheint mir unpassend, denn das Alter der Teilnehmer:innen, der Schwestern und Brüder, wie wir uns untereinander nannten, lag zwischen zwölf und zwanzig Jahren. Das Alter der Betreuerinnen und Betreuer ging bis Ende dreißig. Auf der Seite der Schwestern wurde ständig gekichert, denn es gab immer den einen oder anderen Bruder, bei dem eine von ihnen davon ausging, ihr sei ein verheißungsvoller Blick zugeworfen worden. Für uns Mädchen, aber auch für die Jungs, waren diese Treffen weitestgehend die einzige Möglichkeit, in einem Raum zu sein und vom jeweils anderen Geschlecht wahrgenommen zu werden. Neben pubertären Schwärmereien gab es aber auch genug junge Menschen, die es sich zum Ziel gemacht hatten, eine:n heiratstaugliche:n Partner:in zu finden.

Ich gehörte zu der Sorte Mädchen, die sich zwar hinsichtlich ihrer Außenwirkung unsicher war, aber trotzdem, wahrscheinlich aufgrund der Tatsache, dass ich nur mit jüngeren Brüdern aufwuchs, einen sehr entspannten und fast schon kumpelhaften Umgang mit Jungs im Allgemeinen oder eben mit den Brüdern im Speziellen pflegen konnte – wenn es nicht jene gab, die sich dem Glauben und dem Befolgen der bereits erwähnten Regeln auf eine fast schon zwanghafte Weise verpflichtet fühlten. Rückblickend würde ich sie *die Sittenwächter* nennen, denn sie erschwerten mir das Leben, wenn sie mein Verhalten infrage stellten und durch ständige Ermahnung für die Einhaltung der Anstandsregeln sorgten, wie beispielsweise die Stimme und den Blick zu senken. Dadurch schafften sie eine Atmosphäre der richtig praktizierten Religiosität und riefen uns unsere persönliche Schamhaftigkeit in Erinnerung. Der Anstand, aber auch die Interessen und Themen, die man von sich preisgibt, sind in muslimischen Kreisen eine unausgesprochene Währung, weil sie über Status und Wert eines Gläubigen innerhalb der kleinen und großen Gemeinschaft entscheiden können. Je höher dieser ist, desto größer sind die Chancen auf ein hohes Ansehen, eine:n bessere:n Partner:in oder eben die Aussicht auf einen verantwortungsvollen Posten innerhalb der Gruppe, der allerdings, früher jedenfalls, meist ausschließlich

Männern zustand. Zu der Wahl *guter* Themen und Interessen gehören Dinge jenseits von *haram*-Themen, wie beispielsweise Gebote, die Aspekte des Benimms und Anstands regeln. Alles, was nicht explizit verboten ist, ist erlaubt. Hinzu kommen viele ungeschriebene Benimm- und Anstandsregeln, die nicht selten von Scham besetzt sind – im Türkischen und im Arabischen wird hierfür gerne der Begriff *ayip* verwendet – schändlich, moralisch verwerflich, beschämend. Doch greifbarer sind zunächst die Regeln, die sich mit klaren Verboten befassen.

Neben den religionsübergreifenden Verboten, die mit den zehn Geboten verglichen werden können, gehören zu den islamischen Verboten beispielsweise das Alkoholverbot, das Versäumen von Pflichtgebeten, das Nichtfasten im Monat Ramadan (außer unter besonderen Umständen wie Schwangerschaft, Stillzeit oder Krankheit), das Beigesellen göttlicher oder gottähnlicher Urschöpfer neben dem einen Gott, uneheliche Beziehungen/Beziehungsanbahnungen, Analsex, aber auch die bereits genannten Dinge wie Tattoos stechen lassen, Nagellack tragen oder das Zupfen der Augenbrauen. Letztere zwei zählen dabei eher zu den Halb-Verboten, wenn beispielsweise der Nagellack während der rituellen Waschung nicht aufgetragen ist oder die wasserdurchlässige Sorte benutzt wird. Im Falle der Augenbrauen werden beim Zupfen des mittleren Parts der Augenbrauen *Ausnahmen* gemacht. Mir wurde früher gesagt, dass ich zwar den Bereich über der Nase zupfen könne, aber die restliche Form meiner Augenbrauen nicht verändern dürfe.

Wenn es um die größeren Pflichten geht, zu denen unter anderem auch das tägliche fünfmalige Gebet oder das Fasten im Monat Ramadan gehören, gibt es immer wieder Momente der Lustlosigkeit oder Schwäche, und obwohl das bekannte Phänomene sind, wird darüber nie laut gesprochen, denn sie werden nicht selten als Zeichen eines schwachen Imans (Glaubensstärke) interpretiert und durch Ermahnungen Dritter sanktioniert. Auch wenn der oder die Erinnernde nur an die Pflicht zur Erinnerung/Ermahnung verweist, ist es letzten Endes beschämend. Die *Nasiha* gehört zur Aufgabe eines Muslims. Jemanden, der sich vermeintlich auf religiösen Abwegen befindet, durch einen geschwisterlichen Rat wieder auf den richtigen Weg zu führen, geschieht auf so unterschiedlich Weisen, wie es Menschen auf der Welt gibt. Es reicht von gleichgültiger Beiläufigkeit bis hin zur vorwurfsvollen Maßregelung. Ersteres erfuhr ich auf indirekte und respektvolle Weise innerhalb meiner Familie, Letzteres hingegen sollte mir viel später in meinem Leben einige Male widerfahren. Aber bis zu diesen einschneidenden Erfahrungen war es noch ein weiter Weg. In den Jahren der Pubertät lernte ich beispielsweise, dass die größte Ursache für einen schwachen Iman angeblich der *Nafs* sei, dem man mit den Begriffen »Triebseele« oder »innerer Schweinehund« nicht gerecht wird. Dem *Nafs* sind verschiedene Eigenschaften zuzuschreiben, je nachdem, in welchem geistigen oder spirituellen Stadium sich sein Mensch befindet. Heute, viele Jahre später, verstehe ich unter diesem Begriff weder etwas Schlechtes noch Gefährliches, sondern die Summe urmenschlicher Eigenschaften, die in unterschiedlichen Anteilen in jedem von uns vorkommen und nicht selten für viele wertvolle Erfahrungen sorgen können.

Zu den unanständigen und verpönten Themen gehörten beispielsweise das Reden oder Erzählen von Sexpraktiken – allgemein war das Thema Sex schambesetzt –, aber auch lüsterne Gedanken, die einen dazu verleiten könnten, etwas zu tun, das den gegebenen Rahmen des Erlaubten sprengt – zum Beispiel Pornos schauen, Selbstbefriedigung, Sexfantasien mit einem anderen Partner oder einer anderen Partnerin oder ungewöhnliche Sexpraktiken, wenngleich interessanterweise der Islam, außer beim Analverkehr, keine Regeln oder Verbote aufstellt, solange sie im ehelichen Rahmen geschehen. Da diese Themen allerdings tabuisiert und von Scham belegt sind, ist es eine Seltenheit, wenn überhaupt jemand darüber spricht. Die Sorge, dadurch in Verruf geraten zu können, ist nach wie vor groß. So liegt es nahe, dass Schamhaftigkeit im religiösen Kontext eine ehrenhafte und erstrebenswerte Eigenschaft ist, die es aufrechtzuerhalten gilt.

Auch in meiner Familie wuchs ich mit dem Thema Scham auf. Nacktheit war *ayip*, und mein immer weiblicher werdender Körper wurde mit jedem weiteren Jahr zur Tabuzone. Ein Beispiel aus meiner Kindheit war der erste Schwimmunterricht in der dritten Klasse. Es war eine unausgesprochene und selbstverständliche Regel, dass ich unter meinem Badeanzug eine mindestens knielange Leggings aus Nylon tragen sollte. Als meine Schwimmlehrerin sich weigerte, während des Schwimmunterrichts auf mich aufzupassen, wenn ich in dieser Kleidung am Unterricht teilnehmen würde, endete die Auseinandersetzung zwischen ihr, meiner Mutter und dem Schulamt damit, dass sie mich von der Schule abmeldete und ich in eine andere Grundschule kam. Die knielangen Leggings wurden auch getragen, wenn ausschließlich Frauen im Schwimmbad waren, und ich trug sie noch einige Jahre nach dem Ablegen des Kopftuchs.

Ebenso verhielt es sich mit meiner Sexualität. Jungs waren tabu, genauso auch meine Lust, die ich mit zehn oder elf Jahren zum ersten Mal wahrnahm. Meine ersten Experimente mit Selbstbefriedigung machte ich heimlich und voller Angst, entdeckt zu werden. Weder wusste ich, was ich da gerade tat, noch warum ich es tat oder wie man es am richtigsten macht. Wegen der Scham, über sexuelle Dinge zu sprechen, und des Verbots der Selbstbefriedigung fand keine Aufklärung statt. Einzig das Gefühl, etwas Verbotenes zu tun, stand über allem. Viele Jahre lang. Rückblickend weiß ich, insbesondere durch Gespräche mit meiner Mutter, dass das Thema Sexualität auch von ihrer Seite von Scham und Unsicherheit begleitet wurde, darüber sprechen aber in ihrem damaligen wie heutigen Verständnis nicht verboten war.

Um nicht ins Schussfeld negativer Vorstellungen durch andere zu geraten, hütet man sich davor, gewisse Vorlieben oder Neugier mit anderen zu teilen. Auch im Falle eines möglichen Kennenlernens mit der Absicht zu heiraten, werden Informationen größtenteils durch Dritte eingeholt. Dass hier freizügiges Denken und Reden keine gute Voraussetzung sind, um bei dem oder der Zukünftigen im guten Licht zu stehen, ist selbsterklärend. Was die Wahl eines guten Partners angeht, hatte ich durch mein kumpelhaftes Verhalten einerseits und meine Unsicherheit andererseits sowieso keine guten Startvoraussetzungen, um aus der Menge positiv herauszustechen und somit einen guten Fang zu machen.

Dass auf dieser Veranstaltung alles anders laufen würde und sich bald mein ganzes Leben verändern sollte, konnte ich zu Beginn des mehrtägigen Treffens noch nicht wissen.

Für die Auszählung der abgegebenen Stimmzettel sollten sich zunächst die Nichtmitglieder melden, die vereinzelt in den Reihen von uns Mitgliedern Platz genommen hatten. Für mich war es kaum vorstellbar, dass zu so später Stunde noch Freiwillige anwesend waren, die statt wenigstens ein paar Stunden Schlaf zu bekommen, lieber hier saßen. Ein junger Mann stand auf und wurde vom Vorsitzenden des Vereins für seinen selbstlosen Einsatz mit einem herzlichen Zwinkern gelobt. »MaschaAllah, Bruder. Mögen dir deine Mühen vergolten werden«, sagte er. Mir war besagter Bruder Tarek während der Veranstaltung am Abend zuvor aufgefallen, als ich mit meinen Freundinnen in der ersten Reihe im großen Saal gesessen hatte. Zum Programm gehörte der Auftritt zweier junger Pop-Künstler, die in der Szene mittlerweile große Bekanntheit hatten. Mit ihren muslimischen Texten trafen sie den Nerv und die Themen der Jugendlichen. Das Benehmen der pubertären und hormonüberschüssigen Mädchen berührte mich peinlich, denn ich konnte ihrem offensichtlichen Kokettieren und den für mich unpassenden Flirtversuchen nichts abgewinnen. Schließlich wusste doch jede:r der Anwesenden, was sich gehörte und was nicht.

Während die Mädchen bemüht waren, die allgemeinen Anstandsregeln irgendwie einzuhalten und trotzdem für Aufmerksamkeit zu sorgen, saß ich mit einer unübersehbaren Abwehrhaltung fremdschämend auf meinem Stuhl. Rückblickend weiß ich, dass auch ich damals oft den inneren Zeigefinger erhob und mich im Grunde nicht von denen unterschied, die ich für ihren Übereifer im Ermahnen verurteilte. Doch genau dieses schamhafte und anständige Verhalten war es offenbar, was bei Tarek gut ankam. Zu dieser Zeit entschieden auch bei mir sittsame Eigenschaften über Hop oder Top. Und er imponierte mir. Einige wenige Blicke wechselten wir, während die Stimmzettel von einem anderen Bruder eingesammelt wurden.

Nach der Wahl des neuen Vorsitzenden, als wir ohne Schlaf, dafür frisch und mit vollzogener Gebetswaschung am Morgen den großen Raum wieder betraten, war dieser bereits gelüftet und sollte nun wieder für seinen ursprünglichen Zweck genutzt werden. Nach dem Gemeinschaftsgebet saßen wir noch in mehreren Reihen zusammen. Mein jüngerer Bruder, mit dem ich zum Treffen angereist war, kam zu mir. Er begleitete mich nicht, weil ich nicht alleine reisen durfte, sondern weil er nach der Meinung meines Vaters die Gelegenheit nicht verpassen sollte, Anschluss an Gleichgesinnte zu finden.

In der Reihenfolge meiner Geschwister gibt es ein System: Ein Extrovertierter folgt einem Introvertierten. Als Erstgeborene und Extrovertierte folgte mir mein introvertierter Bruder. Diesem ruhigen und in sich gekehrten Kind wurde sein Gemüt oft zum Verhängnis. Denn wer nicht spricht, kann weder auf seine Bedürfnisse aufmerksam machen noch auf seine Rechte bestehen. So sehr er in der Kindheit und Jugend durch Schule, Geschwister und Freunde hin und her geschubst wurde, so sehr schätzt ihn heute jeder für seine Besonnenheit und Ruhe. Er ist von uns Kindern meinem Vater am ähnlichsten. Geduldig, ruhig, harmonieliebend und viel zu gutgläubig. Im Türkischen nennt man diese Sorte Mensch auch *saf*. Übersetzt bedeutet es so viel wie »rein und unbedarft«, aber auch »naiv«, jemand, der hinter einer Handlung nicht sofort eine mögliche schlechte Absicht erkennt. Eine, wie ich finde, schöne Eigenschaft, vor allem, wenn man sich mit den Jahren der Erfahrungen eine gesunde Methode des Selbstschutzes zugelegt hat, wenngleich sie unter vielen Menschen als eine nicht wirklich erstrebenswerte Eigenschaft gesehen wird. So beantwortete er offen alle Fragen, die Tarek hatte.

Der Tag ging langsam zu Ende, und die bevorstehende Abreise stimmte alle traurig. Doch im Mittelpunkt stand zum allerletzten Mal das Spiel »Sehen-und-Gesehen-Werden«. Es war die letzte Chance, vor der Abreise gegenseitige Blicke zu erhaschen, deren Intensität letztlich darüber entschied, ob und wie es zu einem weiteren Kontakt kommen würde. Mich hatte dieses Spiel auch gepackt. Die Reisebusse, die die Jugendlichen nach vier gemeinsamen Tagen wieder in alle Himmelsrichtungen in ihr Zuhause bringen sollten, parkten nach und nach vor der Einfahrt. Ich wollte noch nicht in den Bus einsteigen und ging mit meiner Freundin zu der etwas entfernten Grünanlage. Die Lage war gut, denn von den Bänken aus war der Blick auf die Parkplätze, den Innenhof und den Vortragsraum frei. Er kam aus dem Haus, und unsere Blicke trafen sich. Mein Herz rutschte mir in die Hose, und mit einem Mal wurde mir klar – ich hatte mich verliebt. Im nächsten Augenblick wurde mir bewusst: bis auf seinen Vornamen wusste ich nichts über ihn. Weder woher er kam, noch, wie alt er war, und erst recht nicht, ob er mich ernsthaft mögen könnte. Aber meine Schüchternheit, mein erlernter Anstand und meine Unerfahrenheit machten allein die Idee, ihn anzusprechen, unmöglich.

Im Bus nahm ich auf meinem Sitz Platz und zog mir die Jacke über den Kopf. Ich wollte nicht, dass jemand sah, dass ich weinte.

Zu schön waren die vergangenen 48 Stunden gewesen, zu sehr hatte ich die Aufmerksamkeit genossen, und zu sehr stimmte es mich traurig, dass das nur ein kurzer Ausflug in die Welt der Schmetterlinge gewesen sein sollte. Die gestrige Antwort meines Bruders auf die Frage, ob er ihn gesehen habe (»Ja und er hat ein Sixpack«), schwirrte mir in diesem Moment durch den Kopf und half mir nicht wirklich dabei, mich auf etwas anderes zu konzentrieren. Mein Bruder hatte verraten, dass wir aus einer großen türkischen Familie kamen. Hatte ihn das vielleicht erschreckt? In der Community waren besonders türkische Familien dafür bekannt, dass sie Anstandsregeln und das Behüten ihrer Töchter sehr ernst nahmen.

Zu Hause angekommen zog ich mich erst mal in mein kleines Reich zurück, nicht ahnend, dass all das Geschehene noch eine lange Geschichte nach sich ziehen sollte. Am Morgen nach meiner Ankunft legte ich mich zu meiner Mutter ins Bett und erzählte ihr von der Begegnung. Sie stellte Fragen. Viele Fragen. Doch leider konnte ich sie kaum beantworten. Stattdessen überlegte sie mit mir, wie wir weitere Informationen über ihn herausfinden könnten. Für mich kam das nicht infrage, denn um an Informationen zu kommen, hätten wir Kontakt zu den Verantwortlichen der Veranstaltung aufnehmen und ihnen die Ernsthaftigkeit der Lage darlegen müssen. Was grundsätzlich kein Problem gewesen wäre, denn schließlich waren wir gut vernetzt und meine Mutter für ihren Mut bekannt. Doch mir war das alles zu peinlich, und so musste ich sie in ihrer Euphorie, tätig werden zu wollen, bremsen. So vergingen die Tage, und man konnte mir ansehen, dass irgendetwas anders war als sonst. Ich war traurig und still, denn ich war mir sicher, dass es kein Wiedersehen geben würde. Gleichzeitig war in mir eine Stimme, die mir sagte, dass ich als Mensch kaum imstande war, das Schicksal zu lenken.

An einem Morgen im Mai, wenige Wochen nach meiner Rückkehr vom Treffen, verließen meine Mutter und ich gemeinsam das Haus, um einen Termin wahrzunehmen. Sie ging an den Briefkasten und holte einen Brief heraus. Den Absender kannten wir nicht. Es war der Name einer Frau. Der Brief war an mich adressiert. Mir rutschte das Herz in die Hose. Nein! Das konnte doch jetzt nicht …

Meine Hände zitterten, aber meine Mutter schien nichts zu merken. Sie hatte meine Verliebtheit in die Schublade »unerfüllt und abgehakt« gelegt. Ich setzte mich auf den Beifahrersitz und öffnete mit zitternden Fingern den Umschlag, holte den Brief heraus und begann zu lesen. »Liebe Schwester …

Währenddessen fuhr meine Mutter nichts ahnend los. Hektisch blätterte ich von Seite zu Seite, las aufgeregt die Zeilen und wandte mich ihr zu: »Weißt du noch, als ich dir von diesem Typen erzählt habe? Ich habe hier einen Brief von ihm.« Sie schaute mich mit einem ungläubigen Blick an. »Wenn du kurz anhältst, kannst du ihn lesen.« Sie parkte das Auto und nahm den Brief. »Das ist doch von einer Frau geschrieben«, sagte sie lächelnd. »Nein. Von ihm. Da sind versteckte Hinweise, die nur er und ich wissen können. Glaub mir.« Auch sie blätterte durch die Seiten, drehte sie um, las quer und schaute mich an. »Okay und jetzt?« Ich zuckte mit den Schultern, sie hingegen wusste genau, was zu tun war.

Was ich immer an meiner Mutter bewundert habe und bis heute bewundere, ist, dass sie eine Macherin ist. Sie vertraut auf ihre Intuition, hat einen unerschütterlichen eigenen Willen, pfeift auf Konventionen und glaubt zunächst immer an das Gute im Menschen. Ihr Handeln trägt die Handschrift einer mutigen Frau.

»Ich rufe Muhammad an. Der wird schon wissen, wer dieser Bruder ist.« Muhammad war der Vorsitzende der Muslimischen Jugend, und ich wusste, dass ich sie dieses Mal nicht mehr davon abhalten konnte. Tief im Herzen wollte ich es auch nicht, und so drängte ich sie dazu, es gleich heute zu tun.

Was danach passierte, glich dem Umschmeißen des ersten Dominosteins. Meine Mutter ließ sich versichern, dass er ein guter Junge aus einer guten Familie war. Somit stand einem Antwortbrief meinerseits und dem darauffolgenden gemeinsamen Kennenlernen nichts mehr im Weg. Auf meinen Antwortbrief folgte wieder ein Brief, dem wiederum meine Antwort folgte.

Was mir bis heute in Erinnerung geblieben ist, ist die Tatsache, dass es früher immer recht schnell ging, wenn ich Menschen derselben Religionsgruppe kennenlernte, und das Vertraute, aber auch das Vertrauen irgendwie immer selbstverständlich waren. Heute weiß ich, dass damals die Grundlage für Vertrautheit und Vertrauen durch den gemeinsamen Glauben gelegt wurden, religiöse Gebote das Zwischenmenschliche regelten oder sanktionierten und weitere Kriterien, die es brauchte, einen Fremden zum Freund zu machen, mit der Zeit höchstens darüber entschieden, wie eng die zwischenmenschliche Beziehung wurde.

Mit seiner Familie trug sich das ebenfalls auf diese Art zu. In vielen muslimischen Familien werden neue Familienmitglieder wie selbstverständlich zur eigenen Familie – inklusive all ihrer Rechte und Pflichten, die man auch gegenüber seiner Ursprungsfamilie hat. Meine Mutter hatte nur eine Sorge, dass es eine palästinensische Familie war, in die ich heiratete, weil sich viele arabische Familien als Kontrollinstanz sehen: Der Islam sei arabischen Ursprungs, und Türken könnten niemals in der Lage sein, in seine Essenz einzutauchen.

Das Kennenlernen mit Tarek ging auf diese Weise einige Wochen weiter. Es war ein vorsichtiges Einander-Annähern, ein gegenseitiges Abklopfen von Werten, Vorstellungen und Meinungen. Er machte gerade seinen Schulabschluss, ich war in der elften Stufe.

Das Jahrestreffen der deutschsprachigen Muslime stand für Ende Juli an, und für meine Mutter war dies eine gute Gelegenheit, seine Familie kennenzulernen. So zählten wir die Tage, bis wir uns in Hamburg wiedersehen würden. Als mein Vater irgendwann von den Plänen meiner Mutter erfuhr, war seine Begeisterung mäßig. Er wollte nicht, dass ich so jung heiratete, egal, wie gut dieser Mann auch sein mochte. Ich hingegen wollte endlich meine Sexualität ausleben und das haben, was ich bei meinen Freundinnen sah, die in Beziehungen lebten: an der Seite eines Mannes ein eigenes Leben aufbauen und frei sein. Doch weil regelgläubige Muslim:innen keine außerehelichen Beziehungen führen dürfen, war es unumgänglich, dass wir von Anfang an ernste Heiratsabsichten verfolgten. Und wer schon einmal versucht hat, einem verliebten Menschen seine Schmetterlinge auszureden, weiß sehr gut, wie man sich daran die Zähne ausbeißen kann. Trotzdem war das alles für meinen Vater definitiv zu früh. Er wünschte sich für mich, dass ich nach dem Abitur studierte und mich unabhängig machte. Letztlich war das der Grund, wieso er sich weigerte, aktiv an den Plänen meiner Mutter mitzuwirken, geschweige denn, meine Eile zu verstehen. »Baba, ich kann auch verheiratet Abitur machen und studieren. Da spricht doch nichts dagegen. Mama hat jetzt alles organisiert. Bitte komm mit«, hörte ich mich fast schon flehend sagen, als ich erfuhr, dass er beschlossen hatte, nicht am gemeinsamen Kennenlernen teilzunehmen. Doch alles Bitten und Betteln war umsonst. Er weigerte sich, denn abgesehen davon, dass es nicht in sein Verständnis passte, dass die Familie der Frau Kontakt zur Familie des Mannes aufnahm und, der Vorschlag meiner Mutter, für das Kennenlernen das Jahrestreffen zu nutzen, dem gleichkam, wünschte er sich für mich sowieso etwas anderes als eine Hochzeit. Er fühlte sich übergangen, in die Enge gedrängt und überließ deshalb das Feld meiner Mutter. Ich konnte es ihm nicht verübeln und rückblickend weiß ich, dass es ihm nur um mein Wohlergehen ging.

Meine Eltern waren und sind bis heute in ihrem Charakter grundverschieden. Was sie beide allerdings gemeinsam haben, ist ihre Güte, ihre Großzügigkeit, ihr großes Harmoniestreben und ihre Geduld. Ich erinnere mich an keinen einzigen Streit zwischen ihnen beiden. In unserem Haus wurde weder geschimpft noch geschrien. Es gab keine Respektlosigkeiten und Disharmonie, und alles, was mir vorgelebt wurde, fühlte sich authentisch an. Ich erfuhr unendliches Vertrauen, bedingungslose Liebe, und wenn ich ein Anliegen hatte, gab es immer ein aufmerksames und liebevolles Ohr, das sich meiner Sorgen annahm. Vorausgesetzt, ich konnte mich zum Reden überwinden, was mir hin und wieder sehr schwerfiel. Denn dass mir durch Dritte oft gesagt wurde, dass ich meine Freude, aber auch meinen Ärger kontrollieren, meine Worte, bevor sie meinen Mund verließen, überdenken und meinen Frohsinn im Zaum halten sollte, weil ich ein muslimisches Mädchen sei und somit Verantwortung für das Bild, das Musliminnen nach außen abgaben, trüge, war ebenfalls Teil meiner Kindheit. Es waren diese Ermahnungen, an die ich dachte, als wir uns schließlich ohne meinen Vater in Hamburg einfanden und mich ein Treffen mit vielen peinlichen Momenten, schamvollen Blicken, freudigen Gefühlen und klaren Regeln erwartete. Bevor sich aber alle Angehörige, dazu gehörten aus meiner Familie meine Mutter, meine Großmutter und ich, in einem Café zum ersten gemeinsamen Kennenlernen treffen sollten, erwischte ich mich auch bei dem Gedanken, dass ich als Türkin für eine palästinensische Familie nicht gut genug sei. Denn auch das wurde mir in den vergangenen Wochen von Menschen, die über die bevorstehende Verlobung informiert waren, gesagt: Palästinenser bleiben gerne unter sich. Du wirst immer die türkische Schwiegertochter sein. Ob es an meiner türkischen Herkunft lag, dass ich oft das Gefühl hatte, nicht ernst genommen zu werden, oder daran, dass ich im Gegensatz zu anderen Frauen in dieser Familie regelmäßig auf Missstände aufmerksam machte, kann ich bis heute nicht beantworten.

Rückblickend erkläre ich es mir damit, dass ich einerseits in vielerlei Hinsicht zu sehr Rebellin und zu wenig schweigsame Nickerin war und andererseits Träume hatte, die anscheinend nicht geträumt werden durften. Ich wollte mir meine Gedanken und Träume und das Sprechen darüber aber nicht abgewöhnen müssen. Stattdessen rannte ich jedes Mal mit Anlauf gegen Betonmauern, stieß mir den Kopf, fiel zu Boden, stand wieder auf und musste mir anhören, dass sich mein Verhalten nicht gehöre. Wenn ich meinen Unmut zur Sprache brachte, wurde ich zu mehr Geduld angehalten, ich sollte mir ein Vorbild an Schwester x oder y nehmen oder mich mehr mit dem Glauben beschäftigen, der mir offenbar durch meine türkische Familie nicht genügend beigebracht worden sei. Statt an dieser Stelle das Kind beim Namen zu nennen bzw. überhaupt zu erkennen, lebte ich stillschweigend mit dem Gefühl, dass sich viele arabische Muslim:innen tatsächlich anderen Nationen gegenüber überlegen fühlen. Ihr weitverbreitetes Argument, dass Arabisch die Offenbarungssprache sei und arabische Muslim:innen deshalb Gottes Offenbarung besser verstehen würden, verorte ich heute in die Kategorie religiöser Nationalismus und kultureller Chauvinismus.

Damals jedoch nahm ich diese Begründung an und erlebte zum ersten Mal, wie Menschen gleichen Glaubens aufgrund ihrer Herkunft, Sprache und Sozialisation abgewertet wurden. Dabei beten wir denselben Gott an, glauben an dieselben Dinge und befolgen dieselben Regeln. Den Glückwünschen zu unserer Hochzeit, die fast ausschließlich in arabischer Sprache an uns übermittelt wurden, folgten viele Stunden des Gefühls von Ausgeschlossenheit, wenn in meiner Anwesenheit wiederholt Arabisch gesprochen wurde. In meiner Familie hatte ich gelernt, dass man auf die Sprache zurückgreift, die alle sprechen, wenn eine Person im Raum eine Sprache nicht versteht, und wenn das aufgrund von mangelnden Sprachkenntnissen nicht möglich ist, wird diese Person in die Unterhaltung durch Übersetzen mit eingebunden. Leider stieß ich mit diesem Vorschlag, der irgendwann in eine Bitte und viel später in Gleichgültigkeit umschlug, auf taube Ohren.

Ironischerweise war es genau das Thema unterschiedlicher Nationalitäten innerhalb der muslimischen Gemeinden, das meinen irakischen Großvater von Beginn an in Deutschland dazu angespornte, eine Organisation zu gründen, die auf Gleichheit und Gerechtigkeit fußt. Doch dazu später mehr.

Wir trafen uns am späten Nachmittag in einem Hotel, wo meine Großmutter erst einmal alle Regeln brach. Obwohl der Kontakt zwischen Männern und Frauen im Islam klar geregelt und der Körperkontakt zwischen den Geschlechtern, die einander potenziell heiraten könnten, verboten ist, fiel sie meinem Schwiegervater in spe herzlich um den Hals und lockerte die Atmosphäre mit ihrem Lachen auf. Meine Großmutter widersetzte sich regelmäßig und gerne diesen Regeln – je nachdem, welcher Mann ihr gegenüberstand. Besonders für ihren Hausarzt hatte sie im hohen Alter eine Schwäche. Doch sie entschuldigte ihr Verhalten stets verschmitzt lächelnd mit ihrem fortgeschrittenen Alter, und auch in meiner Familie wurde es mehr belächelt als verurteilt. So auch an diesem Nachmittag, als sie kurzerhand wieder die allgemeinen Regeln brach. »Ach, Bruder«, dabei rollte sie das »R« wie immer, wenn sie mit ihrem türkischen Akzent Deutsch sprach, »ich bin schon aaaalt, du bist wie mein Sohn.« Ihre Umarmung wurde herzlich erwidert.

Meine Großmutter wurde 1931 in Adana geboren und lebte, bedingt durch den Ersten Weltkrieg, den ihre Mutter miterleben musste, mit ihr in Armut. Sie beendete ihren Schulbesuch nach der Grundschulzeit. Ihr Alter wurde im Pass geändert, damit sie mit vierzehn Jahren ihren um viele Jahre älteren Verlobten heiraten konnte. Kurz darauf bekam sie einen Sohn, meinen Onkel. Die Ehe hielt nur wenige Monate. Nach der Trennung begann sie ganz neu. Um ihren Sohn kümmerte sich ihre Mutter, damit sie ihren Traum, Schauspielerin und Sängerin zu werden, mit Ehrgeiz verfolgen konnte. Sie gehörte zu den Frauen, die bis zu ihrem dreißigsten Lebensjahr ein Leben fernab von Religion und religiösen Regeln lebten. Weder ihre Eigenständigkeit noch ihr Status als geschiedene Frau und Mutter waren zu dieser Zeit ein Hindernis, vielleicht auch, weil Ende der Fünfzigerjahre in der Türkei der Laizismus herrschte und Religion für die Menschen in den großen Städten zu dieser Zeit zu einer Randerscheinung einer weit entfernten Welt gehörte.

Mein Großvater, der in der Universitätsstadt Kirkuk, dem turkmenischen Teil des Iraks, zur Welt kam und aufwuchs, lebte in einer Familie, in der Religion zwar als Privatsache galt, die Frömmigkeit jedoch sehr großgeschrieben wurde. Mit Anfang zwanzig ging er zum Studieren nach Istanbul. Während seines Medizinstudiums lernte er meine Großmutter kennen und verliebte sich in sie. Zu dieser Zeit gehörte sie zu den Schönheiten der Boheme und war in der Welt der Künstler und Musiker, des Gesangs und des Tanzes zu Hause. Weder ihr Lebensstil noch der Gedanke, dass sie sechs Jahre älter war und bereits einen Sohn hatte, standen der Liebe im Weg. Sie heirateten, und meine Großmutter wurde mit meiner Mutter schwanger. Nachdem mein Großvater sein Studium beendet hatte, wollte er seine Facharztausbildung in Deutschland machen. Ob meine Großmutter ihr Leben in Istanbul aufgegeben hätte, wenn sie nicht bereits Mutter gewesen wäre, weiß ich nicht. Was ich aber weiß, ist, dass sie bis ins hohe Alter eine unersättliche Sehnsucht nach ihrer Heimat hatte, die sie jedes Jahr für sechs Monate besuchte, und dass sie mit Ende zwanzig beruflich und finanziell nicht auf eigenen Füßen stand.

Im Frühling 1961 kamen sie ins Saarland. Kurz darauf bekam mein Großvater eine Zusage für das Krankenhaus Saarlouis, und sie zogen in eine wenige Kilometer entfernte Kleinstadt. Aus Erzählungen weiß ich, dass meine damals noch moderne Großmutter schrittweise begann, strenger nach den Regeln des Glaubens zu leben. Mein gläubiger Großvater sah die Notwendigkeit einer gemeinsamen Interessengemeinschaft in Deutschland und gründete mit einigen Gleichgesinnten, die zu seinen treuen Wegbegleitern wurden, einen Verein für alle Muslim:innen, der die unterschiedlichen Nationalitäten in den Hintergrund rücken sollte, und widmete neben seiner Facharztausbildung jede freie Minute der Vereinsarbeit. Nach vielen Gesprächen mit meiner Familie weiß ich heute, dass es ihm nicht gelang, diesen bis heute nach wie vor gelebten Nationalstolz aus den Herzen der meisten Mitglieder zu bekommen, sodass der Verein homogen türkisch wurde. Ich bin fest davon überzeugt, dass ihm dies am Ende das Herz brach, denn er musste zusehen, wie sein auf Idealen basierender Verein in den Händen anderer Menschen seine Seele verlor.

Während der ersten Gründungsjahre wuchs sein Netzwerk, und die Aufgaben meiner Großmutter wurden immer zahlreicher. Neben der Erziehung der Kinder gehörte es bis zum Tode meines Großvaters zu ihrer Aufgabe, die Gäste, die tagein, tagaus bei ihnen verkehrten, zu bewirten. Ich erinnere mich an eine Anekdote, die sie mir als Jugendliche erzählte, wie sie mitunter die Nase voll davon hatte, die Bettwäsche der Gäste in der Badewanne zu waschen. Und so wie sie keine Waschmaschine kannte, kannte auch die Gastfreundschaft meines Großvaters keine Grenzen. Sie erzählte mir von ranghohem Besuch und wie sie, während die Männer im Wohnzimmer über Politik und vereinsinterne Themen sprachen, mit den Ehefrauen in der Küche die Zeit verbrachte – Frauen, deren Lebenssinn nicht in Mode, Tanz und Gesang lag, sondern in der Erfüllung der ehelichen, mütterlichen und muslimischen Pflichten. Sie fand keinen Anschluss. Hinzu kam, dass sie von ihnen um meinen Großvater beneidet wurde, mit dem sie seit ihrem Umzug nach Deutschland kaum noch private Zeit verbringen konnte. Jahre nach diesem Vorfall erzählte sie immer noch erschüttert, wie sich eine der Frauen über sie ausgelassen hatte. Wie mein Großvater sie hätte heiraten können. Schließlich sei sie sechs Jahre älter, geschieden und habe einen Sohn aus erster Ehe. Jedes Mal, wenn sie diese Geschichte erzählte, freute sie sich auf den zweiten Teil, denn mein Großvater hatte sie in den Arm genommen und ihr gesagt, dass die erste Frau des Propheten, Khadija, ebenfalls Mutter eines Kindes, geschieden und deutlich älter gewesen sei.

Doch so sehr die Liebe meiner Großeltern Stoff für Liebesromane hergegeben hätte, gehört es ebenfalls zu den Tatsachen, dass sich meine Großmutter mit den Jahren, besonders nach dem Tod meines Großvaters, immer mehr in den Hintergrund stellte. Am Telefon meldete sie sich nicht mit ihrem eigenen Namen, sondern immer als seine Ehefrau, und Jahre nach ihrem Tod wurde mir erst wirklich bewusst, wie das Leben in Deutschland, die Rolle als Frau an der Seite eines bekannten Gründers und Arztes und die aus Liebe zu meinem Großvater getroffene Entscheidung für ein religiöses Leben, ihre eigene Identität begraben hatten. Es war wie das Zusammensetzen von Puzzlesteinen, als ich den Erzählungen meines Onkels lauschte, wenn er über ihre Vergangenheit sprach, die sie vor uns Kindern und ihrer muslimischen Gemeinschaft über Jahrzehnte zu verstecken versucht hatte. Plötzlich ergab alles ein in sich stimmiges Bild. In die Welt, die sie mit Anfang dreißig hinter sich ließ, blickte ich zum ersten Mal mit acht Jahren bei einem der ersten Besuche in Ankara. Dort lebte ihre Schwester, die reich geheiratet hatte. Sie, ihr Mann und ihre zwei Kinder wohnten auf über zweihundert Quadratmetern in der obersten Etage eines Appartementhauses – prunkvoll und privilegiert. Als Kinder huschten wir von Zimmer zu Zimmer, in einer Wohnung, die für uns ein riesiges Labyrinth war, zwischen antiken Möbeln, einer riesigen Bar mit Unmengen von Alkohol und Fernsehgeräten in jedem Raum. Die fremden Gerüche und Gesprächsthemen waren so fern von dem, was ich von meiner Familie kannte. Wie sich feine Damen benehmen, lernte ich durch meine Großtante. Auch erlebte ich meine Großmutter in Anwesenheit ihrer

Schwester als einen anderen Menschen. Sie war gelöster, entspannter, freier und zügelloser in ihrer Sprache. Wenn sich beide unbeobachtet fühlten, hörte man das eine oder andere Schimpfwort, das für meine Kinderohren ganz klar verboten war. Aber ihr Lachen und das gegenseitige Necken versicherten mir, dass alles seine Richtigkeit hatte. Es klang authentisch und schien ebenfalls ein Teil von ihr zu sein, wenn auch einer, der gleichzeitig wie das größte Staatsgeheimnis auf Erden vor uns Kindern und ihren neuen Freunden ferngehalten wurde. Diesen Teil nahm sie nur im Herzen mit nach Deutschland, zeigte ihn im Alltag aber nicht. Doch er lebte als stumm gewordene Stimme in ihr weiter, die ausschließlich in Mikro-Momenten zum Ausdruck kam, wenn mein Onkel zu Besuch war und beide ungestört waren oder sie Abend für Abend ihrer Lieblingsbeschäftigung nachging: den Stars und Sternchen bei ihren Gesangsshows im Fernseher zuzusehen. Es passierte nicht selten, dass sie von ihrem Sessel aufstand und ihren für mich als Kind weichen Körper geschmeidig und elegant zur Musik bewegte. Dabei sang sie mit einer einzigartigen und starken Stimme, die ich bis heute in den Ohren habe. Ihr Gesang, mit dem sie alle in diesen Shows locker in die Tasche hätte stecken können, versetzte mich schon als kleines Mädchen in einen verschämten und gleichzeitig bewundernden Zustand. Für mich blieb sie bis zu ihrem Tod meine Nene Dandin. Ihren Namen, den ich ihr mit zwei Jahren gab und der ab dann wie selbstverständlich zu ihrem Rufnamen wurde, verdankte sie dem Schlaflied, das sie uns regelmäßig vorsang, wenn sie uns auf ihren Beinen in den Schlaf wiegte – ein in der türkischen Tradition übliches Ritual. Der Kopf ruht dabei auf einem Kissen, das auf den Füßen liegt. Der Körper liegt meistens mit einer Decke zugedeckt auf den ausgestreckten Beinen. Meine Großmutter sang dazu immer dasselbe Schlaflied: »Dandini dandini danistaaaan, danalar girmis…«. So bekam sie ihren Namen – Nene Dandin. Ihren echten Namen erfuhr ich erst als Teenager.

Eine der prägendsten Erinnerungen aus meiner Kindheit war unsere gemeinsame Pilgerreise. Für Muslime ist der heiligste Ort die Ka'ba – der schwarze Kubus in Mekka, der jedes Jahr von Millionen Muslim:innen aus aller Welt besucht wird. Als ich zwölf Jahre alt war, schlugen mir meine Eltern vor, gemeinsam mit meiner Großmutter und einer Pilgergruppe für zwei Wochen die heiligen Stätten in Mekka und Medina zu besuchen. Ich erinnere mich, wie ich ihrem Vorschlag irritiert und zunächst mit Ablehnung gegenüberstand. In meiner Vorstellung, die durch alte Bilder und Filme geprägt war, sah ich mich auf sandigen Wegen unter der brennenden Sonne laufen. Gleichzeitig wusste ich, dass mir diese Chance nicht so schnell ein weiteres Mal geboten werden würde, und als ich auch noch erfuhr, dass meine Freundin und ihre Schwester und Mutter auch dabei sein würden, gab ich mein Okay.

Nach der Anmeldung wartete ich nervös auf die Vorbereitungskurse, die für Neulinge wie mich kurz vor Abflug stattfanden. Mitte Dezember fuhren wir zusammen zum Haus des Islam in der Nähe von Frankfurt, dem ersten deutschsprachigen islamischen Zentrum in Deutschland, deren Gründungsmitglieder mit meinen Eltern befreundet waren. Deshalb stand auch zu keinem Zeitpunkt die Frage im Raum, ob wir unsere kleine Pilgerfahrt nicht mit einer türkeistämmigen Reisegruppe machen würden, obgleich die Möglichkeit nahelag. Für meine Eltern spielte die nationale Zugehörigkeit eines Muslims oder einer islamischen Gemeinschaft im Gegensatz zu vielen anderen türkischen Familien in unserem Umfeld keine Rolle. Diese Haltung prägte mich bereits in jungen Jahren und war nicht selten Grund dafür, wenn ich als die untypische Türkin regelmäßig ins Grübeln kam, wieso ich denn so untypisch sei. Damals wie heute verband ich den Islam weder mit dem Türkentum noch spezifisch mit einer anderen Nation, und spätestens, als ich inmitten von Tausenden Muslim:innen aus mindestens 50 unterschiedlichen

Nationen zum ersten Mal vor der Ka'ba stand und mein Gebet verrichtete, wusste ich, dass meine Eltern etwas ganz Wundervolles vollbracht hatten – Mensch- und Muslimsein ohne das Gefühl von Nationalismus.

Die Vorbereitungskurse fanden in den zwei Tagen vor der Abreise im großen Seminarraum statt. Frauen und Männer saßen sich gegenüber, in der Mitte lag ein großer Würfel, der die Ka'ba symbolisierte, und der Vortragende erklärte die Abläufe und Regeln. Die Theorie war mir zum Teil durch die Erzählungen meines Vaters bekannt, und so nutzte ich die beiden Tage auch dafür, Freundschaften mit deutlich älteren Mädchen und Frauen zu knüpfen. Rückblickend war es meine Suche nach weiblichen Rollenvorbildern außerhalb meiner Familie, die für mich in meinen prägenden Jahren eine Orientierung in Bezug auf mein Frauwerden und meine Religion waren.

Obwohl wir zur Hauptsaison reisten, kam ich in den ersten und letzten Tagen meiner Pilgerfahrt in den Genuss, in dieser riesigen Moschee Momente des Alleinseins finden zu können, argwöhnisch beäugt von meiner Großmutter, die sich Sorgen machte, dass ich verloren gehen könnte. Ich fühlte mich dort zu Hause. Jeden Gedanken an den Rückflug und den Beginn der Schule nach den Weihnachtsferien schob ich mit aller Kraft von mir weg. Ich wollte hierbleiben, wollte morgens, mittags, nachmittags, abends und in der Nacht meine Gebete mit Blick auf die Ka'ba verrichten, die Zeit anhalten, das Gefühl konservieren und die unendliche Liebe in meinem Herzen mit der ganzen Welt teilen. Vom ersten Moment an, als ich die Ka'ba, erst durch die vielen Säulen, die zwischen den Eingängen und dem Innenraum stehen, und dann in seiner vollen Erscheinung erblickte, platzte mein Herz vor Liebe. Aus Erzählungen von anderen weiß ich, dass sehr viele Menschen dort das Gefühl haben, endlich zu Hause angekommen zu sein. Die ersten Tage verbrachten wir zwischen Gebeten an der Ka'ba und der regelmäßigen Einkehr in den weitläufigen Gebetsbereichen der Moschee, dem Essen im Hotelrestaurant und dem Flanieren in den von Gold- und Souvenirgeschäften gesäumten Shoppingmalls. Zum ersten Mal wurde ich mit einer Männerwelt konfrontiert, die in mir Angst und Sprachlosigkeit verursachte und mich noch viele Jahre erfolglos beschäftigen würde. Ich begriff nicht, wie eine Zwölfjährige bei Männern für Erregung oder Aufmerksamkeit sorgen konnte. Ich spürte die anzüglichen Blicke und wurde gleichzeitig aufgefordert, mein Gesicht zu bedecken, und es näherten sich mir fremde Männer auf eine Weise, die ich rückblickend eindeutig als sexuelle Belästigung einordnen würde – besonders während der Umrundungen der Ka'ba, bei der sich die Menschen aus Platzgründen eng aneinanderdrängen. Sowohl diese Ereignisse als auch einige Situationen während der Eingangskontrollen, die es spätestens seit den Smartphones nicht mehr gibt, bei der das weibliche Sicherheitspersonal auf unfreundliche Weise unsere Taschen auf Kameras kontrollierte, weil das Fotografieren der heiligen Stätten untersagt ist, gehören zu den einzigen negativen Erinnerungen an diese Zeit.

Nach der Rückkehr brauchte ich viele Wochen, um mich zu akklimatisieren und mich wieder an mein Leben in Hamburg und in der Schule zu gewöhnen. In mir brannte eine Sehnsucht, die mit jeder Koranrezitation des berühmten Rezitators Aburrahman Al-Sudais, den ich während der Zeit in Mekka live erlebt hatte, aufflammte und mich seelisch in eine Welt beamte, die mir bis heute so vertraut ist.

Im Beisein unserer Familien sollten wir uns nun mit dem Ziel der Verlobung und der baldigen Heirat kennenlernen. Ich war nervös. Dabei gab es keinen wirklichen Grund. Schließlich schien alles allen klar zu sein. Wir beide waren für alle sehr offensichtlich verliebt und hätten das Heiraten lieber heute als morgen umgesetzt. Und das ist im Islam kein Hexenwerk. Heiraten geht schnell und ist unkomplizierter, als es in der westlichen Welt vielleicht scheinen mag. Es braucht einen Zeugen und einen Geistlichen, eine symbolische Morgengabe für die Ehefrau und die anschließende öffentliche Verkündung der vollzogenen Trauung. Die Absicherung der Frau im Falle einer Trennung erfolgt durch einen Ehevertrag. Um den Lebensunterhalt brauchte ich mir als Frau keine Sorgen machen, denn diese Verantwortung lag und liegt bis heute beim Mann. Tarek nahm diese Aufgabe sehr ernst. Neben der Schule schob er Nachtdienste. Später sollten diese Nachtstunden unsere Zeit sein, in denen wir lange Telefonate führten, die dafür sorgten, dass ich am nächsten Tag völlig übermüdet versuchte, dem Unterricht zu folgen. Aber das nahm ich in Kauf, denn für mich gab es zu viele Gründe, die dafür sprachen, müde im Unterricht zu sitzen, statt nachts zu schlafen. Dass ich so jung weder über Dating-Erfahrungen verfügte, noch andere Vergleichsmöglichkeiten oder greifbare Optionen hatte, war mir zu diesem Zeitpunkt nicht bewusst. Ich dachte nicht daran, sie nachzuholen, und sah auch nicht die Notwendigkeit. Denn was man nicht kennt, hat man für gewöhnlich auch nicht im Sinn. Ihm ging es ähnlich. So packten wir unsere in den Kinderschuhen steckende Erfahrung zusammen, um etwas Gutes, Angesehenes und Aufregendes zu schaffen. Dazu gehörte, dass ich meine Jungfräulichkeit, die mangelnden Erfahrungen und das gemeinsame Fundament, nämlich den Glauben, als etwas Besonderes betrachtete. Ich wollte Vorbild für andere sein und wurde noch vor der Heirat von meinen Freundinnen für unsere Verbindung bewundert. Auch wusste ich, weil ich das so gelernt hatte und es im Islam verankert ist, dass ich mit der Ehe die andere Hälfte meiner Religion vervollkommnen und somit Gottes Wohlgefallen erlangen würde. Dieses Wissen wiegte mich in Sicherheit.

Heute frage ich mich, welches Menschenbild regelgläubige Muslime haben, wenn sie glauben, dass ein einzelner Mensch spirituell unvollständig ist und auch bleibt, wenn er nicht heiratet. Ein wenig erinnert diese Einstellung an die festgefahrene gesellschaftliche Meinung, einem Single würde zum vollwertigen Menschen der Partner oder die Partnerin fehlen. Kann es sein, dass dieses Menschenbild das Herauswachsen aus erlernten Anschauungen erschwert, weil junge Menschen keine Erfahrungen machen dürfen und die Religion somit die Oberhand über Entscheidungen und Lebenslehren erhält? Und wie verhält es sich mit der lebenslangen Persönlichkeitsentwicklung? Kann die Einhaltung religiöser Regeln diese ausbremsen? Ich sage Ja, kann aber mittlerweile meine Antwort um diesen Satz ergänzen: Religiöse Bildung kann mit Persönlichkeitsentwicklung durchaus Hand in Hand gehen. Wenn beides unter der Prämisse der Freiwilligkeit erfolgt, kann man sowohl religiös gebildet sein als auch bewusst und freiwillig das Für und Wider von Regeln individuell für sich abwägen. Allerdings berücksichtigen diese Regeln nicht, dass ein Entwicklungsprozess vor einer Ehe keinen Halt macht. Entweder schafft man es als Paar, gemeinsam durch diesen Prozess zu gehen, oder es kommt zu einem monotonen Zusammenleben oder zur Trennung. Denn mit Blick auf die neuen und für viele Menschen in dieser Gesellschaft normalen Erfahrungen kann ich heute sagen, dass sich sowohl meine Definition einer partnerschaftlichen Beziehung als auch die eigenen Bedürfnisse einem sich wandelnden und stets verändernden Prozess unterliegen, und ein solcher Entwicklungsprozess kann durch feste Regeln oder eine streng praktizierte Religiosität schlicht unterbunden werden. Jedenfalls ist es genau das, was sich im Laufe der Zeit durch Gespräche mit anderen Frauen und Männern, die sich früher ebenfalls dieser Norm unterwarfen und sich am Ende von ihren Partner:innen trennten, bestätigte.

An dieser Stelle möchte ich betonen, dass ich weder Menschen, die in ihrer Religion eine Erfüllung finden, verurteile, noch die Ehe als Institution im Allgemeinen unreflektiert kritisiere.

Vielmehr stelle ich mir heute die Frage, wieso unter orthodoxen Muslim:innen die Verlobung als unverrückbare Voraussetzung für ein Kennenlernen und die Ehe als Voraussetzung für eine intime Verbindung herhalten muss. Auch frage ich mich, ob und in welchen Bereichen des Lebens die Regeln einer Religion außen vor gelassen werden können und sollten. Vielleicht dort, wo das Wesen des Menschen in seinen Grundbedürfnissen nach Neugier und Erfahrung Platz braucht, um den natürlichen Prozess der Persönlichkeitsentwicklung zu ermöglichen? Für mich sind das Bereiche, in denen meine Beziehungen zu Freunden und zu meinem Partner ihre individuelle Form finden, und mein Alltag, dem ich als Individuum eine eigene Struktur geben möchte. Bei allen genannten Aspekten sollten nach meinem heutigen Verständnis religiöse Vorschriften zur Kenntnis genommen, aber die Freiwilligkeit ihrer Einhaltung gewährt und gefördert werden. Denn ich bin überzeugt davon, dass es zur Wahrung der Authentizität im Denken, Fühlen und Glauben die individuelle und persönliche Entscheidungsfreiheit braucht.

Ganz allgemein gesprochen: Wer würde schon eine Ehe wollen, weil die Religion das empfiehlt und eine Ehe die persönliche religiöse Vervollkommnung prophezeit? Ich möchte doch jemanden heiraten, weil er mich als Menschen mit meinen Gedanken, Träumen, meinem Humor oder meinem Chaos schätzt, liebt und begehrt. Genauso wenig möchte ich, dass mir eine Religion vorgibt, welche Praktiken in meinem Intimleben erlaubt oder verboten sind, oder die unverrückbare Vorgabe, mit meinem Partner ausschließlich monogam leben zu müssen. Ebenso die unausgesprochene, aber großflächig praktizierte Norm, dass der Mann für den gemeinsamen Lebensunterhalt alleine Sorge tragen muss. Spätestens seitdem ich für meinen Lebensunterhalt eigenverantwortlich aufkommen muss, weiß ich um die Anstrengungen, die diese Aufgabe mit sich bringt. Um diese Situation angemessen handhaben zu können, braucht es die größtmögliche und ehrliche Kenntnis der eigenen Bedürfnisse, die bewusste Freiwilligkeit und die maximale Bereitschaft einer angstfreien, ehrlichen und offenen Kommunikationskultur beider Partner. Ebenso eine schonungslose Überzeugung der Gleichwertigkeit von Mann und Frau – in allen Lebensbelangen und -bereichen. Genauso verhält es sich mit der gemeinsamen Entwicklung. Nichts kann doch schöner sein, als sich mit seinem Partner weiterzubilden, gemeinsam an neue Grenzen zu stoßen, diese frei und ohne Angst vor möglichen Sanktionen auszuprobieren oder gemeinsame Projekte zu starten – spirituell, kreativ oder gesellschaftlich. Doch wenn die Erlangung von Gottes Wohlgefallen und nicht die menschliche Freude im Vordergrund steht, können schnell Zweifel an der Aufrichtigkeit entstehen. Nicht selten kommt es vor, dass einer Frau im Laufe der Ehejahre der Frust eines alleinverdienenden Mannes um die Ohren fliegt oder sexuelle Unlust, geistige Trägheit oder emotionaler Rückzug den unbefriedigten Part in die Arme eines anderen Menschen treiben.

Ich jedenfalls zweifelte damals weder an meiner Entscheidung, noch dachte ich auch nur im Entferntesten an mögliche Probleme, die sich uns in den Weg stellen könnten, bis mein Vater neue Regeln aufstellte. Ich sollte erst mein Abitur machen, bevor ich an Heirat und Zusammenziehen denken konnte. Dass wir uns in der Phase des Kennenlernens alleine sehen würden, war für ihn ebenfalls undenkbar. Er verbot mir die nächtlichen Telefonate und legte das Telefon gerne mal unter sein Kopfkissen. So blieben nur Heimlichkeiten und der Gedanke, dass zwei volle Jahre bis zu meinem Abitur einfach zu lang wären. An diesem Rädchen mussten wir dringend drehen. Es folgten viele Gespräche mit meinem Vater. Ich versprach, dass wir nach unserer Heirat nach Hamburg ziehen würden, damit ich in Ruhe mein Abitur zu Ende bringen konnte. Und so ließ sich mein Vater von den anfangs noch zwei Jahren Verlobungszeit auf ein Jahr runterhandeln.

Es war das Jahr der stundenlangen Telefonate, die zusätzlich von seitenlangen Briefen begleitet wurden. Es war das Jahr des sehnsüchtigen Wartens, des Verliebtseins und der Träumerei in unsere baldige Zukunft. Wenn wir nicht Briefe schrieben, Faxe schickten oder nachts heimlich telefonierten, schmissen wir Pfennige und Zwei-Mark-Stücke in die Telefonzellen unserer Städte. Nebenbei lief irgendwie die Schule. Ich weiß rückblickend, dass mir die Wichtigkeit der Schule nicht wirklich bewusst war, obwohl ich nach dem Abitur studieren wollte. Trotzdem sah ich die Schulzeit mehr als lästige Pflicht an und weniger als Eintrittskarte in ein gutes Leben. Wenn die Gedanken Richtung Wahl eines Studienfaches gingen, tappte ich regelmäßig im Dunkeln. Von den Naturwissenschaften lag mir das Fach Biologie und von den Sprachen am ehesten Englisch. In Deutsch und Kunst war ich ebenfalls gut. Aber Kunst zu studieren, wäre nicht möglich gewesen. Schließlich hätte man irgendwann das Fach Aktzeichnen gehabt, und das wäre mit meiner Religion und meinem Glaubensverständnis nicht vereinbar gewesen, wenngleich ich in diesem Punkt eine Ausnahme gemacht hätte, doch gleichzeitig wusste ich auch, dass ich diese Entscheidung nicht gänzlich alleine treffen konnte. Es musste ein theoretisches Fach werden, bei dem der Kontakt mit dem menschlichen Körper – ausgenommen ist die Medizin, was für mich keinen wirklichen Sinn ergibt – möglichst keine Rolle spielte. Doch immer, wenn ich an ein theoretisches Studium dachte, ließ ich den Gedanken wieder fallen. Um die Zukunft wollte ich mir jetzt nicht den Kopf zerbrechen. Ich wusste, ich würde Abitur machen, ich wusste, ich würde einen guten Mann heiraten, ich wusste, dass er sich um meine Versorgung kümmern würde und ich wusste, dass ich gerade wie verrückt verliebt war. Das reichte mir.

Als das Jahr fast vorbei war, trafen sich unsere Familien, um die Formalitäten zu klären, bevor die Hochzeit im Sommer stattfinden sollte. Genauer gesagt, überließen wir das unseren Vätern, in dem Vertrauen, dass sie wussten, was sie taten. In keiner Weise konnte ich früher oder heute meinem Vater Unverantwortlichkeit unterstellen, doch was mir damals nicht möglich war, weil ich es nicht wusste, sehe ich heute differenzierter. Für meinen Vater stand fest, dass es einen Ehevertrag geben müsste und dass in diesem Vertrag folgende Klauseln stehen würden: Ich sollte mein Abitur machen und studieren dürfen, Tarek dürfe keine weitere Frau heiraten. Falls er das tun würde, stünde mir das Recht auf Trennung zu. Auch die Morgengabe, das sogenannte *Mahir*, sollte festgelegt werden. Mit dieser typischen Form des Ehevertrages sieht der Islam vor, dass die Frau sowohl bei einer Eheschließung als auch im Falle einer Trennung finanziell abgesichert ist, vorausgesetzt, er ist notariell beglaubigt. Sonst ist er Makulatur. Die praktische Umsetzung wird im Rahmen des Möglichen und mit Rücksicht auf die wirtschaftlichen Verhältnisse des Mannes individuell gehandhabt. Zum einen gibt es die Morgengabe vor der Eheschließung, deren Höhe und Umfang ebenfalls individuell festgesetzt wird, und zum anderen gibt es die Morgengabe, die im Falle einer Trennung die finanzielle Sicherheit der Frau garantiert. Über das Recht der Erfüllung der Morgengabe gibt es Rechtsgelehrte, die einer Frau in jedem Fall das Recht auf die vereinbarte Summe zusprechen, und es gibt jene, die der Auffassung sind, dass die Frau, wenn die Trennung von ihr ausgeht, den Anspruch auf die Morgengabe verliert. Dass genau ich irgendwann von Letzterem betroffen sein würde, konnten weder mein Vater noch ich zu diesem Zeitpunkt erahnen. Wo sich alle islamischen Gelehrten jedoch einig sind, ist das unumstrittene Recht einer Frau, ihre Morgengabe in voller Höhe zu bekommen, wenn die Trennung durch den Mann erfolgt. An dieser Stelle wird deutlich, wie unterschiedlich orthodoxe Muslime die Regeln auslegen und wie die Möglichkeit besteht, sich die Rosinen herauszupicken. Für mich hat diese Regel eine einzige Bedeutung – letzten Endes schafft sie einen Handlungsspielraum. Bei der Morgengabe ist es eigentlich irrelevant, wer sich von wem trennt oder wie hoch der Betrag ist. Vielmehr geht es darum, dass derjenige, der finanziell nicht abgesichert ist, nach der Trennung Hilfe bekommt, bis er oder sie auf eigenen Füßen steht. Wäre die Frau berufstätig und wohlhabend, würde nach meinem Verständnis diese Regelung umgekehrt genauso Gültigkeit haben. Im Koran lautet ein Vers sinngemäß, lebt in Güte oder trennt euch in Güte. Es ist ein eindeutiger Appell an die Menschlichkeit und eine wohlgemeinte Aufforderung, die gemeinsamen Ehejahre nach einer Trennung symbolisch, emotional, aber auch finanziell zu würdigen. Welche Frau, die ihre beruflichen Ambitionen zum Wohle der Familie hintanstellt und sich nicht selten viele Jahre um Kinder, Haushalt und Mann sorgt, erhält für ihre Arbeit finanzielle Entlohnung oder eine andere Form angemessener Wertschätzung? In muslimisch geprägten Ländern hat sich besonders in den letzten zehn Jahren ein Phänomen wie eine Seuche verbreitet: Frauen werden in der Ehe psychisch so weit gebracht, dass sie die Scheidung einfordern und der Mann somit der Pflicht, die Morgengabe zu zahlen, nicht mehr nachkommen muss. Frauen im mittleren Alter stehen so plötzlich vor dem Nichts, weil in den meisten Fällen weder Bildung noch Karriere einen angemessenen Platz hatten. Ein vergleichbares Beispiel aus der westlichen Welt ist, wenn eine Frau nach jahrzehntelanger Carearbeit für die Familie nach der Scheidung von Hartz IV leben muss oder später in die Altersarmut abrutscht.

Mein Vater war trotz der Absicherung nach wie vor davon überzeugt, dass es ein Fehler wäre, so jung zu heiraten. Doch wir ließen uns davon nicht beirren.

Bald darauf stürzten sich meine Mutter, meine Tante und meine Großmutter beherzt in die Hochzeitsvorbereitung, die in erster Linie darin bestand, dass s i e für mich das passende Hochzeitskleid finden wollten. Es folgten viele Stunden in Umkleidekabinen kleiner und großer, günstiger und teurer Hochzeitskleiderboutiquen. Ich merkte schnell, dass meine Meinung zwar gehört wurde, letzten Endes aber nicht wirklich zählte, denn die Kriterien für die Wahl des Kleides reichten viel weiter als nur *schön*. Obwohl die Feierlichkeiten nach Geschlechtern getrennt stattfinden sollten, durfte das Kleid weder kurz noch rücken- oder schulterfrei sein und auch kein tiefes Dekolleté haben, denn die islamische Trauung würde vor den eigentlichen Feierlichkeiten in Anwesenheit eines Imams, den Zeugen und weiterer Männer stattfinden.

Meiner Mutter, meiner Oma und meiner Tante gefiel meine Kleiderwahl nicht und mir gefiel ihre nicht. Hinzu kam, dass ich nicht zu viel ausgeben wollte, da wie üblich der Mann sowohl das Kleid als auch die Eheringe bezahlen würde. Nach einigen Wochen und vielen Diskussionen wich meine Freude dem Frust. Mittlerweile empfand ich meinen Körper als Kleiderständer. Nach der Anprobe eines Kleides, das ich niemals ausgesucht hätte, schauten mich drei Augenpaare so freudig an, dass ich keine Chance mehr auf Protest sah. Es war ein cremefarbenes Kleid aus italienischer Seide, mit zarter Stickerei und halben Ärmeln. Der Ausschnitt war gerade noch akzeptabel. Es wurde schnell überlegt, ob man einen passenden Stoff besorgen könnte, um daraus ein Cape zu nähen, das ich mir in der Zeit bis zum Saal, wo wir unter Frauen wären, überwerfen konnte. Die Schneiderin meiner Großmutter wurde angerufen. Sie gab ihr Okay, und so stand dem Kauf des Kleides nichts mehr im Weg. Außer vielleicht meinem Protest. Anschließend musste noch ein Outfit für die standesamtliche Trauung und ein Kleid für die Hennafeier gekauft werden. So sehr mir die Freude meiner Großmutter, Mutter und Tante am Herzen lag, so sehr fiel es mir schwer, akzeptieren zu müssen, dass es für meine Vorstellungen nur wenig Raum gab.

Ich war in der Familie das älteste Kind und die einzige Tochter, und durch die Kauffreude meiner Großmutter wurde für mich alles, von der Unterwäsche bis zu den Bettbezügen, nach ihren Vorstellungen gekauft. Ich hingegen kümmerte mich um die letzten Klausuren und begann mein kleines Reich in Kartons zu packen. Fünf Wochen vor der Trauung, an einem Samstagmorgen, kündigte mir meine Mutter eine Überraschung an. Trotz meiner großen Neugier und der vielen Fragen tappte ich bis zuletzt im Dunkeln. Als wir aus dem Auto stiegen, sah ich von beiden Seiten der Straße die Freundinnen meiner Mutter und Tante in unsere Richtung kommen. Sie lachten und trugen in beiden Händen Körbe und Taschen. Wir begrüßten uns, doch ich wusste immer noch nicht, wohin es gehen würde. Am Eingang des türkischen Hamams fragte ich verwundert in die Runde, was wir denn hier machen würden. »Dich schrubben«, hörte ich sie ganz selbstverständlich antworten. Wie bitte, mich schrubben? War das ihr Ernst? »Wir lassen dich doch nicht ohne *gelin hamami* heiraten«, lachte eine Freundin.

Es folgten peinliche, aber sehr lustige vier Stunden. Zwischen selbst gemachten türkischen Köstlichkeiten wanderte der Peelingschwamm von Hand zu Hand. Ich ließ die Zeremonie trotz meiner Scham über das Fast-Nacktsein in Anwesenheit der anderen Frauen über mich ergehen.

Heute findet dieser Brauch kaum noch statt. Rückblickend bin ich meiner Familie sehr dankbar, dass ich diese Tradition erleben durfte. Sowohl der Tag im Hamam als auch die Hennafeier, die eine Woche später stattfand, waren liebevoll geplant. Der weibliche Teil meiner zukünftigen Schwiegerfamilie wurde von den türkischen Freunden und Bekannten herzlich empfangen. Als ich mit dem Auto vorgefahren wurde, stand Tarek bereits am

Eingang. Beim Aussteigen reichte er mir die Hand, die ich ergriff, doch sofort wieder losließ, als ich das unmutige Brummen meines Vaters hörte. Die Strenge meines Vaters wurde respektiert. Schließlich durfte es noch keinen Körperkontakt geben, da die islamische Trauung erst in vier Wochen stattfinden würde. Später erfuhr ich, dass es nach der arabischen Vorstellung eine Grauzone gab. Schließlich hätten wir uns die Ehe bereits mündlich versprochen, und das würde fast so viel zählen wie die Trauung. Ich jedoch kannte meinen Vater. Bei diesen Dingen blieb er strickt und wich von seiner Überzeugung auch während der weiteren familiären Zusammenkünfte nicht ab.

Vier Wochen später fand die standesamtliche Trauung im Kreis der engsten Familie statt. Tags darauf war unser großer Tag. Am Vormittag stand der Besuch bei einer türkischen Friseurin auf dem Plan. Sie machte mir die Frisur in einem Hinterzimmer ihres Salons, sodass ich vor den Blicken von außen geschützt war. Nach dem Termin warf ich mir einen dünnen Schal über die Haare und fuhr mit meiner Tante und meiner zukünftigen Schwiegermutter zurück ins Hotel. Wie die Frisur den ganzen Tag überleben sollte, war mir ein Rätsel, denn es standen zwei Gebetswaschungen und das anschließende Beten mit Kopfbedeckung auf dem Plan. Die Zeit dazwischen saßen meine Cousine und ich lachend und kichernd zusammen, während sie mit ihrem Epiliergerät akribisch jeden Stoppel auf meinen Beinen begutachtete und entfernte. Eine Braut dürfe keine Haare auf den Beinen haben, egal wie kurz sie auch seien, sagte sie überzeugt, grinste mich an und tastete jeden Millimeter meiner Haut ab. Für jede Körperbehaarung gelten andere Regeln.

Am späten Nachmittag stieg ich in mein Kleid und überließ meinen zerzausten Kopf der Schwester meiner Großmutter, die aus der Türkei angereist war. Liebevoll kümmerte sie sich um meine Frisur und griff anschließend nach ihrem Lippenstift. Ich war nicht geschminkt, denn weder in unserer Familie noch in meinem Umfeld benutzten Frauen Make-up. Es störte mich nicht, dass ich außer dem arabischen *Khol,* mit dem Frauen die Innenlider der Augen betonen, nichts anderes kannte. Sie hingegen war top gestylt. Meine Großmutter schritt ein: »Das Kind braucht keinen Lippenstift«, sagte sie mit entschiedener Stimme. Meiner Großtante blieb nichts anderes übrig, als ihren Lippenstift wieder einzustecken. Sowohl sie als auch ihre Kinder und mein Onkel mütterlicherseits wussten um die Religiosität meiner Familie. Auch wenn man viele Ansichten nicht miteinander teilte, wurden die Lebenswelten von beiden Seiten sowohl respektiert als auch humorvoll durch den Kakao gezogen.

Irgendwann hörte ich von irgendwo und irgendwem, dass die ersten Gäste bereits im Saal angekommen seien. Mein Herz klopfte, denn gleich war es so weit. Mit meiner Familie warteten wir auf Tarek, meinen zukünftigen Ehemann. Als er vorfuhr, trat ich an der Hand meines Vaters aus der Tür des Hotels. Alle begrüßten sich regelkonform. Dann stiegen wir, das Hochzeitspaar, ins Auto und nahmen auf der Rückbank Platz. Auf der Fahrt, die etwa eine halbe Stunde dauerte, wurde nicht viel gesprochen. Ich war zu nervös. Zwischendurch berührten sich unsere Hände, auch wenn das noch nicht erlaubt war. Als wir am Veranstaltungsort ankamen, nahm er meine Hand. Das erneute unmutige Grummeln meines Vaters ging in der Menge unter, und während Tarek an meinem Gewand, das dauernd verrutschte und für kurze Momente verbotene Einblicke auf meine Haare und mein Dekolleté gewährte, zupfte, liefen wir in Richtung Eingang.

Die islamische Trauung ist ein unkomplizierter Vorgang, die durch einen Imam und mindestens einen Zeugen vollzogen wird. Unser Imam war ein enger Freund meines verstorbenen Großvaters. Der Raum war klein und eng, und die Tatsache, dass das Cape permanent für unerlaubte Einblicke sorgte, war mir sehr unangenehm. Frauen können zwar an der Trauungszeremonie teilnehmen, aufgrund des Platzmangels im Raum hatten die Männer allerdings Vorrang. Ich zog mich zusammen, doch je mehr ich mich nach vorne beugte, desto tiefer rutschte mir die Kapuze ins Gesicht. Es war heiß, und ich sah nicht mehr, was um mich herum geschah. In Anwesenheit der Zeugen und der anderen Männer im Raum wurde der Ehevertrag vorgelesen, und irgendwann vernahm ich die Frage, ob ich *Ja* sagen wolle. Die restlichen Worte gingen unter, ebenso wie mein leises Ja und das Kopfnicken unter der großen Kapuze. Eine Stimme sagte lachend, dass auch das Schweigen als Zustimmung gelten würde, während die Unterschriften unter dem Ehevertrag ihren Platz fanden. Als alles vorbei war, war ich froh, den Raum als einzige Frau endlich verlassen zu können und in die obere Etage zu gehen, wo bereits die Stimmen der weiblichen Hochzeitsgäste zu hören waren. Ich wusste nicht, was mich erwartete. Weder kannte ich die Menschen noch wusste ich, wie der Raum hergerichtet war. Ich verabschiedete mich von den Männern und lief im Beisein meiner Mutter, die am Eingang des Raumes gewartet hatte, die Treppe hoch. Musik schallte mir entgegen, und mein Herz pochte mir bis zu den Ohren. Am liebsten hätte ich diesen Teil übersprungen und wäre mit meinem Ehemann weggefahren, und dann wären mir tatsächlich eine Menge peinlicher Momente erspart geblieben. Fröhliche Gesichter schauten mich an, als ich den Raum betrat. Ich musste auf der Bühne Platz nehmen und blickte in die Reihen. Die meisten Frauen saßen in langen Kleidern und Mänteln und mit Kopftüchern auf ihren Stühlen. Es waren viele fremde Gesichter. Dann konnte ich meine Freudentränen nicht zurückhalten, als ich meine Hamburger Freundinnen von der Muslimischen Jugend sah. Sie waren den weiten Weg gekommen, um mich zu überraschen, und so musste ich die nächsten Stunden nicht unter Fremden verbringen. Meine

Schwägerin begrüßte alle Anwesenden. Da mich die meisten im Raum nicht kannten, schlug sie ein Kennenlernspiel vor, von dem ich erst in diesem Moment erfuhr. Ich schwieg und lächelte. Sie erklärte, dass sie meinen Brüdern, Eltern und anderen aus meiner Familie Fragen gestellt habe, deren Antworten sie nun gerne vortragen würde. Am liebsten wäre ich weggelaufen, doch ich war nicht imstande zu protestieren. Die Frauen lachten und klatschten, und ich rutschte mit jeder Antwort tiefer auf meinem Stuhl. Als alle Antworten vorgelesen waren, wurde das Buffet eröffnet. Dann wurde Tarek angekündigt. Die Frauen, die sich zwischenzeitlich ihre Kopftücher abgenommen hatten, griffen nach ihren Tüchern und Schals und legten sie um die Haare. Der Schleier meiner kleinen Schleppe wurde vor mein Gesicht gezogen. Dann betrat Tarek aufgeregt an der Hand seiner Mutter den Saal und lief freudestrahlend und nervös auf mich zu. Mein Herz klopfte vor Freude, als ich ihn sah. Ich liebte diesen Mann. Er stellte sich vor mich und schaute mir tief in die Augen. Dann hob er meinen Schleier hoch, nahm mein Gesicht in seine Hände und küsste mich auf die Stirn. Ja, ich liebte diesen Mann so sehr, dass ich alles für ihn getan hätte. Nach und nach kamen ein paar Frauen auf mich zu und hängten mir Schmuck an. Auch Tarek legte mir eine Kette um. Dann schnitten wir unseren Kuchen an, und erneut verschlug es mir die Sprache, als ich, wie bereits ein Jahr zuvor bei der Verlobung, meinen falsch geschriebenen Namen erblickte – egal, was ich sagte und auch später noch sagen würde, man sah nicht ein, dass ich Ayla und nicht Aila geschrieben wurde. Beim Hochzeitstanz, den wir nie eingeübt hatten, wäre ich am liebsten im Boden versunken, denn jeder Versuch, uns zur Musik gemeinsam synchron zu bewegen, scheiterte.

In Summe war die Hochzeit rückblickend der nett gemeinte Versuch, zwei Kinder in den Bund der Ehe zu verabschieden. Am Ende des späten Abends fuhren wir mit einem geliehenen

Auto mit sämtlichen Geschenken auf der Rückbank und im Kofferraum in unser Hotel. Im Zimmer angekommen setzte ich mich auf das Bett und bat ihn, mir bei den vielen Haarklammern zu helfen. Mit Geduld befreite er meine hochgesteckten Haare. Wir zogen uns um, gingen ins Bad, nahmen die Gebetswaschung vor, verrichteten anschließend die verpassten Gebete und saßen dann auf dem Fußboden des Hotelzimmers. Einerseits waren wir beide komplett erschöpft, andererseits wussten wir auch, dass es für uns nun kein Tabu mehr war, alles miteinander zu tun.

Nach einer kurzen Hochzeitsreise zogen wir in den Süden von Hamburg. Hier sollte also die Phase des ersten richtigen Kennenlernens stattfinden. Wir hatten zwei Monate zuvor den Mietvertrag für eine Ein-Zimmer-Wohnung unterschrieben und uns Hals über Kopf in die Hochzeitsvorbereitungen gestürzt.

Meine Eltern, meine Geschwister und ich lebten zu sechst in drei Zimmern, verteilt auf siebzig Quadratmetern. Eigentlich war die Wohnung eine Maisonette-Wohnung, doch die untere Etage wurde von meiner Großmutter bewohnt, die seit dem Tod meines Großvaters, der verstarb, als ich fünf Jahre alt war, bei uns lebte. Das Zimmer, das ich mit zwei meiner Brüder bewohnte, war mit knapp fünfundzwanzig Quadratmetern der größte Raum unserer Wohnung. Er war rechteckig geschnitten und hatte an der Kopfseite eine große Fensterfront. Zur rechten Seite stand das Etagenbett meiner Brüder, links war mein Bereich. Unter der Dachschräge stand mein Bett. Daneben ein alter Nachttisch aus der Kindheit meiner Mutter und mein Kleiderschrank. Links davon mein Schreibtisch unter einem Regal, auf dem meine Bücher und mein Radio mit CD- und Kassettenspieler Platz fanden. Mit Letzterem nahm ich die aktuellste Musik im Radio auf und erweiterte so mit den Jahren meine Kassetten-Sammlung, die ich dann morgens auf dem Weg zur Schule hörte. Irgendwann mit Anfang dreizehn kam der Tag, an dem ich aus Verzweiflung, nie alleine sein zu können, ein Seil quer durchs Zimmer spannte, meine Nähmaschine herausholte, einen Vorhang nähte und diesen an dem gespannten Seil aufhängte. Selbstverständlich erreichte ich dadurch nicht mein Ziel, denn für meine Brüder war der Vorhang eher eine Provokation, und sie fühlten sich herausgefordert, mich jetzt erst recht stören zu dürfen.

Diese Jahre waren der Anfang einer stillen und beschwerlichen Pubertät und die Zeit der vielen lauten, aber im Nichts verhallenden Rebellionen gegen die Umstände, an denen ich nichts ändern konnte, obwohl ich es wollte. Was das genau war, konnte ich damals nicht klar benennen. Ich spürte nur, dass etwas nicht richtig war. Es waren die Jahre der Schwärmerei für Boybands, der Verzweiflung über den sich verändernden Körper und der Trauer über eine kaum anwesende Mutter, die sich der Vereinsarbeit hingab. Sie gründete mit meinem Vater zusammen eine islamische Schule, und sie gründete einen muslimischen Frauenverein, dem bis heute vier Kindergärten angeschlossen sind.

Nach den Sommerferien sollte ich wegen meiner guten Noten auf das Gymnasium wechseln. Ich war elf Jahre alt, und meine erste Periode hatte noch nicht eingesetzt. Durch Erzählungen von den Frauen in meiner Familie und aus meinem nahen Umfeld wusste ich aber, dass auch ich mit dem Beginn der ersten Menstruation anfangen würde, Kopftuch zu tragen. Da es eine Frage von wenigen Monaten sein würde, bis es auch bei mir so weit war, entschied ich, gleich am ersten Schultag mit dem Kopftuch in die Schule zu gehen. Diese Möglichkeit erschien mir einfacher, als mitten im Schuljahr plötzlich damit zu beginnen.

Heute kann ich sagen, dass diese Entscheidung, wenngleich mir keine andere Wahlmöglichkeit bewusst war, sehr viel dazu beigetragen hat, dass ich meinem Körper gegenüber noch viele Jahre eine Art Hassliebe empfand.

Neben meinem Körper plagten mich schlechte Schulnoten, die damit einhergehende Lust- und Motivationslosigkeit in den ersten Jahren der Pubertät und die Melancholie der unglücklichen Verliebtheit. Es begann gleich in der ersten Woche auf dem Gymnasium, als sich die Schulsprecher mit ihren Stellvertretern im Schlepptau den neuen Klassen vorstellten. Mit gebräunter Haut und dunklen Locken stand ein Junge vor unserer Klasse und erklärte seine Aufgaben. Ich saß in der ersten Reihe und fühlte irgendwann nur noch, wie die Schmetterlinge in meinem Bauch flatterten. Wie es sich aber anfühlt, wenn diese alleine fliegen, sollte ich nun zum ersten Mal erfahren, denn meine Gefühle blieben bis in alle Zeiten unerwidert. Obwohl der Junge, dessen Namen ich bis heute noch weiß, mir sagte, dass ich für ihn einfach zu jung sei, war ich mir sicher, dass es an meinem unförmigen Körper lag. Nach fast drei Jahren Schwärmerei im Alter von vierzehn Jahren bat ich den Jungen um ein Gespräch. Respektvoll und höflich teilte er mir erneut sein Desinteresse mit. Für mich brach eine Welt zusammen, und ich erlebte meinen ersten schlimmen Liebeskummer. Mit diesem wuchs auch die Wut auf meinen immer runder und weiblicher werdenden Körper, dem ich die Schuld für mein gebrochenes Herz gab. Ich mochte ihn nicht. Ich hasste ihn. Die Konsequenz dessen war, dass ich aufhörte zu essen und erst wieder damit anfing, als mir meine Kinderärztin in Anwesenheit meiner Mutter zu verstehen gab, dass ich nur noch die Wahl zwischen freiwilligem Essen oder einem Klinikaufenthalt hätte. Dort würde man mir das Essen auch gegen meinen Willen zuführen. Mit großem Widerwillen fing ich langsam wieder an zu essen. Die Waage zeigte bald keine fünfundvierzig Kilo mehr an, aber egal, wie sehr ich mich innerlich dagegen sträubte, wusste ich gleichzeitig, dass ich keine andere Wahl hatte. Schließlich saß mir meine Mutter nach unserem Besuch bei der Kinderärztin im Nacken.

Aus dem jahrzehntelangen unglücklichen Arrangement zwischen mir und meinem Körper wurde in den Jahren meiner intensiven Laufphase und später nach meiner Trennung eine Art Abkommen – ich lernte, genauer hinzuschauen und seine Bedürfnisse zu verstehen, und ging nicht mehr mit der Brechstange gegen ihn vor, um die in meinem Kopf existierenden Vorstellungen zu erreichen. Stattdessen fing ich an, mich bei ihm zu bedanken. Dafür, dass er bereits so viel mit mir durchgemacht hatte und immer noch gesund war.

Dennoch steckte ich mit Anfang dreißig mit einer Sache in den Kinderschuhen: die Auseinandersetzung mit meiner Weiblichkeit, Sexualität und Außenwirkung. Heute weiß ich, dass diese Dinge nicht unbedingt mit verpassten Möglichkeiten in jungen Jahren im Zusammenhang stehen, sondern viel damit zu tun haben, ob eine Frau ihre Attraktivität kennt und frei auslebt und zu ihrer Sexualität einen gesunden und nicht durch Scham überschatteten Zugang hat. Denn während die Umstände in den Jahren als pflichtbewusste Muslimin sämtlichen Umgang regelten, kam in den Jahren nach der Trennung erschwerenderweise etwas anderes hinzu: Social Media! Der ständige Vergleich mit anderen Frauen, dem frau sich nur entziehen kann, wenn sie es bewusst tut.

Nach meiner Ehe war es somit für mich unumgänglich, mich diesen Dingen zu stellen und immer wieder aufs Neue ins kalte Wasser zu springen, wenngleich mir meine ersten beiden Partner nach der Trennung geduldig und liebevoll dabei halfen, mich mit diesen neuen Herausforderungen näher zu beschäftigen. Teilweise ist es bis heute Thema, mein Wirken, meine Selbstwahrnehmung und mein Außenbild zu erkennen, für meine Sexualität einzustehen, sie zu lieben und anzunehmen. Ähnlich verhält es sich mit dem Verhältnis zu meinem Körper. Denn in der Welt, in der meine Weiblichkeit geprägt wurde, stand der bewusste Umgang mit dem eigenen Körper und seinen Bedürfnissen nicht im Vordergrund.

In meiner Jugend musste ich erst einmal für mich alleine einen Weg finden, dem Frauwerden unter den gegebenen Bedingungen gerecht zu werden. Vorbilder waren meine Tante, meine Großmutter, meine Mutter, die Frauen aus unserem Bekanntenkreis und mit der Teilnahme an den Lokalkreisen der Muslimischen Jugend die vielen religiösen Schwestern, die ich regelmäßig sah. Für mich war es ein Spagat zwischen meinem Selbstbild, meinem Bild von den genannten Frauen und dem, was von mir von außen erwartet wurde. Ich fühlte mich den Erwartungen und Vorstellungen nicht gewachsen, denn einerseits fehlte mir generell ein Zugang zu meinem Körper, und andererseits erschienen mir diese Frauen alle perfekt – perfekt gläubig, perfekt schamhaft, perfekt gebildet und perfekt ehrgeizig. Gleichzeitig waren sie auf irgendeine Weise auch einfach und bescheiden. Ihre Welt drehte sich um das Erfüllen der religiösen Pflichten, wenn sie sich nicht gerade in ihren Schulen und Universitäten als Musliminnen behaupten mussten. Bei den etwas älteren und bereits verheirateten Frauen drehte sich alles um die ehefraulichen, mütterlichen und gemeinschaftlichen Pflichten. Jede von ihnen legte den Schwerpunkt anders, aber allen gemeinsam war die pflichtbewusste Erfüllung der Regeln und ihr Anstand. Sie pflegten einen guten und regelmäßigen Kontakt miteinander und erinnerten sich gegenseitig, wenn sich eine von ihnen gefährlich den Grenzen des Verbotenen näherte.

Als junges Mädchen war ich die Rebellin, die etwas Pummelige mit der Kurzhaarfrisur, die beim Haareschneiden ihrer Brüder direkt mit unter den Haarschneider kam und die in der Schule mit den Jungs auf dem Pausenhof rangelte. Ich flüchtete mich in Frauenzeitschriften, träumte mich in die Welt der »anderen«, derjenigen, die sich modisch kleideten, die perfekte Körper, Jobs und Wohnungen hatten und immer glücklich aussahen. Mit elf Jahren brachte ich mir an der Nähmaschine meiner Mutter selbst das Nähen bei und versuchte die Mode dieser perfekten Menschen auf irgendeine Weise meinem Leben anzupassen. Hilfe holte ich mir aus den vielen Nähzeitschriften, die in der örtlichen Bibliothek auslagen, und meine Großmutter unterstützte mich beherzt bei meinem Hobby. Mehrere Male in der Woche schlängelten wir uns durch die engen Gänge der Stoffabteilung von Hertie – sie mit ihrem Einkaufstrolley vorneweg, ich mit großen und hungrigen Augen hinterher. Ihre Vorlieben gaben meinen nächsten Look vor, und ihr Lob pushte mich weiterzumachen. Was mir damals nicht wirklich bewusst war: Während ich eigentlich Konfektionsgröße 38 hatte, nähte ich alles ausschließlich in Größe 42, denn die Kleidung sollte und durfte nicht körperbetont sein. Das war nicht wirklich hilfreich, um ein Gefühl für den eigenen Körper zu bekommen. Ich nahm zu, nahm wieder ab, wurde immer weiblicher und runder und versuchte mit noch weiterer Kleidung meine Formen zu verstecken. Auch war Sport in der Freizeit kein Thema in meiner Familie. Weder dachte ich an engere und den Körper umschmeichelnde Kleidung, noch hätte dieser Gedanke, wenn es ihn gegeben hätte, eine Chance gehabt. Die Vorgaben, wie sich ein anständiges muslimisches Mädchen zu kleiden hat, waren in meinem Umfeld klar definiert. Der Stoff durfte nicht durchsichtig sein, und der Schnitt durfte keine Kurven betonen. Kurz ging gar nicht. Sichtbar durften nur die Hände und die Füße sein. Was mir hier noch als Wahlmöglichkeit blieb, waren Stoff und Schnitt.

Was es während meiner Jugend und in den ersten Jahren meiner Ehe ebenfalls noch nicht gab: die moderne Muslima, auch Mipster genannt. Ich weiß nicht mehr, wann und wie ihre Bewegung anfing, doch gemeint sind nicht die bauchfrei tragenden Mädchen mit Kopftuch, die das Straßenbild in meiner Schulzeit in Hamburg mit prägten, denn deren Freizügigkeit verachtete ich.

Die Mipsterbewegung, die in den Achtzigerjahren entweder undercover blieb oder es nicht in meine Welt schaffte, wurde mir erst in den späten Neunzigern und bei meinen ersten Gehversuchen auf Social Media ein Begriff. Die meisten von ihnen begegneten mir in den Reihen der Sufis, einer spirituellen Bewegung des Islam. Ich erlebte sie als kreativ und in Hinblick auf ihr Kopftuch und ihre Religion als sehr selbstbewusst. Ihr femininer Look, modisch immer auf dem neuesten Stand, war trotzdem irgendwie, je nach Interpretation und Auslegung der Bekleidungsregeln, islamisch. Ihre Tücher trugen sie aus Gründen persönlicher, modischer, religiöser oder traditioneller Art und mit einer Überzeugung, die mir zusagte. In meiner Welt hatte allerdings weder der Sufismus Einzug gehalten, noch hatte ich Mipster-Sisters in meinem Freundinnenkreis. Ich kannte größtenteils Mädchen und Frauen, deren Prioritäten nicht bei ihrer Kleidung lagen. Bei ihnen standen das Kultivieren und Pflegen von Anstand, Sittsamkeit, Zurückhaltung und die Dauerpräsenz von Freundlichkeit »anderen« gegenüber im Vordergrund. Dass die Erfüllung dieser Eigenschaften auf Dauer viel Kraft in Anspruch nehmen kann, wurde mir letzten Endes erst bewusst, als ich mich viele Jahre später für die äußere »Unauffälligkeit« entschied. Doch bis dahin hieß es lächeln und durch Freundlichkeit, Hilfsbereitschaft und Toleranz stets ein gutes Vorbild sein.

Um Missverständnisse gar nicht erst entstehen zu lassen, möchte ich ein wenig genauer auf Freundlichkeit, Anstand, Aufmerksamkeit und Hilfsbereitschaft eingehen. Es sind zweifelsfrei vorbildliche Werte, die möglichst viele Menschen haben sollten.

Viele Jahre hätte ich diesen Satz ohne Einschränkung unterschrieben. Heute differenziere ich, wenn es darum geht, mit diesen und nach diesen Werten zu leben, obwohl die Wahrscheinlichkeit groß ist, dass auf jede dieser Tugenden eine positive Resonanz folgt. Eine gute Tat, Freundlichkeit, Hilfsbereitschaft und Respekt haben für mich heute erst einen echten Wert und können entsprechend wertgeschätzt und in Dankbarkeit angenommen werden, wenn sie einer aufrichtigen Absicht entspringen. Das ist jedenfalls mein Maßstab. Von Unehrlichkeit, zwanghaftem Befolgen und Heuchelei nehme ich mittlerweile Abstand. Was ich meine, bezieht sich auf eine Grundhaltung gegenüber diesen Tugenden, denn ich bin überzeugt davon, dass Freundlichkeit ihre Qualität einbüßen muss, wenn sie nur aus Sorge vor Stigmatisierung oder zum Schutz vor Diskriminierungserfahrung praktiziert wird. Freundlichkeit ist aber kein Zustand, sondern eine Tätigkeit. Ebenso wie Liebe, Respekt und Toleranz. Sie alle brauchen aufrichtige Bereitschaft und Überzeugung und vor allem das Wissen darüber, dass Fake höchstens zu maroden Zwischenmenschlichkeiten, brüchigen Wertvorstellungen und nicht zuletzt zur Aufrechterhaltung menschlicher Fassaden und Masken führt. Mit der traurigen Folge, dass Authentizität und Vertrauen auf der Strecke bleiben und Menschen auf Dauer den Zugang zu ihrer Ehrlichkeit verlieren. So soll Hilfsbereitschaft nicht erwartet und Freundlichkeit nicht zu Fake werden.

Wie wäre es, wenn Aufrichtigkeit und Authentizität wieder priorisiert würden und gleichzeitig Grundvoraussetzung für die Ausübung religiöser Praktiken und Regeln wären? Schließlich werden im Islam die Gläubigen in einem *Hadith* (Überlieferung des Propheten) daran erinnert, dass die Taten nur so gut sind wie die Absichten und dass jedem Menschen das zusteht, was er beabsichtigt hat.

Sollte das nicht Grund genug sein, bei der eigenen Ehrlichkeit zu beginnen? Im Islam wird an vielen Stellen auf ein aufrichtiges Verhalten und auf die Absichten hinter den Taten hingewiesen. Doch was braucht es hierfür genau? Ist es nicht zunächst eine echte Freiwilligkeit und der freie Zugang zu den eigenen Bedürfnissen und Emotionen? Doch wie ist dieser Zugang möglich, wenn wir von klein auf dazu angehalten werden, den Älteren gegenüber unter allen Umständen respektvoll, Fremden gegenüber stets höflich, sich selbst gegenüber unentwegt kontrollierend und der Religion gegenüber immer gehorsam zu sein? Niemand auf der Welt kann das ständig auf ehrliche Weise schaffen, denn wir Menschen haben unsere guten und weniger guten Tage.

Dass diese Erwartungen zu einer Bürde werden könnten, wurde mir erst in den Jahren bewusst, als ich anfing, Regeln und Praktiken kritischer zu hinterfragen, in meinem Fall besonders die einer muslimischen Frau. Wenn sie denn ein gutes Vorbild sein will, hat sie stets freundlich und respektvoll zu sein, da andernfalls negative Rückschlüsse auf den Islam drohen. Zu welcher Belastung diese Erwartungshaltung geführt hatte, spürte ich erst, als ich in der Masse unsichtbar wurde. Mein Verantwortungsgefühl meinen Werten und meinen Mitmenschen gegenüber blieb dennoch. Doch wenn ich an weniger guten Tagen nicht mehr Türen aufhielt oder fremde Menschen unverdrossen anlächelte, hatten meine Entschuldigungen keinen unangenehmen Beigeschmack von Rechtfertigung. Stattdessen hinterließen Freundlichkeit und Hilfsbereitschaft an guten Tagen, ob in Form eines persönlichen Blickkontaktes, eines wohlwollenden Lächelns oder einer höflichen Geste, einen positiven Dominoeffekt.

Nach den Flitterwochen begann Tarek zu arbeiten. An den ersten Wochenenden unserer Ehe begleitete er mich noch zu den Kursen der Muslimischen Jugend, wo ich mittlerweile zu den Fortgeschrittenen gehörte. Ich war im Tarbiyya Kurs (übersetzt:

Ausbildungs-/Erziehungskurs), er war mein Ehemann. Die Kurse der Muslimischen Jugend bauen aufeinander auf. Nach den Grund- und Mittelkursen kommen die Tarbiyya-Kurse. Dem folgt meistens ein Posten im Vorstand oder eine andere verantwortungsvolle Aufgabe innerhalb der Gruppe. Doch nach kurzer Zeit sollte ich nicht mehr an den Kursen teilnehmen, weil er nicht jedes Mal dabei sein konnte, und es gehörte sich nicht für eine verheiratete Frau, allein unter anderen Männern zu sein, auch wenn andere Frauen anwesend waren. Somit wurde das Ende meiner Islam-Karriere eingeläutet. Ich beendete nach fünf Jahren aktiver Teilnahme meine Zeit als Mitglied und konzentrierte mich auf meine Rolle als Ehefrau und Schülerin. Die Tage verbrachte ich mit Schule und Lernen. Die Abende endeten nicht selten in lautstarken Diskussionen, weil ich schlafen wollte und wir nur ein Zimmer hatten. Es folgten resignierende Gedanken und Zweifel an meiner Entscheidung, die wiederum zu noch mehr Resignation führten, weil für mich eine Trennung undenkbar war. Zu sehr liebte ich ihn, und zu groß war die gedankliche Hürde. Tagsüber halfen mir die Stunden in der Schule, um Durchatmen zu können, nachmittags saß ich regelmäßig mit meiner Freundin in der Bibliothek, um zu lernen.

In meinem Tagebuch kann ich nachlesen, wie unglücklich ich damals war, wie sehr mir die Selbstbestimmtheit fehlte, wie wenig Freiräume ich besaß. Ich gab mir selbst die Schuld, vielleicht war ich zu freiheitsliebend, machte zu viele Fehler, fragte mich, ob es in allen muslimischen Ehen eine solche Hierarchie gibt.

Als ich das Abitur hinter mir hatte, zogen wir nach Nürnberg. Ich schrieb mich an der Uni für Politikwissenschaften, Soziologie und Erziehungswissenschaften ein. Doch in den Seminaren fühlte ich mich fehl am Platz. Ich wollte etwas anderes studieren, etwas Praktisches, doch außer dem Zahnmedizin-Studium konnte ich unter den vielen Studiengängen nichts finden, was mich interessierte. Also ließ ich diesen Gedanken vorerst ruhen und begann mit meinem Führerschein, den ich von meiner Großmutter zum bestandenen Abitur geschenkt bekommen hatte. Die Bedingung, dass es eine Fahrlehrerin sein musste, war erfüllbar, und da es in Nürnberg nur fünf Fahrschulen mit Fahrlehrerinnen gab, fiel die Wahl nicht schwer.

Als nach wenigen Wochen meine Führerscheinprüfung anstand, machte ich die ersten Erfahrungen mit Rassismus. Meine Fahrlehrerin legte mir in der letzten Fahrstunde ans Herz, dass ich mich während der Prüfung zu den Sprüchen, die von dem älteren Prüfer kommen könnten, nicht äußern sollte. Anscheinend war er für seine Haltung bekannt. Die Prüfung verlief gut. Nach einer halben Stunde wurde ich von ihm aufgefordert, auf einen Parkplatz zu fahren. Ich folgte den Anweisungen, und er steuerte mich auf das Gelände von Aldi. Ich sollte vorwärts einparken. Es klappte auf Anhieb, doch seiner Meinung nach war das nicht gut genug. »Das probieren wir gleich noch einmal. Das Parken hier wird für dich sehr wichtig sein, da wäre es gut, wenn du es besser beherrschst.« Ich war sprachlos. Meine Fahrlehrerin schaute mich aus den Augenwinkeln an und gab mir zu verstehen, ich solle am besten nichts sagen. Ich korrigierte schweigend die Parkposition. An der Fahrschule angekommen, gratulierte er mir nüchtern zur bestandenen Prüfung und verlangte meinen Personalausweis. »Einen deutschen Pass hat die Frau auch noch«, sagte er in einem abfälligen Ton von der Rückbank, und ich antwortete leise: »Ja, ich bin ja auch hier geboren.« Er reichte mir den Ausweis zurück und zischte beim Aussteigen »So schauen Sie aber nicht aus«.

Der Führerschein war geschafft, doch der Satz saß tief. In den ganzen Jahren in Hamburg war mir Derartiges nicht passiert. Mit den Monaten merkte ich immer mehr, dass ich diese Stadt und ihre Menschen nicht mochte. In jeder Begegnung, ob im Supermarkt, in der Universität, an der Ampel oder im Treppenhaus spürte ich, wie im Zwischenmenschlichen Arroganz und Verachtung mitschwangen, die mir völlig fremd waren. Ich wollte hier nicht mehr sein, doch ein Wegzug war weder gedanklich noch real möglich.

Nach zwei Monaten zog ich mich aus meinem Studium zurück. Mir fehlte zunehmend die Energie und Lust, neue Menschen kennenzulernen und mich dem Leben »draußen« auszusetzen. So verbrachte ich viel Zeit mit der Einrichtung unserer vier Wände. Ab diesem Zeitpunkt ging es mir immer öfter durch den Kopf, ob nicht vielleicht jetzt der Zeitpunkt wäre, schwanger zu werden, denn ich fühlte mich bezüglich meiner beruflichen Zukunft verloren und war ratlos. Wofür hatte ich eigentlich das Abitur gemacht? Es musste doch etwas anderes geben, das ich studieren konnte, ging es mir Tag für Tag durch den Kopf. Ich wollte zu unserem Lebensunterhalt beitragen, denn das Ungleichgewicht zwischen meiner unfreiwilligen Nichttätigkeit und seiner Überarbeit war zu eklatant. Meine unentschiedene Sucherei war auch für ihn nervenaufreibend. Die Zeit war freudlos. Mir fehlte meine Familie, mir fehlten meine Freunde, und mir fehlte eine sinnvolle Beschäftigung. Also tat ich das, was mir zu diesem Zeitpunkt am nächsten lag und einfach war – ich suchte vor Ort einen muslimischen Lokalkreis für Mädchen und Frauen, um endlich wieder Anschluss zu finden. Es gab eine Moscheegemeinde im Norden der Stadt, und ausgerechnet jetzt suchte sie für ihre Mädchengruppe eine erfahrene Gruppenleiterin, die einmal in der Woche Unterricht geben konnte. Ich fühlte mich für diese Aufgabe berufen und verbrachte den Winter und Frühling damit, jungen Mädchen theoretisches Islamwissen zu vermitteln. Ich freute mich über diese Abwechslung, genoss die Aufmerksamkeit, die mir die neue Vorbildrolle brachte, und war glücklich über neue Freundschaften.

Nach einem halben Jahr recherchierte ich, welche weiteren Studiengänge es außer Politik gab. Im ersten Anlauf fand ich nichts, was mein Interesse weckte, doch eine laute Stimme in mir trieb mich an, nicht aufzugeben. Eines Abends telefonierte ich mit meiner Mutter und war verzweifelt. »Es gibt nichts, was ich hier studieren kann. Entweder ist mein Abitur zu schlecht, oder es sind Fächer, die mich einfach nicht interessieren«, weinte ich in den Hörer. Sie fragte mich, was mich denn interessiere. Ich sagte ihr, dass ich mir vorstellen könnte, Hebamme zu werden, Kunst zu studieren oder irgendwas Handwerkliches zu machen. Wir wussten beide, dass mein Abiturdurchschnitt für Zahnmedizin zu schlecht war. Sie sagte, ich solle mich auf der Hebammenschule bewerben, aber auch mal überlegen, womit ich mich sonst den ganzen Tag beschäftigen wollte.

Tags darauf schickte ich meine handgeschriebene Bewerbung an die Hebammenschule. Eine Woche später lag die Absage im Briefkasten. Es würden pro Jahr nur ein Dutzend Leute genommen, und die Bewerberzahlen lägen im dreistelligen Bereich. Ich solle es im nächsten Jahr wieder probieren. Meine Tage als Gruppenleiterin der muslimischen Mädchengruppe waren gezählt, denn ich wusste plötzlich, was ich machen wollte: Innenarchitektur. Das Gespräch mit meiner Mutter hatte mir dabei geholfen, etwas genauer auf das zu schauen, womit ich mich in meiner Freizeit gerne beschäftigte. Beim Lesen des Curriculums stieg meine Freude über meinen Fund mit jedem Satz. Ich konnte es nicht fassen. Da wurde etwas beschrieben, womit ich mich mit jedem Wort identifizieren konnte. Ja, das war genau meins. Ich verwarf den Gedanken an Zahnmedizin, nicht zuletzt, weil ich wusste, dass ich mit meinem Notendurchschnitt niemals eine Chance haben würde. Gleichzeitig ärgerte ich mich über das letzte Schuljahr, denn für die Fachhochschule hätte auch das Fachabitur ausgereicht. Ich informierte mich über die Aufnahmebedingungen. Erst musste die schriftliche Eignungsprüfung bestanden und anschließend ein sechswöchiges Schreiner-Praktikum absolviert werden. Ich meldete mich bei der Prüfung an und fuhr einige Wochen später mit dem Auto dorthin. Auf der Fahrt hörte ich laut Koranrezitationen, die mir dabei halfen, meine Nervosität unter Kontrolle zu bekommen. Und ich hoffte auf Gottes Beistand bei der Prüfung. Im Gebäude lief ich anderen nervösen Prüflingen über den Weg und fand den Raum, in dem wir unser künstlerisches Talent unter Beweis stellen mussten. Als ich den Raum betrat, sah ich die einzige Person, die bereits dort saß – eine bildschöne Frau mit den krassesten blonden langen Locken, die ich je gesehen hatte. Ich setzte mich eine Reihe hinter sie. Sie drehte sich zu mir um: »Hallo, ich bin Marlene.« Es war der Beginn einer langen Freundschaft und eine weitere Herausforderung auf religiöser Ebene, denn Marlene interessierte sich zwar für meinen Glauben, stellte aber so viele kritische Fragen, dass ich mir ständig die Zähne an ihr ausbiss. Nein, sie war nicht zu bekehren, gleichzeitig war sie trotzdem so neugierig, dass sie mich an meine Grenzen brachte. Mit Anfang zwanzig konnte ich weder ihre Fragen zufriedenstellend beantworten noch der Erfahrung, an meine Grenzen zu stoßen, etwas Positives abgewinnen.

Ich wurde an der Fachhochschule angenommen.

Bevor das Studium zum Wintersemester losging, musste ich ein Schreinereipraktikum absolvieren. Heute muss ich immer noch lachen, wenn ich Menschen davon erzähle, wie ich als muslimische Frau in einer von Männern dominierten Branche in einem alten Nürnberger Familienunternehmen mitten im Hochsommer das Praktikum antrat. Meine erste Aufgabe bestand im Lasieren unzähliger Bretter für einen Balkon, die ich schweißgebadet unter der zusätzlichen Schutzkleidung nach sieben Stunden beendete. Die Tage begannen um sieben Uhr in der Früh und endeten zwischen 16 und 17 Uhr, je nachdem, wie schnell wir von der Montage zurückkamen. Am Morgen des zweiten Tages wurde ich mit einer neuen Aufgabe betraut: Ich war von nun an für den Einkauf von frischen Mettwurst-Semmeln in einer Metzgerei um die Ecke zuständig. Morgen für Morgen stand ich vor der Fleischtheke und sorgte für amüsierte und teils sehr irritierte Blicke, wenn ich meine Bestellung aufgab.

Die Praktikumszeit war rückblickend das Beste, was mir passieren konnte, auch wenn ich während der sechs Wochen fast eine Million Mal meine Entscheidung bereute. Einerseits wurde meine Resilienzfähigkeit wie nie zuvor auf die Probe gestellt, andererseits bekam ich Einblicke in patriarchale Strukturen jenseits von Religion und machte rassistische Erfahrungen ganz anderer Art. Ich hielt den Mund, wenn Kunden mir in Anwesenheit von meinen Kollegen wegen der Montage ihrer bestellten Möbel den Zutritt zu ihren Wohnungen verweigerten. Ich schwieg, wenn ich mehrere Male in der Woche stundenlang den Schraubenschrank sortieren und aufräumen musste. Ich biss mir auf die Zunge, wenn ich bei dreißig Grad Hitze mit Periode schwere Kisten in den Transporter hieven sollte. Ich sagte nichts, wenn ich während der Besprechungen im vollgequalmten Büro als einzige Nichtraucherin ausharren musste, blieb geduldig, wenn ich morgens in der Metzgerei anstand, und schluckte meinen Ärger hinunter, wenn während der Pausen der Chef über Ausländer und Islamisten seine Meinung rausposaunte. Ich nickte freundlich, wenn ich sauer war, und lächelte, obwohl ich nichts lieber getan hätte, als zu heulen. Am Ende des Praktikums fragte ich nach einer Vergütung. Es sei nicht üblich, dass Praktikanten Geld bekämen, kam es als Antwort zurück. Ich schaute ihn an und konnte mein Entsetzen kaum verbergen. »Du hast dich aber gut geschlagen, deshalb bekommst du 300 DM.« Ich sagte Danke. Ich war Muslima und wollte nicht unangenehm auffallen.

Damals, als ich diese Erfahrungen teilweise zum ersten Mal machte, nahm ich sie nicht als rassistisch wahr und konnte nicht angemessen reagieren. Zu sehr lebte ich in meiner heilen, aus heutiger

Sicht naiven Welt, in der ich sowohl menschenverachtendes und von Vorurteilen behaftetes Verhalten der deutschen Mehrheitsgesellschaft als auch jenes Verhalten aus meinen eigenen Reihen eher durch tausend Entschuldigungsinstanzen jagte, als dass ich sie im Kern näher angesehen oder verstanden hätte. Mit den Jahren entwickelte ich schrittweise ein Verständnis von religiösem und nicht religiösem Dogmatismus und Fanatismus ebenso wie vom Patriarchat oder dem Rassismus. Immer wieder – in gesteigerter Geschwindigkeit und in komprimierter Form erst nach meiner Trennung von Tarek, gab mir das Leben diese bittere Pillen – gerade so viele, wie ich sie schlucken und verdauen konnte.

Am Ende des Praktikums zogen wir von Nürnberg aufs Land in ein Dorf. Ich sollte es nicht so weit zur Uni haben, und wir wollten nicht mehr den Großteil des Gehalts in die Miete einer Großstadtwohnung stecken. Dafür nahm Tarek die tägliche Pendelei zur Arbeit nach Nürnberg in Kauf. Die Menschen an diesem Ort waren anders – freundlicher, herzlicher und vor allem neugieriger als die Menschen, denen ich in Nürnberg begegnet war.

Unsere Wohnung hatte drei Zimmer. Wir wussten, dass wir eine klassische Aufteilung in Wohn-, Schlaf- und Arbeitszimmer nicht wollten, und richteten uns zwei Arbeitszimmer und ein Wohn- und Schlafzimmer ein. Aus meinem Zimmer konnte ich ins Grüne schauen, und so sehr wir jetzt auch abseits vom Schuss lebten, war es für mich der schönste Ort zum Leben. Ich war glücklich, und ich spürte, dass mir meine Entscheidung für das Innenarchitekturstudium die kommenden vier Jahre eine wunderbare Zeit schenken würde. Auch Tarek freute sich, dass ich endlich ein Studium gefunden hatte, das mir Spaß machte.

Anfang Oktober ging das Semester los. Außer mir gab es keine andere Turko-Deutsche und keine Frau mit Kopftuch, aber das störte mich nicht, und auch meine Kommilitonen begegneten mir ausnahmslos respektvoll und freundlich. Alles war wunderbar, fast schon zu perfekt. Es gab wenige Vorlesungen, dafür viele praktische Seminare. Das Beste am Studium war für mich die voll ausgestattete Werkstatt, in der wir Modelle unserer schriftlichen Entwürfe herstellten und sie anschließend präsentierten. Nach jedem langen Unitag ging ich glücklich nach Hause und erzählte mit Freude von den Ereignissen. Abends saß ich meistens noch in meinem Zimmer, plante den kommenden Tag, zeichnete in meinen Skizzenblock und an meinen Entwürfen oder telefonierte mit meiner Mutter. Später ging ich todmüde in unser Wohn-Schlafzimmer, um zu schlafen.

Viele muslimische Männer bestehen auf ihr Vorrecht, Sex zu haben, wenn ihnen danach ist. Sie berufen sich dabei auf einen Hadith, in dem es heißt: Wenn der Ehemann seine Frau zum Sex einlädt und sie sich verweigert, so dass er, der Mann, die Nacht verärgert verbringt, wird sie die ganze Nacht von den Engeln verflucht. Oft führt das zu Streitereien, noch öfter aber zu Müdigkeit und Resignation der Frauen.

Es ist für Frauen nicht leicht, darauf angemessen zu reagieren, denn streiten, Türen zuknallen, heulen und jammern sind keine Lösung. Doch wenn Wissen und Erfahrungen fehlen und Frauen keine Ahnung von den eigenen Bedürfnissen und Grenzen haben, fehlen die notwendigen Werkzeuge, ungesunde Beziehungsmuster zu erkennen und sich davon zu lösen.

Knapp zwei Monate vergingen zwischen Prüfungen und Präsentationen, Werkstatt und Mensa und vielen glücklichen Stunden mit meinen Kommilitonen wie im Flug. Obwohl ich an keiner Party teilnahm und auch sonst keine der vielen WGs von innen sah, ging es familiär zu. Die Freundschaft zu Marlene wurde enger, ich bestand alle Prüfungen, und es hätte nicht besser laufen können. Bis Ende November. Denn wie aus heiterem Himmel wurde das Kinderthema dringlicher. Ich fühlte mich unter Druck gesetzt, betete still und hoffte darauf, nicht sofort schwanger zu werden. Wenige Wochen später blieb meine Periode aus.

Ans Kinderkriegen dachte ich weder vor meiner Ehe noch in der Anfangsphase unseres Kennenlernens. Im Grunde hatte ich mir dazu nie wirklich Gedanken gemacht. Zu anstrengend war mein Dasein als große Schwester, zu prägend der Einfluss und der Wunsch meiner Großmutter und meines Vaters, dass ich studieren sollte. Kinder waren deshalb für mich kein Thema. Doch in vielen muslimischen Familien, die ich früher kannte, nahm das Thema einen großen Raum ein – ungefragt und unreflektiert. So wie damals auch von mir. Heirat bedeutete Kinderkriegen, nicht zuletzt, wenn sich eine vorübergehende Perspektivlosigkeit im Leben breitmacht. Auch wir kannten es nicht anders. Im Grunde wiederholten wir Geschichte. Heute frage ich mich, wieso ich damals nie auf den Gedanken kam, dass an der Reihenfolge etwas nicht stimmen konnte. Wie sollten wir uns als Paar die Zeit nehmen können, uns ausgiebig kennenzulernen, wenn um uns herum unser Handeln begutachtet, bewertet oder kommentiert wurde? Wenn einschneidende Entscheidungen wie Heirat, Zusammenleben, Kinder oder Hausbau unter dem Einfluss von Familien stehen und von Erwartungen und der eigenen Nicht-Ahnung begleitet werden? Die Option eines Probelaufs existiert in religiös orthodoxen Familien nicht, und an dieser Stelle muss ich leider in Richtung meiner Glaubensgeschwister sagen: Die Verlobungszeit mit ihren Rahmenbedingungen reicht dafür nicht aus, denn im Islam steht, wie auch in anderen monotheistischen Religionen, das Keuschheitsgebot vor der Ehe über allem. Da man vor der Ehe keine körperlichen Erfahrungen mit dem oder der Zukünftigen machen darf, gibt es keine Erfahrungswerte. Und ein

Kennenlernen, das unweigerlich in einer Heirat mündet, kann niemals ungezwungen und frei vonstattengehen. Das Argument, eine Scheidung sei im Islam schließlich nicht verboten, gilt nur unter Vorbehalt, denn sie wird als Möglichkeit in den seltensten Fällen in Betracht gezogen. Die einzig triftigen Gründe für eine Trennung ohne soziale Einbußen wie Ansehensverlust wären, wenn der Partner trinkt, betrügt, zockt oder schlägt. Wenn überhaupt. Lange nach meiner eigenen Trennung erfuhr ich in persönlichen Gesprächen mit anderen Frauen, dass sie sich selbst bei körperlicher Gewalt und anderen seelischen Übergriffen selten trennten. Ihnen fehlte es entweder an Kraft, Mut oder an einem Umfeld, das hinter ihrer Entscheidung stand. Während meiner Ehe wurde ich einmal selbst Zeugin, wie ein Mann während eines Streits seiner Frau gegenüber handgreiflich wurde und ihr ins Gesicht schlug. Sie war im sechsten Monat schwanger. Später erzählte sie mir, wie sie unter Schock einige Kleidungsstücke in einen blauen Müllsack warf, weil er ihr im Affekt den Zugang zu ihren Koffern verwehrte, und damit zu ihren Eltern ging und wie dort der Vorfall verharmlost wurde. Es sei nicht korrekt gewesen, wie er sich verhalten habe, doch sie hätte ihn auch nicht provozieren sollen. Es fand ein Gespräch mit dem Ehemann statt, der wiederum versprach, sich in Zukunft unter Kontrolle zu halten. Sie wollte trotzdem nicht mehr zu ihm zurück. Eine Wahl hatte sie nicht. Ob sie etwa als geschiedene Frau und alleinerziehende Mutter leben wolle? Sie solle geduldig sein und Rücksicht auf seinen Stress nehmen, wenn er von der Arbeit nach Hause käme. Außerdem könne sie auf Dauer auch nicht im Haus ihrer Eltern bleiben. Sie ging zu ihm zurück und bekam im Laufe der Jahre vier weitere Kinder mit ihm.

Wenn ich heute über diesen Vorfall nachdenke, sträuben sich mir die Nackenhaare und ich weiß nicht, womit ich anfangen soll. Sind es die starren Strukturen, die Angst vor Sünde und Strafe, das mangelnde Bewusstsein, dass es andere Möglichkeiten gibt, die fehlende Bereitschaft, tradiertes Verhalten und Wissen auf seine Richtigkeit hin zu prüfen oder schlicht die Frage, was wohl andere sagen würden, wenn man sich trennt? Ist es vielleicht das Streben nach Erfüllung eines märchenhaften Happy Ends oder möglicherweise die Sorge vor einer unbestimmten Zukunft wegen mangelnder Perspektiven? Schließlich gab es von alledem in meinem Leben mehr als genügend Bruchteile, die mich in der Summe so handeln ließen, wie ich handelte.

Dass das Patriarchat ohne weibliche Komplizenschaft kaum denkbar ist und sich im religiösen, beruflichen und zwischenmenschlichen Kontext fortsetzt, wurde mir erst bewusst, als ich genau das als die größten Hindernisse auf meinem Weg zur Selbstbestimmung erkannte. Ihre Erscheinungen sind oftmals versteckt und passieren subtil und manipulativ. Die einzigen Mittel, sie zu erkennen, zu benennen und sie am Ende zu verlassen, sind Wissen und Mut. Aber dazu später mehr.

Den ersten positiven Schwangerschaftstest machte ich in der Frauenarztpraxis. Die Ärztin beglückwünschte mich und drückte mir einen Stapel Informationsbroschüren in die Hand. Aufregung und Traurigkeit mischten sich. Am Abend sprach ich mit meinen Eltern. Ich erinnere mich nur noch daran, wie mich mein Vater fragte, was jetzt aus meinem Studium werden würde. »Erst mal weiterstudieren«, war meine Antwort.

Während der kommenden Wochen sorgten neben der Schwangerschaft auch die Ereignisse des 11. September für viel Gesprächsstoff. Letzteres war nicht ohne Spuren an einigen aus meiner Community vorbeigegangen. Der Islamhass und die Hetze gegen Muslime, die nach dem Anschlag auf das World Trade Center täglich durch die Medien ihren Weg zu uns fanden, erzeugten Verzweiflung und Frustration. Bis in die Morgenstunden diskutierten Männer in meinem Familien- und Freundeskreis mit Gleichgesinnten und Gegnern in Internetforen und ließen sich immer mehr durch »alternative« Informationsquellen berieseln. Selbst Pläne, zur Ausbildung nach Afghanistan zu gehen, standen im Raum, denn alle quälte das Gefühl, unschuldigerweise zum Täter gemacht zu werden. Ich kann mich heute daran erinnern, dass mich persönlich die Geschehnisse emotional sehr mitnahmen und mich das Leid der Angehörigen durch Fernsehbeiträge und -berichte innerlich fast in den Wahnsinn trieb. Auch war ich damit beschäftigt, die Flut von Informationen zwischen Wahrheit und Verschwörungstheorien auseinanderzuhalten und mich vom negativen Gedankengut einiger sehr aufgebrachter muslimischer Freunde und Bekannten zu distanzieren. Dass diese Ereignisse zwanzig Jahre später der Beginn eines Generalverdachts und einer bis heute andauernden inneren Zerreißprobe werden konnten, die zum Bestandteil unseres gesellschaftlichen Miteinanders geworden ist, sodass nicht selten blinde Verteidigung als Reaktion auf gesellschaftliche Diskriminierungen und Rassismuserfahrungen, nach dem Motto »Angriff ist die beste Verteidigung«, folgten, ist eine Entwicklung, deren Lösung uns alle angehen muss. Mir erscheinen seither sämtliche religiösen Debatten, die vielen persönlich ausgetragenen Kämpfe um alleinige Deutungshoheiten unter Online-Theologen und das durch die Medien bis heute aufrechterhaltene Feindbild des bösen Islam und der noch böseren Muslime wie ein Schlag in die Magengrube des Humanismus.

An der Uni machte meine Schwangerschaft bald die Runde. Im Frühjahr war mein Bauch nicht mehr zu übersehen, gleichzeitig wurde diskutiert, ob wir nicht in die Nähe unserer Familien ziehen sollten. Es fühlte sich wie eine beschlossene Sache an – wir würden wegziehen, und ich könnte nicht mehr zu Ende studieren.

Die letzten Monate des Sommersemesters verbrachte ich jede freie Minute in der Werkstatt. Immer öfter boten mir meine

Kommilitonen Hilfe an der Kreissäge und bei anderen handwerklichen Tätigkeiten an. Jedes Mal bedankte ich mich, stellte mich mit meinem großen Bauch vor die Maschinen und ging meiner Arbeit ohne ihre Hilfe nach. Ich wollte mein Studium alleine beenden. Auch wenn es erst das zweite Semester war.

Acht Wochen vor dem errechneten Geburtstermin bemerkte meine Frauenärztin während einer Routineuntersuchung Vorwehen. Ich wurde stationär in der Klinik aufgenommen, musste Wehenhemmer einnehmen und durfte das Bett nicht verlassen. Nachts lag ich mit Herzklopfen wach, tagsüber saß mir die Traurigkeit über den baldigen Abschied vom Studium wie ein schwerer Brocken auf der Brust. Als ich aus dem Krankenhaus entlassen wurde, blieben mir nur noch wenige Tage an der Uni. Am Tag saß ich im Hörsaal oder werkelte in der Werkstatt an meinen letzten Modellen, abends packte ich Kartons. Die Universitätsunterlagen blieben bis zuletzt uneingegepackt. Als der Zeitpunkt kam, auch diese einzupacken, hockte ich mit dickem Babybauch auf dem Boden meines Zimmers und weinte. Der einzige Trost war, dass ich hoffte, woanders weiterstudieren zu können.

Während sich Tarek und meine Brüder um den Umzug kümmerten, ging ich für die letzten Wochen meiner Schwangerschaft zu meiner Familie nach Hamburg, um dort zu entbinden. Schließlich hatten meine Mutter, meine Tante und meine Großmutter viel Erfahrung, und ich wollte sie zu dieser Zeit um mich herum wissen. Meine Familie war mittlerweile in ihr Eigenheim umgezogen. Das Haus war mir zwar fremd, denn außer, dass ich die Baupläne kannte, hatte ich keinen Bezug zum Haus, doch das Gewusel meiner Brüder, unsere vielen Gespräche, die gemeinsamen Grillabende bis nach Mitternacht im Garten, die Zeit mit meiner Tante und ihrer Familie, die die andere Hälfte des

Grundstücks bebaut hatte, und das Umsorgt-Werden waren vertraut und schön. Bis auf die Beschwerden, die wohl jede schwangere Frau im Hochsommer zu erdulden hat, waren es die schönsten Wochen seit Langem.

In der Schreibphase dieses Buches schaute ich mir diverses Foto- und Videomaterial an. Unter anderem gab es eine neunzigminütige Aufnahme aus dieser Zeit. So sehr es auch normal ist, dass Menschen sich mit den Jahren optisch und geistig verändern, versetzte mir mein damaliges ignorantes und naives Verhalten einen Stich. Was ich sah, stimmte mich traurig. Fast wütend. Abgesehen von meiner kindlichen, offensichtlichen emotionalen Bindung zu Tarek, die ich heute als arglose Anhänglichkeit bezeichnen würde, sah ich im Video vor allem die Verzweiflung und Hilflosigkeit meiner Mutter, der ich damals flapsig, überheblich und belehrend begegnete. Diese Beobachtung gehörte zu den Dingen, die ich mir während des Schreibprozesses vergeben musste, ebenso wie mein kindliches Verhalten als Ehefrau und Fast-Mutter und meine Unwissenheit von den Zusammenhängen emotionaler Abhängigkeiten in Beziehungen.

Am Morgen der Entbindung wachte ich früh auf, um das Morgengebet zu verrichten. Nach der rituellen Waschung fuhr ich mit der Bürste durchs Haar, als mich eine Wehe überkam. Es war noch eine knappe Woche bis zum errechneten Termin, doch dass Babys keine Terminkalender kennen, wurde mir spätestens jetzt schlagartig bewusst. Nervös fuhren wir ins Krankenhaus. Es war noch früh, die Wehen waren noch freundlich und mein noch unerfahrener Mamakörper durfte sich den ganzen Tag langsam auf die neuen Umstände einstellen. Auch herrschte große Uneinigkeit darüber, wer von der Familie mit in den Kreißsaal wollte. Sie verteilten sich auf den Warteraum, das Gebäude und den großen Parkplatz. Je weiter die Zeit voranschritt, desto gleichgültiger wurde mir alles, denn die Schmerzen kosteten mich alle Kraft. Meine Mutter und Tante waren sich einig, dass ich die Geburt ohne eine PDA schaffen würde. Also blieb ich tapfer und hoffte auf die baldige Erlösung durch das Ende der Geburt. Das ließ sich aber Zeit. Die Türen des Kreißsaals gingen auf und zu, weibliche Familienmitglieder wechselten sich ab, zwischendurch fand der Schichtwechsel der Hebammen statt. Ich fühlte mich wie auf einem Bahnhof und einer Schlachtbank zugleich. Alles um mich herum wurde egal. Nur die Schmerzen sollten endlich aufhören. Sie waren ungnädig, brutal und rücksichtslos. Das waren also Geburtsschmerzen, und Frauen tun sich das wirklich mehr als einmal an? Als alles vorbei war, legte mir die Hebamme ein kleines verschmiertes Bündel auf die Brust. Es war so surreal und nah, es machte mir Angst, und es machte mich zur Mutter. Ich wusste, wie Tochter, Schwester, Studentin und Freundin ging und ein wenig auch wie Ehefrau. Doch wie ging Mutter, und was genau musste ich nun fühlen? Mit einundzwanzig Jahren ein Kind zu haben und in Gedanken noch am Leben einer Studentin zu hängen, halfen leider nicht dabei, mich voll und ganz auf mein Muttersein einzulassen. Heute würde ich sagen, ich war nicht mutig genug, für meine eigenen Wünsche einzustehen, aus damaliger Perspektive allerdings hätte ich nicht gewusst, wie das gehen sollte, geschweige denn, ob ich überhaupt einen Anspruch darauf hatte, denn weder stellten sich mir diese Fragen noch existierten sie in meiner Welt. Die bisherigen Entscheidungen gehörten zu meinen möglichen Optionen.

Die erste Lektion im Muttersein: Wenn du müde bist, kannst du dich nicht einfach hinlegen. Erst muss dein Kind versorgt werden, dann du. Ein bisschen erinnerte mich das an meine Rolle als große Schwester und Ehefrau, mit dem Unterschied, dass da Sprache eingesetzt werden kann. Einem Säugling kannst du nichts über deine Müdigkeit erzählen. Auch nicht, dass die

Benutzung seiner Hauptnahrungsquelle mit den schlimmsten Schmerzen verbunden ist. Er hatte Hunger und ich entzündete Brüste. Doch ich wusste, dass Stillen für den Säugling gesund war, und selbst wenn ich mich nun anders entschieden hätte, hätten das alle Frauen in meiner Familie, die alle mehrere Kinder gestillt hatten, von Anfang an zu verhindern gewusst. Am liebsten wäre ich vor jedem Stillen davongelaufen. Stattdessen biss ich mir auf die Lippen, wischte mir die Tränen weg und legte Adam an. In den ersten Wochen verging kein Stillen ohne Schmerzen. Ich fühlte mich ausgeliefert, wie eine Gefangene der Erwartungen anderer. Ich wollte in Ruhe gelassen werden und keine ihrer Erwartungen erfüllen müssen, sondern mich zurückgezogen an den neuen Erdenbewohner, meinen Sohn, dessen Wohlergehen maßgeblich von meinem Wohlergehen abhängig war, gewöhnen. War ich gestresst, war er es auch. War ich ausgeglichen, war er auch ausgeglichen. In allem war er mir wie ein Spiegel. Doch zwischen Niedergeschlagenheit und Frustration und der Angst vor der neuen Verantwortung fühlte ich mich verloren. Die Gefühle über den Verlust meiner Freiheit und über den Tod meines alten Ichs kreisten wie hungrige Aasgeier über meinem Kopf. Es gab kein Zurück mehr, doch was ich mir wünschte, war nicht der Weg zurück, sondern der Weg zu einem freiwilligen Annehmen meiner neuen Aufgaben als Mutter. Ich wünschte mir zuvorkommende Hilfestellungen, ernst gemeintes Verständnis und Respekt vor der Privatsphäre eines jungen Elternpaares. Einerseits gab es kaum Raum für familiäre Intimität, andererseits gab es auch keine partnerschaftliche Elternschaft, denn für das Kind war ich, da ich nicht berufstätig war, alleine zuständig.

Die einzigen glücklichen Momente waren die der Nähe zu Adam oder die, wenn wir zu dritt ungestört und ohne Großfamilie unser Elternsein ausleben konnten.

Bald waren Adam und ich ein eingespieltes Team. Ich entschied mich für eine möglichst natürliche Umgebung zum Aufbau eines gesunden und widerstandsfähigen Immunsystems, ging täglich viele Stunden mit ihm spazieren, ließ ihn jeden Tag seinen Mittagsschlaf im Kinderwagen machen. Wenige Wochen nach dem Einzug in unsere neue Wohnung informierte ich mich nach Studienmöglichkeiten in der Umgebung. Eine Fachhochschule in der Nähe bot Innenarchitektur an, allerdings gehörte zur Bewerbung eine Mappe. Ich besuchte einen Mappenkurs, schaute parallel nach weiteren Studienorten in unserer Umgebung und fuhr zur Studienberatung, um mich nach Betreuungsmöglichkeiten für Adam zu erkundigen. Ich erfuhr, dass es einen universitätsinternen Kindergarten gab. Leider war die Warteliste sehr lang, doch ich wollte es nicht unprobiert lassen, ließ meinen Namen auf die Liste setzen und fuhr nach Hause. Ich war glücklich, denn ich sah die Chance, trotz Kind zu studieren. Doch die Betreuung eines so kleinen Kindes kam nicht infrage, und so blieb mir zu meiner Verzweiflung nichts anderes übrig, als zu akzeptieren, dass mir unter diesen Voraussetzungen das Fortführen meines Studiums verwehrt bleiben sollte. Ich musste eine andere Lösung finden und schrieb mich zunächst für das Fach Kunstgeschichte ein. Wenigstens etwas, was in eine ähnliche Richtung ging, jedoch keinen so strikten Stundenplan wie auf einer Fachhochschule hatte. Währenddessen kümmerte ich mich um die Organisation eines Kindergartenplatzes. Die Plätze waren ausnahmslos belegt, und für einen Rechtsanspruch war Adam noch zu klein.

Mit zwei Jahren begann er schließlich zur Tagesmutter zu gehen. Ich wollte die wenigen Stunden der Betreuung für das Studium nutzen, musste aber schnell feststellen, dass die knappe Zeit neben den anderen anfallenden Aufgaben im Haushalt in keiner Weise mit meinen Plänen harmonierte. Drei Stunden gingen vorbei wie im Flug, und so musste ich akzeptieren, dass der Zeitpunkt für ein Studium unter diesen Bedingungen unmöglich war. Eine Aussicht auf bessere Betreuungszeiten gab es nicht. Dennoch versäumte ich, mich rechtzeitig zu exmatrikulieren, und verabschiedete mich stattdessen nach dem vierten Semester in einige Urlaubssemester. Dass mich genau dieser Fauxpas viele Jahre später meinen Traum kosten sollte, konnte ich zu diesem Zeitpunkt nicht ahnen.

In der Zwischenzeit entschieden wir uns für ein Eigenheim, das wir selbst bauen wollten. Wir schauten uns verschiedene Baugrundstücke an, gingen zu Fertighausausstellungen und ließen uns bei Banken beraten. Als wir den Kaufvertrag für ein Grundstück unterschrieben hatten, setzte ich Adam auf weitere Wartelisten von Kindergärten, die in der Nähe unseres zukünftigen Hauses lagen. Als an seinem dritten Geburtstag immer noch keine Zusage für einen Platz vorlag, die Pläne für unser Eigenheim und Grundstück aber standen und ein Architekt gefunden war, schrieb ich in meiner Verzweiflung der Bürgermeisterin des Ortes, wo wir bald hinziehen würden, einen Brief. Ich war kurz vor der Resignation, wusste gleichzeitig um die Regelung eines Rechtsanspruchs für einen Kindergartenplatz. Wenige Tage später bekam ich einen Anruf ihrer Sekretärin: »Die Bürgermeisterin bat mich, Sie zurückzurufen und Ihnen einen Platz für Ihren Sohn anzubieten.« Ich war sprachlos und überglücklich. »Sie glauben gar nicht, wie sehr ich mich freue«, sagte ich mit überschlagender Stimme.

Der Kindergarten lag nicht in unmittelbarer Nähe zu unserem neuen Zuhause, aber war mit dem Auto in zehn Minuten erreichbar. Als die Eingewöhnungsphase begann, fuhr ich jeden Tag von unserer Wohnung zum Nachbarort, wo bald unser Haus stehen würde. Gleichzeitig lief beim Hausbau leider nicht alles rund. Der Keller war bereits seit Monaten fertig, doch die Fertighausfirma hatte Lieferschwierigkeiten. All das wäre halb so schlimm gewesen, wenn wir nicht nach zweimaligem Aufschub endgültig aus unserer Wohnung gemusst hätten. So blieb uns nichts anderes übrig, als viele Kilometer entfernt bei der Familie einzuziehen.

Bald darauf wurde das Haus mit insgesamt sechs Monaten Verspätung geliefert. Als die Wände standen, ging die Firma insolvent – ein zeitliches und finanzielles Desaster. Aber wir fanden einen türkischen Handwerker mit Allround-Talent. Morgens fuhr ich Adam in den Kindergarten, verbrachte den Vormittag alleine auf der Baustelle, nahm mir jeden Tag eine andere Aufgabe vor, die erledigt werden musste, fuhr zum Baumarkt, besorgte Materialien, arbeitete so gut es ging am Haus, holte gegen Mittag Adam ab, brachte ihn zu Verwandten und fuhr nachmittags wieder auf die Baustelle. Meistens war Metin, unser türkischer Handwerker, dann bereits vor Ort. Gegen Abend kam auch Tarek auf die Baustelle. Zu dritt arbeiteten wir, bis es dunkel wurde, und lagen gegen Mitternacht erschöpft im Bett. So verging der Sommer – auf einer Baustelle ohne Wasser und Toilette und mit viel Zeitdruck, weil wir nach mehr als drei Monaten am Ende unserer Kräfte waren und so schnell wie möglich einziehen wollten. Die Arbeit am Haus kostete mich den letzten Nerv, gleichzeitig erfüllte sie mich mit Stolz und Freude, denn ich wusste, was ich tat, und tat, was ich konnte. Dank meines Vaters, dem ich in der Kindheit bei fast allen handwerklichen Tätigkeiten zur Hand gehen durfte, und dank meines Schreinerei-Praktikums wusste ich mir auf der Baustelle ohne fremde Hilfe zu helfen.

Heute könnte man mich mit so einem Projekt jagen, denn nichts fühlt sich erleichternder an, als eine günstige Mietwohnung zu bewohnen und diese jederzeit kündigen oder untervermieten zu können, um sich woanders niederzulassen oder für eine Weile die Welt zu bereisen.

Als die runde Duschkabine aufgestellt wurde, wollten beide Männer sie mit einer eckigen Mauer umkleiden, um Kosten zu sparen, weil die passenden Fliesen bereits da waren. Mosaikfliesen seien rausgeschmissenes Geld und unnötig. Ich protestierte, doch mein Protest stieß auf taube Ohren. Am kommenden Morgen brachte ich Adam in den Kindergarten, besorgte im Baumarkt zwei Packungen Mosaikfliesen und weitere notwendige Gerätschaften und Materialien und fuhr zum Haus. Ich hatte drei Stunden. Diese reichten, um die eckige Mauer rund zu schleifen und sie anschließend zu spachteln. Für die Mosaikfliesen war es zu spät, weil ich Adam aus dem Kindergarten abholen musste. Ich brachte ihn zu seinen Großeltern und fuhr am frühen Abend wieder zurück. Metin war bereits da und stand verdutzt vor der runden Mauer. Später kam Tarek dazu. Beide waren sprachlos. Ich diskutierte nicht mehr, bat Metin, mir bei den Fliesen zu helfen, und wir verlegten sie bis Mitternacht um die Dusche. In den letzten Tagen vor unserem geplanten Einzug halfen uns meine Brüder und mein Vater im Wechsel.

Dann zogen wir endlich ein – in ein Haus, das immer noch eine halbe Baustelle war. In ein Haus, das am Ende der Grund dafür war, dass wir keinen Urlaub machen konnten, denn es fehlte das Geld, und in dem ständig Leute zu Besuch waren. Das Haus war groß genug, sodass meine Brüder nacheinander bei uns wohnten. Am Wochenende wurde es zum Treffpunkt für die Familie. Ich war jedes Mal dankbar über meine Entscheidung, dass das Schlafzimmer ein eigenes Bad hatte, denn so konnte ich die Tür zum Schlafzimmer hinter mir schließen, wenn mir alles zu viel wurde. Und es wurde sehr oft zu viel. Rückblickend erinnere ich mich an viele Situationen, in denen mir sämtliche Erwartungen, wie eine Gastgeberin oder Muslimin zu sein hat, um die Ohren flogen, die ich heute mit einem souveränen »Du kannst es gerne so machen, ich mache es aber anders« beantworten würde.

Meine Eltern brachten mir und meinen Brüdern bei, anderen zuzuhören, ihn oder sie nicht zu unterbrechen und vor allem Blickkontakt zu halten, egal, ob Mann oder Frau. Dass es strengere Regeln gab, lernte ich in der neuen Community: Ich wurde kritisiert, wenn ich im Gespräch mit muslimischen Brüdern lachte und ihnen bei der Unterhaltung in die Augen sah. Ich wurde in den Arm gezwickt, wenn ich sagte, dass ich nicht mitbeten könne, weil ich meine Periode hätte, oder wurde unter dem Tisch getreten, wenn ich übers Epilieren oder Rasieren sprach. Kurz: Es waren andere Benimm- und Anstandsregeln, die ich bis dahin nicht kannte, denn in meiner Familie waren diese Dinge nie Thema. Auch wenn in vielen muslimischen Familien diese Regeln sehr streng eingehalten werden, ging es in meiner Familie anders zu. Meine Brüder kannten den Grund, wenn meine Mutter und ich nicht am gemeinsamen Gebet teilnahmen, und es gehörte zum unausgesprochenen Normalzustand dazu, dass die Monatsblutung meiner Mutter und mir kein Staatsdelikt war, sondern das Natürlichste der Welt. Auch zeigten meine Eltern ihre Liebe und Zuneigung vor uns Kindern, indem sie sich neckten, in den Arm nahmen, auf der Couch kuschelten oder mein Vater meine Mutter liebevoll auf die Stirn küsste. Es war auch sonst kein Problem, wie auch unter Nichtmuslim:innen üblich, mit dem anderen Geschlecht zu kommunizieren. Im Gegenteil. Ich verdanke es meinen Eltern, dass ich bis heute in meiner Art zu kommunizieren keinen Unterschied zwischen Mann und Frau mache. Während früher das Kopftuch für Grenzen und Abstand während einer Unterhaltung mit einem Mann sorgte, lernte ich Jahre später die feinen Nuancen zwischen Gespräch, Flirt, Anmache und unmoralischer Offerte kennen. Es brauchte seine Zeit, bis ich die Unterschiede begriff und mit ihnen angemessen umgehen konnte.

Bei meinen ersten Dates kannte ich weder meine eigenen Grenzen noch die allgemein üblichen Dating-Grundsätze. Ich war nicht imstande, ohne schlechtes Gewissen ein Nein zu formulieren, wenn beispielsweise mein Bauchgefühl mir signalisierte, dass mein Gegenüber gerade dabei war, meine Grenzen zu überschreiten. Erst mit der Zeit und nach einigen Fehltritten lernte ich meine Bedürfnisse immer besser kennen und selbstsicher ein Nein zu äußern. Eine Zeit lang datete ich in allererster Linie erst einmal nur, um zu üben, und entwickelte so ein feineres Gespür, wenn es um Machtspielereien, Unverbindlichkeiten oder Unwahrheiten ging. Es dauerte noch eine ganze Weile, bis mir auch der Facettenreichtum von Märchen und Manipulation ein Begriff wurde und weitere Monate und Jahre, bis ich imstande war, diese Menschen auf ihr Verhalten hinzuweisen und ihnen, anfangs noch mit schlechtem Gewissen und später mit mehr Selbstsicherheit, ein »Danke, aber Nein« zu entgegnen. Mein zunehmendes Bewusstsein wurde mir öfter als Unbarmherzigkeit ausgelegt, weil ich die entsprechenden Männer angeblich herzlos, kaltherzig oder egoistisch abserviert hätte. Dass es vielmehr an chronischem Unwillen, ihr eigenes Verhalten zu reflektieren, oder am kränkbaren Ego ihrerseits lag, hatte selten einer von ihnen auf dem Schirm. Eine ganze Weile nahm ich mir diese Unterstellungen zu Herzen, statt schneller einen Weg zu suchen, nicht in Selbstvorwürfe zu versinken und mit gesunder Selbstliebe auf meine Würde zu achten. Alleine diese Erfahrungen könnten ein eigenes Buch füllen. Mir geht es allerdings darum, dafür zu sensibilisieren, dass der Weg zu mehr Souveränität und Selbstvertrauen über die Kenntnis der eigenen Bedürfnisse geht. Weder kannte ich damals meine Bedürfnisse, noch wäre ich imstande gewesen, ihnen auf eine angemessene Weise Platz einzuräumen. Doch gehört es nicht zu den Grundrechten eines jeden Menschen, sowohl seine Bedürfnisse kennenlernen zu dürfen, als diese dann auch auszuleben? Im besten Fall sogar, ohne ein schlechtes Gewissen dabei zu haben?

Wir waren eingezogen, und es vergingen Monate, bis wir uns halbwegs eingelebt hatten. Die Baustellen im und am Haus sorgten für das Ende von Langeweile. Gleichzeitig waren sie das Ende meiner Träume vom besseren Leben. Sowohl der Garten hinter dem Haus als auch der Vorgarten wurden zu einem Projekt, das kein Ende finden wollte. Unser Haus stand auf dem letzten freistehenden Grundstück zwischen bereits fertigen Reihen- und Einfamilienhäusern. Gelinde ausgedrückt, war es der Schandfleck der gesamten Straße. Ich hatte immer den Eindruck, dass unsere Nachbarn unser Haus mit einem Augenzwinkern betrachteten. Je mehr Zeit verstrich, umso mehr gewöhnten wir uns an den unfertigen Zustand. Noch anstrengender als das Provisorium war, dass Urlaubspläne anfangs noch verworfen und Auszeiten irgendwann gar nicht mehr Thema waren. Das Geld floss direkt in eine der vielen Baustellen des Hauses. Auch fehlte es an Zeit und Muße. Ich suchte im muslimischen Kreis vor Ort nach neuen Freundschaften und schloss mit den Müttern aus dem Kindergarten und der Nachbarschaft Bekanntschaft. Mein Umfeld bestand größtenteils aus Müttern, muslimischen wie nichtmuslimischen, und sie hatten alle mehrere jüngere Kinder. Als Mutter eines fast vierjährigen Sohns bildete ich die Ausnahme. Unter der Woche verbrachte ich mehr Zeit mit ihnen als mit meinem Mann, der ununterbrochen arbeitete.

Ich hingegen arbeitete nicht, sollte es als muslimische Mutter auch nicht, und kam stattdessen meinen Aufgaben als Mutter und Ehefrau nach. Ich ließ mich im Kindergarten zur Pflegschaftsvorsitzenden wählen, fuhr Adam nach dem Kindergarten zum Turnen oder zu seinen Freunden, kochte, putzte und empfing Gäste und tauschte mit anderen Müttern Mütterkram aus, bis ich von Themen rund um Krankheiten, Schlaf und Ernährung von Kindern nichts mehr hören konnte. Nicht zuletzt, weil nach außen alles unter dem Deckmantel »bei uns läuft alles 1A« präsentiert wurde. Ich zog mich immer mehr zurück, denn die ständigen Vergleiche mit den nach außen so perfekten Müttern und Ehefrauen waren kaum auszuhalten. Auch nicht mit jenen, die Musliminnen waren – denn ihre Perfektion war noch perfektere Perfektion, von der ich weit entfernt war. Doch um dazugehören zu können, brauchte es in meiner Vorstellung diese Perfektion. Der Anschein des Perfekten, der besonders in meinem muslimischen Freundeskreis hochgehalten wurde, erlaubte keine Schwächen. Weder in der Erziehung noch in den ehelichen Pflichten noch in der Ausübung der Religion. Diese Frauen schienen immer alles unter einen Hut zu kriegen. Ihre Ehen schienen bis auf die normalen und durch den Alltag bedingten Umstände jeder Ehe gut zu laufen, ihre Kinder waren wohlgeraten, sie unterrichteten sie in religiösen Themen und manchmal unterrichteten sie sich sogar gegenseitig. Sie engagierten sich sozial, sie kleideten sich islamisch und lamentierten nicht. In ihrer Welt schien alles optimal zu laufen.

Ich wollte auch dieses Perfekte, doch dafür brauchte es nach meiner Vorstellung zwei Menschen. Mein Wunsch, dass sich Tarek mehr am Familienleben beteiligte, endete regelmäßig in Diskussionen. Ich verstand den Druck, dem er sich aussetzte, nicht, und er verstand meinen Frust aufgrund des Alleinseins als Ehefrau und Mutter nicht.

Heute, mit viel Abstand und einem Sammelsurium an neuen Erfahrungen, erkenne ich, dass wir damals permanent im *Tun* waren. Nie im *Sein*. Den bewussten Sein-Zustand und den Unterschied zum unbewussten Tun-Zustand erlebte ich erst, als ich aufhörte, vor meinen eigenen Gefühlen wegzulaufen, und stattdessen lernte, Bilder und Geschichten aus der Vergangenheit, aber auch meine eigenen Ängste bewusster wahrzunehmen und mich davon zu verabschieden. Seither hat das Sein das Tun fast vollständig abgelöst – in Jobs, bei Freundschaften oder in Beziehungen. Wäre damals das Tun weggefallen, hätte sich eine große Leere im Miteinander mit fast allen Menschen in meiner Umgebung breitgemacht.

Von außen betrachtet waren wir ein gut funktionierendes muslimisches Ehepaar und glückliche Eltern. Ich definierte mich zunehmend über meine Rollen als Mutter, Ehefrau, Muslimin, Freundin, Tochter, Schwester, Schwägerin und Schwiegertochter. Nicht aber als Ayla. Abgesehen davon, dass es Ayla schon lange nicht mehr gab und irgendwann Aila wurde, verabschiedete sich mein Kern von der eigentlichen Ayla von Jahr zu Jahr. Was mir blieb, war deshalb das Tun – ein Zustand, der mir half, die stille Unzufriedenheit ruhigzustellen und die Missstände auszublenden. Und es half mir dabei, in der Illusion des »Alles ist gut« zu bleiben. So wie es mir die meisten Frauen und Familien in meinem Umfeld bereits vorlebten.

Unser Selbstbild glichen wir regelmäßig mit dem Fremdbild ab. Wir bedienten die Vorstellungen anderer, wir taten, was von Eheleuten, von Eltern und vom Islam erwartet wurde, und lebten nach dem klassischen Rollenverständnis, von dem wir uns nach außen allerdings verbal distanzierten. Mit Erfolg: Die nichtmuslimische Gesellschaft gab uns regelmäßig das Feedback, dass wir anders als die anderen »integrationsunwilligen Ausländer« seien, deren Lebensweise mit den Vorstellungen der westlichen Welt kollidierten und die aus ihrer orthodoxen Überzeugung kein Geheimnis machten. Was uns in den Augen unserer deutsch-deutschen Bekannten, mit denen wir im alltäglichen Trubel verkehrten, von diesen anderen unterschied, war, dass wir Deutsch miteinander sprachen und uns gesellschaftlich engagierten. Innerlich jedoch waren wir nicht wirklich willig, unsere Vorstellungen zu hinterfragen, geschweige denn, sie einer Generalüberholung zu unterziehen. Wieso auch? Wir waren überzeugt davon, dass wir in unserem Handeln, Denken und Glauben richtiglagen und unserer Aufgabe, sowohl gegenüber Gott als auch anderen Menschen die Vorzüge des Islam vorzuleben, gerecht wurden. Sobald wir die Türen hinter uns schlossen, herrschten unsere Regeln, unsere Vorstellungen und eben auch unsere Vorurteile. Wahrscheinlich kann kein Mensch von sich behaupten, frei von Vorurteilen oder Intoleranz zu sein. Es ist mir aber wichtig, dass sich alle Menschen und vielleicht besonders Muslime, weil ich nun mal in dieser Welt am längsten und intensivsten zu Hause war, dieser Tatsache bewusst werden und offen zu ihrer möglichen Unnachgiebigkeit und Intoleranz stehen. Gerade für das gesellschaftliche Miteinander braucht es Authentizität, was nicht zuletzt auch Voraussetzung für den Umgang mit den eigenen Unzulänglichkeiten ist, denn Eigenschaften wie Überheblichkeit, Besserwissertum und Ignoranz sind Stolpersteine für ein verständnisvolles Miteinander.

Wohlwissend, dass diese Aussagen vielen meiner Glaubensgeschwister nicht schmecken werden, bin ich überzeugt davon, dass islamische Verbände, Stiftungen, Vereine oder Kulturorganisationen langfristig das ihnen entgegengebrachte Vertrauen seitens der Politik und der Mehrheitsgesellschaft verlieren werden, wenn sie liberale oder reformwillige Aussagen formulieren, nur um sich ein glaubwürdiges modernes Image zuzulegen, um so auf den ersten Blick Verständigung zu fördern. Orthodoxe Muslime bleiben orthodoxe Muslime – das heißt, sie befolgen Regeln und bleiben ihren Ritualen und Überzeugungen treu. Wieso also nicht auch dazu stehen? Stattdessen wird öffentlich oftmals eine andere Rolle gespielt, um sich das Grundrecht auf Teilhabe in einer pluralistischen Gesellschaft, durch beispielsweise finanzielle Unterstützung, zu sichern, wodurch die wahren liberalen Muslim:innen, die unter Generalverdacht stehen, in Mitleidenschaft gezogen werden. Weder der Glaube noch irgendetwas anderes auf der Welt rechtfertigen unlautere Mittel wie Heuchelei und Doppelmoral, denn auch davon bin ich überzeugt – ein echter Diskurs darf die Differenzen nicht verschleiern, sondern braucht Authentizität und die aufrichtige Bereitschaft für zwischenmenschliche Annäherung, Solidarität und Akzeptanz. Das gilt im Übrigen auch für Politik, Medien und Unternehmen, die Förderungen und Teilhabe von muslimischen Akteuren proklamieren, aber gleichzeitig durch Vorgaben oder Compliance deutlich machen, dass es ihnen, wenn es darauf ankommt, nicht wirklich um Augenhöhe, Teilhabe und echte Verständigung geht, sondern eher um das Label einer diversen Unternehmenspolitik.

Was mich und meine vielen unterschiedlichen Funktionen anging, tat ich, was von einer Mutter, Muslima und Ehefrau erwartet wurde, ohne dass ich mich aber in den jeweiligen Rollen gut fühlen konnte. Durch diese Erwartungshaltung spürte ich immer weniger die versprochenen Resultate geistigen und seelischen Wohlgefühls, wenn ich islamische Gebote einhielt, und zunehmend Kummer, Ärger und Ernüchterung, wenn ich dem nachging, was eine Haus- oder Ehefrau so tun muss.

Heute ertappe ich mich in vielen kurzen Momenten dabei, wie ich etwas, was gerade geschieht, prüfe oder abwäge und mich dann dafür oder dagegen entscheide. Ich brauchte Jahre, bis das Bewusstsein entstand, dass ich eine Wahl habe und mit Ängsten, Sorgen oder dem Alleinsein umgehen kann.

Als das Bundesland Baden-Württemberg das Kopftuchverbot verabschiedete, schaltete sich meine Mutter als Vereinsvorsitzende in die politische Debatte ein, um aktiv zu einer Lösung beizutragen. Während sie die Offenbarungsgründe der Koranverse (im Koran haben die Verse historische und/oder soziogesellschaftliche Gründe für ihre Herabsendung), die sich mit der Bedeckung der muslimischen Frau beschäftigen, erforschte, suchte sie parallel in Zusammenarbeit mit einer Schneiderin Alternativen zum klassischen Kopftuch. Sie provozierte in beide Richtungen, weil sie Fragen stellte, die nicht mit einem einfachen Ja oder Nein beantwortet werden konnten. Mich als Tochter brachte ihr Verhalten an meine Grenzen. Ich verstand ihre vielen Entscheidungen, die sie in einem Zeitraum von zwei Jahren traf, nicht, denn sie standen quer zu meinem Verständnis, wie sich eine Muslimin und Mutter zu verhalten hatte. So belegte sie gemischte Kurse in irischem Tanz, verliebte sich ungeplant und letztlich auch unerfüllt in einen anderen Mann, legte ihr Kopftuch ab, trennte sich von meinem Vater und zog irgendwann aus dem gemeinsamen Haus aus. Sie nahm Schauspielunterricht, schrieb Essays. Ich empfand ihr neues Leben als hochgradig egoistisch, rücksichtslos und vor allem falsch. Nichtsdestotrotz war sie meine Mutter, die ich liebte. So stand meine Liebe zu ihr auf der einen Seite, gleichzeitig saß ich wegen meiner religiösen Überzeugungen und wegen meines Umfelds zwischen den Stühlen. Ich versuchte mit aller Kraft, mir selbst und allen Seiten gerecht zu werden, was zunehmend zu einer großen Belastung wurde. Alles das bereitete mir großen Kummer, denn von außen erwartete man von mir sowohl Loyalität gegenüber der Familie als auch gegenüber meinem Glauben. Parallel bestand nach wie vor fast täglich der Kontakt zu meiner Mutter, der glücklicherweise nicht unter Loyalitätserwartungen stattfand, weil sie meine Situation sehr gut verstehen konnte. Dennoch ließ sie mich regelmäßig an ihren Erkenntnissen und Erfahrungen teilhaben und forderte mich freundlich und bestimmt auf, kritischer auf die bisherigen religiösen Regeln zu schauen.

»Viel zu viele Kopftuchträgerinnen meinen, dass sie die besseren Menschen bzw. Gläubigen seien. Das erlaube ihnen, über andere und deren Schamhaftigkeit zu bestimmen und zu urteilen. Du redest von deinen Reizen, die du mit dem Kopftuch bedecken würdest. Was für ein Selbstbetrug. Und was ist denn bei dieser Sache mit den Reizen islamisch?«

Ich wollte mich nicht auf diese zweifelnde Seite ziehen lassen und antwortete:

»Ach, Mama, eine Frau, die sich für das Kopftuch entschieden hat, ist doch in der Lage, ein eigenständiges Leben zu führen und Erfahrungen zu sammeln. Das Kopftuch als Schwachsinnigkeit zu beschreiben, finde ich mehr als dreist. Ich weiß nicht, wie du jetzt auf so eine Meinung kommst, ich hatte bis dato nicht das Gefühl, dass dein Leben mit Kopftuch eingeschränkt war. Es gibt viele Dinge im Leben, die sind, wie sie sind, und alles zu hinterfragen macht einen Menschen schwachsinnig.«

Ihr Verhalten wurde von meinem Umfeld zähneknirschend und ohne jedwede Zustimmung beobachtet. Mein Verhalten ebenfalls. Irgendwann wurde es mir zu viel, und ich brach schweren Herzens den Kontakt zu ihr ab, doch dadurch brach ich mir nur selbst das Herz, denn es fühlte sich falsch an. In dieser Zeit schien aber in meinen Augen einfach alles falsch zu sein. Es war falsch, dass sie ihr Kopftuch ablegte, es war falsch, dass sie ihre Ehe beendete, es war falsch, wie sie plötzlich neue Ideen und Gedanken in ihre bisherige religiöse Überzeugung brachte. Es war aber auch falsch, wie die muslimische Gemeinde mit ihr umging, und es war falsch, dass ich als ihre Tochter unter Generalverdacht gestellt und zur Verantwortung gezogen wurde.

Rückblickend weiß ich, dass es genau diese Krise war, die meinen Wunsch nach familiärer Sicherheit in meiner eigenen Familie bestärkte und die ich unbewusst durch den Bau unseres Hauses oder durch das Festhalten an der Beziehung zu erhalten versuchte. Während um mich herum alle Familien dem Anschein nach heil waren, brach die Familie, in der ich aufgewachsen war, Woche für Woche mehr auseinander. Und je mehr alles zu zerbrechen drohte, desto stärker wurde mein Bestreben, das Innen stabiler zu gestalten. Koste es, was es wolle. Ich suchte nach Sicherheit und Halt. Doch statt der erhofften Sicherheit, in der man sich mit Respekt, Verständnis und Liebe begegnete, und einem Zuhause, in dem auf gütige und eben auch bedingungslose Weise geliebt wurde, lernte ich zum ersten Mal die Seite religiöser Intoleranz aus den eigenen Reihen kennen.

Der Wandel meiner Mutter und ihr Bemühen um Verständnis endeten regelmäßig in verbalen Auseinandersetzungen mit jenen, die ihr Vorgehen weder tolerierten noch duldeten. Nichts davon ging spurlos an mir vorbei. Nach sechs Monaten nahm ich wieder Kontakt zu ihr auf. Den Annahmen, sie sei vom Teufel besessen und müsse zum Teufelsaustreiber gehen, der Ausgrenzung von Bekannten und Freunden, die ihr Handeln als Kriegserklärung auf ihre Überzeugungen sahen und mich immer öfter gleich mit in diesen Topf warfen, folgten weitere zwei Jahre, in denen unser Haus auf Papier Gestalt annahm. Als in einer Tageszeitung ein Interview mit ihr erschien, wurde diese Zeit für uns alle zur ultimativen Zerreißprobe. Ihr Sein provozierte. Ihre Worte und Taten brachten alle Beteiligten an ihre persönlichen Grenzen. Ich bemühte mich um Verständigung, doch die Seiten waren verhärtet. Allein, dass ich Kontakt zu ihr hatte, war Grund genug, mich in dieselbe Schublade zu stecken. Dabei tat ich nichts weiter, als ihr zuzuhören und an die menschlichen Werte und religiösen Beispiele positiver Annäherung zu erinnern.

Mit dem Einzug in unser Eigenheim begannen die Jahre, in denen ich häuslicher wurde. Die Gedanken an ein Studium parkte ich in der Schublade der aktuell nicht erfüllbaren Wünsche und widmete mich dem Leben als Mutter und Ehefrau. Obwohl die Idee eines weiteren Kindes direkt nach Adams Geburt in die Kategorie »nur über meine Leiche« gehörte, folgte relativ bald die Entscheidung für ein zweites Kind. Rückblickend gehörte die Schwangerschaft mit Noah zur schönsten und entspanntesten Zeit und lenkte mich vom parallel laufenden Drama ein wenig ab. Die Schwangerschaft mit ihm war anders als die erste – ich wusste, was mich erwartete, und das Muttersein war auf meiner Erfahrungskarte kein weißer Fleck mehr. Auch nahm mir die Entscheidung, erneut schwanger zu werden, das schlechte Gewissen, das Studium aufs Abstellgleis gestellt zu haben, und erleichterte mich um einige Kilos Seelenlast. Heute würde ich, auch wenn es nichts gibt, wofür ich dankbarer bin, als wieder Mutter geworden zu sein, sagen, dass ich mich damals klassischer Verdrängungsmethoden bediente. Ich wollte nicht hinsehen, ich wollte nichts ändern. Weder hätte meine Kraft dazu gereicht, noch hätte ich mir jemals vorstellen können, dass ich den dadurch in Gang gesetzten Prozess bis zum Ende hätte durchziehen können. Was also gibt es Leichteres, als auf das Altbewährte zurückzugreifen?

Was den ständigen Vergleich um die Fußstapfen meiner Mutter anging, sollten viele Jahre vergehen, bis ich es endlich schaffen würde, diesen lächelnd zu ignorieren. Ich möchte aber an dieser Stelle die Unterschiede noch einmal aufführen. Ihre Beweggründe kamen aus einer völlig anderen Richtung. Ihr Bestreben lag einerseits in der allgemeinen Aufklärung in Bezug auf das Kopftuch und seine Offenbarungsgründe, und andererseits wollte sie sich selbst treu sein und dem Gefühl des Verliebtseins und der Liebe auf den Grund gehen. Meine Zweifel hingegen hatten ihren Ursprung in der Verständnislosigkeit und der Ungerechtigkeit durch meine muslimischen Glaubensgeschwister. Ich wollte fragen, reden, mich austauschen, verstehen. Doch ich stieß auf taube Ohren, kalte Herzen, festgefahrene Meinungen. Jedes Gefühl der Unmündigkeit, Abhängigkeit und Ohnmacht einem System gegenüber, das die Schlinge um meinen Hals immer enger zog, ließ mich einerseits zwar verzweifeln, stärkte aber gleichzeitig meinen unbändigen Willen, mich von alldem befreien zu müssen. In meinem Fall war es ausgerechnet das Verhalten meiner Community, das mich fast meinen Glauben an die Liebe, an Gott und an Werte wie Ehrlichkeit und Authentizität gekostet hätte. Es waren sie, die mir das Verhalten meiner Mutter vorwarfen, mir meinen Glauben absprachen und meine Fragen missbilligten. Menschen, die mit ihrer, aus meinem heutigen Glaubensverständnis, gelebten *Pseudoreligiösität* unmenschliches und widersprüchliches Verhalten legitimieren und nicht davor zurückschrecken, Leben und Überzeugung anderer nach richtig oder falsch zu beurteilen. Ist diesen Menschen eigentlich bewusst, dass ihr Verhalten jedem islamischen Grundwert widerspricht? Und ist ihnen eigentlich bewusst, dass ausgerechnet ihre tradierte islamische Argumentation in vielen Fällen der Grund dafür ist, dass Muslim:innen sich von ihnen oder im schlimmsten Fall sogar von Gott abwenden? Druck erzeugt Gegendruck, und Angst erschafft noch mehr Angst. Die Pendants dazu sind Verständnis, Respekt und Vertrauen. Wer Menschen mit Verständnis und Respekt begegnet, stößt entweder auf offene Ohren oder auf eine Möglichkeit, sein Verhalten und die eigenen Überzeugungen auf den Prüfstand zu stellen. Sollte es deshalb noch eine Rolle spielen, wie, woran und ob ein Mensch überhaupt glaubt? Sollte es stattdessen nicht viel wichtiger sein, dass das Verhalten nicht die Handschrift von Besserwisserei und Überheblichkeit trägt, Menschen nicht manipuliert werden und die gelebten Werte ein Vorbild für andere sind? Sollten letztlich nicht eher Taten als Worte zählen? Für mich jedenfalls spielt es heute keine Rolle mehr, ob Überzeugungen und Lebensweisheiten auf Grundlage von selbst gemachten Erfahrungen entstehen oder ob die Weltanschauung wie der Stab eines Staffellaufs von Generation zu Generation weitergegeben wird. Was für mich heute zählt, ist der Grad an Aufrichtigkeit.

Somit lag der Fokus meiner Entscheidung im Gegensatz zu der Entscheidung meiner Mutter in erster Linie darauf, die im Stillen laut rebellierende Ayla zu befreien und der anderen Welt, von der ich allerdings keine konkrete Vorstellung hatte, irgendwie eine Chance zu geben. Dass ihr Preis zunächst ein sehr hoher werden würde, konnte ich da noch nicht wissen.

Neben diesen Erfahrungen offenbarte sich ein weiteres gesellschaftliches Schlamassel: Altersvorsorge, Ehrenamt, fehlende Berufserfahrung. So sehr auch nach meinem Auszug der Schmerz wegen der räumlichen Trennung von meinen Kindern einen großen Raum einnahm, lernte ich schnell, was finanzielles Überleben bedeutete. Die ersten beruflichen Erfahrungen und die ersten Schritte in Beziehungen und Freundschaften wurden durch die Hürden der deutschen Bürokratie und der inneren Auseinandersetzung von meinen vielen eingefahrenen Definitionen und Überzeugungen begleitet. Jeder Entscheidung folgten Konsequenzen, die wiederum innere Prozesse in Gang setzten. In all den Jahren nach der Trennung bis heute begegneten mir patriarchale Strukturen, die einer Generalüberholung bedürfen. Und zwar auf unterschiedlichen Ebenen. Ich musste einsehen, dass das Gängigste, aber auch Perfideste, womit Frauen im Falle von Protest konfrontiert wurden, Zuschreibungen jenseits von Verständnis und Respekt waren. Wenn ich früher meinen Unmut über die für mich unbefriedigende Situation äußerte, wurde ich regelmäßig zur Geduld aufgefordert und an Gottes Belohnung durch das Paradies erinnert. Ähnlich erging es mir, wenn ich mich gegen den gesellschaftlichen Stempel der Rabenmutter, Rebellin und Kampfemanze rechtfertigen musste. Ich begann nicht nur Fragen zu stellen und nach Antworten zu suchen, ohne anfangs zu wissen, wo sie letztlich zu finden wären, sondern nahm jede noch so penibel normierte Definition unter die Lupe. Die seit zehn Jahren stetig wachsende Fragensammlung begleitet mich bis heute durch mein Leben. Doch wo ich früher noch mit innerer Vehemenz nach Antworten suchte, hat endlich eine friedliche Gelassenheit Einzug erhalten – denn auf manche Fragen gibt es keine leichten Antworten, und einige Fragen haben so viele Antworten, wie es Menschen auf dieser Welt gibt. Ebenso verhält es sich mit Definitionen zu Freiheit, Erfolg, Mutterschaft und so weiter. Dennoch bin ich überzeugt davon, dass sowohl das angstfreie Fragenstellen als auch das angstfreie Neudefinieren bei der Suche nach Antworten zur Lösung einiger religiöser, gesellschaftlicher, zwischenmenschlicher oder persönlicher Probleme beitragen könnte. Beispielsweise fragte ich mich nach dem Grund für Respektlosigkeiten zwischen Menschen oder wie man subtile Machtgefüge erkennen kann. Oder ob Menschen, die überzeugt davon sind, die Wahrheit bereits gefunden zu haben, auch in der Lage sind, ihr Denken, Handeln und Glauben zu hinterfragen. Regelmäßig wurde diese Frage durch lebendige Beispiele mit einem Nein beantwortet. Auf religiöser Ebene fand ich für mich einen Weg, mit der Andersartigkeit des Glaubens von anderen umzugehen, indem ich dieses Thema zu dem machte, was es für mich ist: privat. Auf Beziehungsebene hingegen wollte ich verstehen, wie die vielen unterschiedlichen Beziehungsformen, die es neben dem Modell der Ehe gibt, entstehen und ob die Monogamie tatsächlich die einzig richtige ist und wieso für mich Dates und Männer anscheinend zu den kompliziertesten Sachen der Welt gehören. Auf gesellschaftlicher Ebene frage ich mich, wieso bestimmte und eingefahrene Rollenbilder Frauen in Religionen, in der Arbeitswelt oder in Beziehungen übergestülpt werden. Was ist eigentlich »richtiges« Muttersein, und gibt es überhaupt ein Richtig und Falsch und wenn ja, ist mein Richtig auch das Richtig der anderen?

Jahre später sagte mir meine Mutter in einem unserer vielen Gespräche, dass sie meinen starken Willen, Neues auszuprobieren, nie gehabt habe. Einerseits, weil sie nie die Chancen und Möglichkeiten, die mir zuteilwurden, hatte, und andererseits, weil sie sie auch nie ergriffen hätte. Ich wollte die Liebe ergründen, ich wollte meine Sexualität kennenlernen, ich wollte die andere, die neue und für mich kaum greifbare Welt kennenlernen, ich wollte mein Studium abschließen und einem Beruf nachgehen. Wenngleich mir auf meinem Weg an vielen Stellen die weiße Flagge der Resignation zum Greifen nah entgegenwehte – beispielsweise, wenn mir Stipendien aufgrund eines fehlenden Ehrenamts verwehrt blieben und ich stattdessen neben Studium und Kindern meinen Lebensunterhalt durch verschiedene Jobs sicherstellen musste, verlor ich, mit Blick auf den beruflichen Werdegang meiner Mutter, den Fokus auf meine eigene berufliche Zukunftsvision nicht. Auch nicht, als meinen Bewerbungen aufgrund fehlender Berufsjahre keine Chancen gegeben wurden oder sogar dieses Buch ein Grund dafür war, weshalb mir nach vielversprechenden Bewerbungsgesprächen Absagen erteilt wurden.

All das gehört bis heute zu den Dingen, die ich niemals gutheißen werde.

Meine Mutter wird ihr jahrzehntelanges Ehrenamt nicht aus der weitverbreiteten Altersarmut heraushelfen können, ebenso wenig ihre Publikationen. Das ist Fakt. Ebenso ist es Fakt, dass ihr fehlender Universitätsabschluss und das Fehlen offiziell angesehener Berufsjahre Gründe für Absagen auf Stellenanzeigen sind. Die Altersabsicherung meiner Mutter wird in absehbarer Zeit dem Schicksal Millionen alleinstehender und verlassener Frauen in diesem Land, die die größte Zeit ihres Lebens mit Familienmanagement, Kindererziehung, geringfügig bezahlten Jobs oder Ehrenämtern verbracht haben, gleichkommen.

Seit dem Beispiel meiner Mutter und spätestens nach Worten wie »Sie kommen leider für das Stipendium nicht infrage, denn es fehlt Ihnen an ehrenamtlicher Tätigkeit« stehe ich dem Konstrukt von ehrenamtlicher Tätigkeit ebenso den mit wenig Wertschätzung entgegengebrachten gesellschaftlichen Normen Eltern gegenüber kritischer als früher entgegen. So sehr unsere Gesellschaft sowohl vom Ehrenamt als auch von den Vorteilen präsenter Eltern im Säuglings- und Kleinkindalter profitiert, darf Ersteres nicht zu einer unbezahlten Arbeit werden oder menschliche Potenziale und Energien im »Namen der Ehre« bis zum Abwinken ausschöpfen, noch darf Letzteres als mindere und selbstverständliche Aufgabe abgetan werden. Sollte unsere Gesellschaft nicht genügend Ressourcen haben, einer ehrenamtlichen Tätigkeit Sozialversicherung, Entlohnung und Altersabsicherung zukommen zu lassen? Dieses in meinen Augen durchaus lösbare Unterfangen sollte endlich auf die Agenda von Politik gesetzt werden. Und selbst wenn es monetär oder in welcher Form auch immer nicht möglich ist, Eltern zu entlohnen, darf es nicht sein, dass ihnen aufgrund ihrer Entscheidung, zu Hause bei den Kindern zu bleiben, bis ins Alter handfeste Nachteile entstehen, denn die vielen Stunden unbezahlter und gleichzeitig gesellschaftlich nicht gern gesehener Arbeit von Hausfrauen und-männern gehört auf dieselbe Stufe bedeutsamer und wichtiger Arbeit wie die eines Vorstandschefs oder Managers und verdient eine angemessene soziale und wirtschaftliche Entlohnung.

Ob ich nun in den auf mich projizierten Fußstapfen meiner Mutter weiterlaufe oder in ganz neuen Schuhen auf einem Weg bin, der ihr nicht ermöglicht wurde, spielt für mich letzten Endes keine Rolle. Meine Bereitschaft, Altes abzuwerfen und etwas für den Moment vielleicht noch völlig Fremdes in mein Leben zu lassen, hat mir einerseits eine neue Welt jenseits meiner Komfortzone aufgezeigt, andererseits hat mir die Entscheidung letzten Endes ermöglicht, mich selbst, mein Umfeld, die Gesellschaft, in der ich lebe, und ihre Regeln aus einer völlig neuen Perspektive zu betrachten und meine Grenzen und Bedürfnisse als Frau, Mutter und Mensch kennenzulernen. Unterm Strich eine Erfahrung, die das Leben in vielen Bereichen nicht einfacher gemacht hat, dafür aber um einiges echter.

Die Einladung zum Islam, genannt Da'wa, gehört zu den wünschenswerten Obliegenheiten eines Muslim. Auch ich wurde seit meiner Jugend regelmäßig mit dieser Aufgabe konfrontiert. In der Zeit in Nürnberg kam eine Deutschtürkin in unsere Gruppe, die Interesse am Islam hatte. Wir nahmen sie in unsere Mitte, zeigten ihr unsere Welt und wünschten uns alle inständig, dass sie bald das Glaubensbekenntnis ablegte. Heute erinnere ich mich daran, wie enttäuscht ich damals war, als sie irgendwann beschloss, auf eine Eliteuniversität zu gehen, um Wirtschaft zu studieren, und der Zeitpunkt des Abschieds näher rückte. Wir hatten es nicht geschafft, sie von der Idee des Islams zu überzeugen. Sie ist ihren Weg gegangen, und wenn ich heute ihre Bilder auf Facebook oder Instagram sehe, fällt es mir nicht schwer zu glauben, dass sie ihren Frieden und ihr persönliches Glück mit der Erfüllung ihrer Wünsche und Vorstellungen gefunden hat. Ohne Religion.

Ist Muslimen, die sich die Da'wa groß auf ihre Fahne schreiben, bewusst, dass diese Einstellung niemals eine Begegnung auf Augenhöhe ermöglichen kann? Der Blick geht auf die Menschen herab, weil diese in ihren Augen im Verlust leben und ihnen die große Chance auf ein seliges Diesseits und ein ewiges und gutes Jenseits nicht gewährt wird.

Nach dieser ersten Enttäuschung begegneten mir in den kommenden Jahren zwei Freundinnen, die ich zum Islam einladen durfte. Bei einer war ich nicht nur Zeugin ihres Glaubensbekenntnisses, sondern auch Zeugin von Ängsten, Sorgen und dem Unverständnis ihrer Eltern, die versuchten, dem Geschehen bei alkoholfreiem Hugo etwas Positives abzugewinnen. Ich war damals unfähig, ihnen empathisch zu begegnen, denn für mein Verständnis geschah hier gerade etwas ganz Wunderbares, was am Tag ihrer Entscheidung, von nun an das Kopftuch auch im Alltag tragen zu wollen, gekrönt wurde. Retrospektiv sehe ich den Grund des Handelns dieser Freundin in erster Linie darin, dass sie aufgrund ihrer unzufriedenen privaten und beruflichen Situation nach Sinn und Halt im Leben suchte. Halt fand sie in der Freundschaft zu mir und meinen anderen muslimischen Freundinnen und ihren Familien, in die sie schnell aufgenommen wurde. Mit ihrer Entscheidung für den Islam hoffte sie auf innere Ruhe und Sinnhaftigkeit, was sie in ihrem christlichen Glauben nicht finden konnte. Für uns war es wie eine Art Siegeszug, sie letzten Endes vollständig zum Islam gebracht zu haben. Mit ihrem Wegzug in den Norden Deutschlands fand sie zwei Jahre später wieder in ihr Leben vor der Konversion zurück. Als diese Informationen Wochen später die Runde machten, lag Bedauern in der Luft, und der Kontakt zu ihr wurde von den Freundinnen schrittweise eingestellt. Bei einem unserer letzten Treffen, lange nach meiner Trennung, erzählte sie mir, dass sie jemanden kennengelernt habe, mit dem sie sehr glücklich sei. Sie wusste um die Regeln des Islam, doch fern ihrer Freunde und Familie in einer neuen Stadt war dieser Mann umso wichtiger, und sie entschied sich für ihn statt für einen rein spirituellen Anker, bei dem sie am Ende alleine mit ihrem Glauben geblieben wäre. Sie erzählte mir, dass ihr Glaube immer noch in ihrem Herzen sei, doch sie wolle ihn nicht mehr so streng praktizieren, habe aber ein schlechtes Gewissen gegenüber Gott. Mittlerweile konnte ich ihren Zwiespalt verstehen: »Letzten Endes weißt du am besten, was dir guttut und was du brauchst. Außerdem glaube ich ganz fest daran, dass Gott am besten weiß, was in deinem und meinem Herzen los ist, und unser schlechtes Gewissen weder möchte noch braucht. Und wenn dir das Beten und Fasten fehlt, dann tue es so, wie es dir am besten passt.« Wo früher islamische Themen und die Regeln der praktischen Religionsausübung im Mittelpunkt standen, sprechen wir heute über Beziehungsdynamiken, Alltagssorgen allgemeiner Art und wer wen wann als Nächstes besucht. Es geht nicht mehr darum, wer welche Regeln besser einhält oder eine Challenge, wer den besseren und echteren inneren Frieden durch den Glauben gefunden hat, sondern um die Begegnung auf Augenhöhe. Der Satz, der/die ist kein:e Muslim:in, der früher hin und wieder als Legitimation hergehalten hat, diese Person weniger ernst zu nehmen, ist aus meinem Leben gänzlich verbannt. So sehr ich glauben und hoffen möchte, dass auch orthodoxe Muslim:innen so handeln, so sehr weiß ich aus eigener Erfahrung, dass dieser Wunsch noch viel zu oft unerfüllbar bleiben wird. Denn zu sehr haben religiöse Prägungen und Überzeugungen Einfluss auf das Miteinander und nehmen für mein Verständnis nach wie vor zu sehr Einfluss auf die banalsten und alltäglichsten Bereiche des Lebens, als dass sie »nur« Handlungsempfehlungen für einen guten und urteilsfreien Umgang mit den Mitmenschen sein können. Wie man sich ohne Vorbehalte Wissen aneignet und wie sich respektvolle Begegnungen auf Augenhöhe gestalten, lernte ich erst, als ich alle bisherigen religiösen Regeln und Gewohnheiten über Bord warf und mich und mein Gegenüber erst mal nur als Mensch wahrnahm. Heute bin ich der festen Überzeugung, dass unsere Welt, ihre Menschen und Kulturen, ihre Geschichte und ihr Geist viel zu bunt und vielfältig sind, als dass man sie nach Schema F kategorisieren kann. Was es allerdings im religiösen Kontext braucht, wäre einerseits die Angst vor Sünde und Strafe loszulassen und sich andererseits die Frage zu stellen, ob religiöse Regeln und Bücher vielleicht nichts anderes sind als an Ort und Zeit gebundene Werke, durch die Neues entstehen kann und entstehen muss? Aus eigener Erfahrung weiß ich, dass das Abnabeln vom regelgläubigen Denken eine notwendige Voraussetzung ist, um im nächsten Schritt den Weg für eigene und neue Erfahrungen auf Basis eigener Entscheidungsfähigkeit zu ebnen. Ein wenig erinnert das an die Zeit nach der Pubertät und dem Auszug aus dem Elternhaus, der dem Wunsch nach einem selbstbestimmten Leben nachkommt. Bei vielen Muslimen halte ich diesen Schritt erst für möglich, wenn eine Emanzipation von ihrer Regelreligiösität stattgefunden hat. Und ich spreche hier weder von einer liberalen Auslegung noch einer Lightversion des Islam, sondern von einer schonungslosen, ehrlichen und angstfreien Auseinandersetzung mit dem eigenen Glauben.

Das Erwachen aus der noch anfänglichen Traumwelt nach der Geburt von Noah kam schneller, als ich realisieren konnte. Die Nächte blieben schlaflos, die Tage allerdings auch, denn meine Aufgaben vervielfachten sich um die Belange rund ums Haus und um die Bedürfnisse von Adam und Noah. Während die Entwicklung meiner Mutter und die Überlastung und die Selbstzweifel als Mutter, Muslimin, Tochter, Ehefrau und Schwiegertochter an meiner Substanz nagten, suchte ich die kurzen Momente des Friedens durch die Nähe zu Adam und Noah, durch Aktivitäten mit anderen Müttern und Freunden, durch exzessive Koch- und Backexperimente oder dem Dekorieren und Umräumen unserer vier Wände. Doch egal, was ich tat, es brachte keine innere Zufriedenheit, sondern glich eher einem geduldigen Ertragen, wobei ich heute eher von stiller Resignation sprechen würde.

Nach einigen Jetzt-ist-eh-alles-egal-Momenten und wegen der positiven Muttergefühle setzte ich kurz vor dem ersten Geburtstag von Noah die Pille ab und wurde sofort schwanger. *Wer zwei Kinder schafft, schafft auch drei* wurde für die kommenden Monate mein Überlebensmantra.

Die dritte Schwangerschaft glich einem für mich komplett neuen Kräftemessen. Ich begann, meinen Frust mit Essen zu kompensieren, war in den wenigen freien Momenten des Tages mit Nestbau beschäftigt und verzweifelte innerlich an dem Verhalten mir lieber Menschen meiner Mutter gegenüber.

Ich begann, Bücher zu lesen, die nicht der Mainstream-Meinung orthodoxer Muslim:innen entsprachen, aber dennoch als anerkannte religiöse Literatur durchgingen. Meine Fragen und die dadurch entstandenen Diskussionen wurden in dieser Zeit zunehmend zur Belastung für alle. Ich wollte wissen, wie es dazu kam, dass die Meinung orthodoxer Gelehrter die Meinungen liberaler Gelehrter mit der Zeit verdrängt hatte. Ich wollte verstehen, wieso die Bekleidungsregeln für Frauen so signifikant anders waren als die für Männer.

Durch die Reaktionen, mit denen ich konfrontiert wurde, fragte ich mich immer öfter, ob die weiblichen Bedeckungsvorschriften den Frauen nicht nur die Eigenverantwortung entziehen, sondern ihnen gleichzeitig die alleinige Verantwortung, ein positives Islam-Bild in der Öffentlichkeit abzugeben, aufdrängen, weil nur sie sofort als Muslime identifiziert werden können. Für mich beantwortete ich diese Fragen mit einem eindeutigen Ja, denn im Kern waren sie für mich nichts anderes als eine fremdbestimmte Verantwortungsübertragung. Heute fehlt mir auf beiden Seiten, sowohl auf der Seite der Kopftuchbefürworter:innen als auch bei jenen, die dem Kopftuch den Kampf angesagt haben, der echte Wille zur gesunden Distanz. Allerdings ist genau dieser Wille Voraussetzung dafür, dass den Regeln und Mythen einer jahrhundertelang praktizierten Form, das Kopftuch zu tragen, der Heiligenschein bzw. die Teufelshörner genommen werden. Denn zum Kopftuch passt keines von beiden.

So sehr mich auch meine Odyssee durch dieses Thema fast den Verstand gekostet hätte und meinem damaligen Leben letztlich, zu einem sehr großen Teil, den Stecker zog, schaue ich heute differenzierter darauf. Mein Unmut gilt nicht Frauen, deren Entscheidung für ein Kopftuch aus freien Stücken geschieht, ebenso gilt meine Stimme nicht jenen, die ihm verbissen den Krieg erklären. Vielmehr liegt mein Augenmerk auf dem kompromisslosen und über Jahrhunderte nachgeahmten Gebot, das losgelöst von privaten Lebensbedingungen, Bedürfnissen oder Überzeugungen zum Aushängeschild des Islam geworden ist.

Mein Unmut gilt religiös orthodoxen Muslim:innen, die in vielen Jahren akribischer Feinarbeit ihre Fähigkeiten zur Doppelmoral und Heuchelei und ihre Methoden der Manipulation und des Selbstbetrugs ausgebaut haben – Menschen, die A predigen, aber B praktizieren.

Wenige Monate vor meiner dritten Entbindung mit Leyla kam Noah in den Kindergarten. Die Eingewöhnungsphase gestaltete sich schwieriger als bei Adam und erforderte meine ganze Geduld. Der Winter begann, und ich fühlte mich immer gefangener in meinem Körper, gefangener in meiner Ehe, gefangener in meiner kompletten Vorstellungswelt. Rückblickend war es die Zeit des Funktionierens und des immer stiller werdenden Protests. Ich suchte nach Gleichgesinnten, die meinen Gedanken über Religion und dem Tragen des Kopftuchs folgen konnten, doch außer meiner Mutter, die mich verstand, gab es niemanden. Stattdessen begann nun ein neues Thema, das für allgemeinen Ärger sorgte: das Porträt meiner Mutter in einer Frauenzeitschrift.

Als eine Wiener Journalistin, die von meiner Mutter gehört hatte und von ihrer Geschichte und Einstellung fasziniert war, nach Hamburg kam, um sie persönlich kennenzulernen, wurde schnell klar, dass es bei ihrem Porträt nicht ausschließlich um meine Mutter gehen sollte. Wir als Familie, meine Geschwister, mein Vater, meine Großmutter und ich wurden ebenfalls gebeten, mitzuwirken. Als ich mit Tarek darüber sprach, wurde ich mit Ablehnung konfrontiert. Auf keinen Fall dürfe ich da mitmachen.

Es war ausweglos. Die Interviews begannen ohne mich, doch die Journalistin ließ nicht locker. Während ich ihr, gegen meine eigentliche Überzeugung, permanent erklären musste, dass ich nicht teilnehmen könne, versuchte ich die Erlaubnis zu bekommen. Doch selbst meine Argumente, dass es eine Chance sei, verschiedene Standpunkte klarzustellen und der Meinung meiner Mutter nicht den kompletten Raum zu geben, blieben ohne Erfolg, ebenso wie meine Erklärung, dass ich das für mich selbst entscheiden könne. Schließlich sei es letzten Endes ein Bericht über meine Familie, in dem ich nicht fehlen konnte.

Zunächst blieb es beim Nein.

Im Frühjahr kam Leyla auf die Welt. Um diese Zeit zu beschreiben, braucht es rückblickend nur einen Satz – ich war mit allem restlos überfordert und alleine, weil die Ereignisse rund um meine Mutter meine inneren Konflikte potenzierten. Ich suchte nach wie vor nach religiösen Quellen, um für ihren und meinen Standpunkt für mehr Verständnis zu sorgen. Doch egal, was ich fand, ich stieß auf taube Ohren.

Dann kam der Sommer, und ich fühlte zum ersten Mal eine unglaubliche Enge um meinen Hals, wenn ich das Kopftuch band. Es waren heiße Sommermonate. Das Kopftuch abzulegen, war keine Option, stattdessen suchte ich nach alternativen Möglichkeiten, um der für mich quälenden Hitze irgendwie ein Schnippchen zu schlagen. Einige meiner Freundinnen trugen im Sommer ihr Kopftuch als Turban. Um ihren Hals warfen sie locker ein weiteres dünnes Tuch. Ich wollte es auf dieselbe Weise ausprobieren, doch mir wurde unmissverständlich deutlich gemacht, dass das nicht den Regeln entsprechen würde, da man, wenn ich mich bewege, meinen Hals und Nacken sehen würde. Dass muslimische Frauen im Sommer ein »Kopftuchgesicht« haben, denn außer den Stellen, die nicht verhüllt sind – Hände und Gesicht – bleibt die Haut weiß, und dass ich mit dieser Trageweise mit großer Sicherheit glücklicher geworden wäre und sich möglicherweise mein Problem erledigt hätte, wurde nicht akzeptiert. In unseren Garten konnte ich ebenfalls nicht ohne Kopftuch gehen, da er nicht blickgeschützt war. Ich gab auf.

Wenn meine Kräfte wegen der Kinder und den zahlreichen Pflichten am Ende waren und ich das zur Sprache brachte, wurde ich an die Geduld erinnert. Es sei schwer, doch ich solle wie alle anderen Frauen auch die Zähne zusammenbeißen und mich auf die Zeit in zwanzig Jahren freuen, wenn die Kinder groß seien. Auf meine Frage, wer mir denn garantiere, dass ich überhaupt noch so lange leben würde, kam die Antwort, dass man das natürlich nicht wisse, eine andere Möglichkeit aber nun mal nicht bestünde.

An einem Sonntag im Juli, als für die Autos die Straßen gesperrt waren, erlebte ich den emotionalen Super-GAU. Noch heute erinnere ich mich an die unerträgliche Hitze, doch die Option, mit drei kleinen Kindern zu Hause zu verbringen, war nicht denkbar. Wir machten also einen Spaziergang, die männlichen Mitglieder in kurzer Hose und T-Shirt, die Frauen verhüllt.

Während ich hinter meiner Sonnenbrille nur noch eine verschwommene Straße sah, weil mir die Tränen ununterbrochen liefen, wäre ich am liebsten auf der Stelle einfach nur tot umgefallen. Ich mochte die Sonne nicht. Sie war zu heiß. Ich schwitzte unter dem Kopftuch und den teilweise mehrlagigen Klamotten. Zugeben, dass mir zu warm war, war dennoch undenkbar. Warum sollte Gott solche Regeln wollen?

Ich bin im Auto. Leyla sitzt in ihrer Babyschale neben mir. Kurz zuvor habe ich Noah in den Kindergarten gebracht und bin einkaufen gefahren. Nun hat Leyla Hunger, also halte ich auf einem Parkplatz an, um zu stillen. Dabei drehen sich meine Gedanken schon wieder um das Thema, das mich mittlerweile seit drei Jahren verfolgt: mein Kopftuch. Schon seit einer Weile möchte ich es abnehmen, tue mich allerdings sehr schwer, weil ich mir zu viele Gedanken um die innerfamiliären Konsequenzen mache. Nun spiele ich seit Längerem mit dem Gedanken, mich erst einmal ganz alleine mit dem Gefühl, kein Tuch zu tragen, vertraut zu machen, bevor ich den nächsten Schritt in Angriff nehme. Doch selbst so weit bin ich noch nicht, weil mich die erdachten Konsequenzen zu sehr zermürben. Ich fange an, Leyla zu stillen. Dabei zappelt sie wie immer. Plötzlich packt sie mein Tuch am Hals. Die obere Nadel auf meinem Kopf löst sich, und das Tuch rutscht mir in den Nacken. Ich kann nichts tun, denn dafür müsste ich das Stillen unterbrechen. Also sitze ich nur mit meinem Untertuch (das Untertuch dient für den besseren Halt der Haare unter dem eigentlichen Tuch. Es ist wie eine Haube, die am Hinterkopf verknotet wird) *im Nacken da und weiß, dass mein Pferdeschwanz hinten rausschaut. Das geht nicht, denke ich. Ich überlege kurz, ob das gerade nicht eine Gelegenheit wäre, diesen lang gedachten Gedanken in die Tat umzusetzen. Der Moment ist günstig, denn mit einem »halben« Tuch auf dem Kopf sehe ich einfach nur dämlich aus. Weil mir nur eine Hand zur Verfügung steht, um das Tuch wieder zu richten, ziehe ich das Untertuch mit einem Griff runter. Da sitze ich nun hinter dem Steuer, stille Leyla und schaue um mich. Sieht mich vielleicht jemand? Eine Frau steigt neben mir in ihr Auto und fährt los. Zwei Minuten später parkt auf diesem Parkplatz ein neues Auto. Ein Mann steigt aus, schaut kurz rüber und geht weiter! Das war's? Er hat mich gesehen und dabei auch irgendwie nicht! Okay, denke ich. Was passiert nun? Mittlerweile ist Leyla satt. Ich lege sie wieder in ihren MaxiCosi und beschließe loszufahren. Ohne Kopftuch.*

Alles, was danach passiert, geschieht wie von selbst. Meine Gedanken kreisen um zwei Fragen: Ist das jetzt schlimm, was ich gerade tue, und begehe ich damit eine Sünde? Ich versuche zu spüren, aber außer Adrenalin fühle ich nichts. Alles fühlt sich einfach nur normal an. Ohne nervös zu sein, fahre ich weiter. Das Wetter ist schön, und ich beschließe, den Spaziergang heute auf einem Feld zu machen, wo ich alleine mit mir und meinen Gedanken sein kann. Ohne Kopftuch steige ich aus dem Auto, packe den Kinderwagen aus, lege Leyla rein und laufe los.

Das Gefühl, nichts um den Kopf zu haben, ist überwältigend und fühlt sich befreiend an. Vor allem fühlt es sich normal an. Ich habe nicht das Gefühl, dass mir etwas fehlt. Aber was mir vor allem einfällt, ist, dass ich jetzt nicht mehr als Muslima erkannt werde. Dieses Gefühl erleichtert mich ungeheuer. Ich laufe weiter. Fragen jagen mir durch den Kopf. Wieso habe ich die letzten 17 Jahre ein Kopftuch getragen? Ich fühle mich betrogen. Betrogen von Menschen, die mir immer wieder weisgemacht haben, dass das so sein müsse. Ich merke, dass ich aufrechter laufe als sonst. Komisch.

Dann denke ich an den Moment, wenn ich zurück nach Hause fahre und mir das Kopftuch wieder aufsetzen muss. Ich will den Konflikt vermeiden, doch ich glaube, ich nehme zu viel Rücksicht auf meine Mitmenschen. Warum kann ich nicht endlich anfangen, an mich und an meine Ehrlichkeit zu denken? Denn das, was ich jetzt gerade in diesem Augenblick tue, ist ehrlich, und das Kopftuch gleich wieder aufzusetzen, ist unehrlich. Kann das Gott überhaupt gefallen? Wie lange wird dieses Spiel noch weitergehen?

Ich überlege, wie ich es meiner Familie und meinen Freunden klarmachen soll. Soll ich mich rechtfertigen? Soll ich versuchen, es ihnen zu erklären? Soll ich lieber gar nichts sagen und es einfach machen? Ich weiß es nicht. Ich mache jeden Tag Dua (Bittgebet), *dass Allah mir den rechten Weg zeigen und meine Familie mehr Verständnis für mich haben soll.*

Ich laufe weiter, bis ich in einem kleinen Ort ankomme. Weit und breit sind keine Menschen zu sehen. Doch. Da ist jemand. Ein Mann mäht den Rasen. Ich laufe an ihm vorbei. Er bemerkt mich nicht einmal, obwohl der Kinderwagen knallrot ist. Ich laufe weiter. Wieder einige Meter weiter werkelt ein Mann vor seiner Haustür. Er blickt kurz auf, als ich vorbeilaufe, und macht seine Arbeit weiter. So unauffällig kann also das Leben ohne Kopftuch sein.

Die Ortschaft ist zu Ende, und der Wald beginnt. Im Wald ist niemand. Nur die Vögel, das Rascheln der Bäume und ich ohne Kopftuch. Mir fallen die unterschiedlichen Temperaturen auf, der Wind und die Sonne. Noch nie habe ich sie in dieser Form an meinem Kopf gespürt. Es fühlt sich so wunderbar und echt an. Jede Frau, die dieses Gefühl verpasst, verpasst einen Augenblick der Dankbarkeit gegenüber dem Schöpfer, der Wind und Sonne erschaffen hat, und Dankbarkeit dem Leben gegenüber. Wie kann das sein?

Ich denke, es kann eben nicht sein, und bin hin- und hergerissen. Ich wünsche mir so sehr Verständnis für den Weg, den ICH gehen möchte, und weiß, dass ich nicht zu viel erwarten darf, da Männer dieses Gefühl nicht nachempfinden können.

Ich kehre wieder um. Plötzlich läuft mir ein bärtiger Mann mit einem Schäferhund entgegen. Er grüßt kurz und läuft weiter. Ich denke »Hallo, hast du meine Haare gesehen?«. Ich glaube, er hat nur eine Frau mit Kinderwagen gesehen.

Auf dem Rückweg weht ein Wind. Ich bin leicht verschwitzt. Das Gefühl des Windes in den leicht nassen Haaren ist unbeschreiblich schön. Mir fällt ein Bild ein, das diesen Moment am besten beschreiben könnte: Ein Gefängnisinsasse, der nach Monaten in seiner Zelle die Sonne zu Gesicht bekommt. Ich möchte nicht zurück. Es sind die letzten Minuten meiner ersten Stunde ohne Kopftuch, bis ich am Auto ankomme. Dann binde ich mir das Kopftuch wieder um und merke, wie routiniert und ohne Gefühl ich das mache. Ich fühle mich mies.

Dass ich diese Erinnerungen in dieses Buch schreiben kann, verdanke ich meiner Mutter. Sie war es, die mich ermutigte, meine Erfahrungen sofort schriftlich festzuhalten. Heute sind sie Zeugen einer Zeit, die ich im Laufe der Jahre aus meinen aktiven Erinnerungen gelöscht habe.

Eins war mir bereits am nächsten Tag klar: Wenn man in sein altes Leben zurückkehrt und seinen Alltag wieder mit Kopftuch fortführt, kostet es erneut große Überwindung, den Schritt des Ablegens erneut zu gehen.

Nun sitze ich wieder, zwei Tage später, im Auto, um zu einem Ort zu fahren, wo ich mit Leyla spazieren gehen kann. Ich denke an das Gefühl des freien Kopfs. Dabei ertappe ich mich bei der Frage, wieso ich das heimlich mache und was ich mir damit beweisen möchte. War mein Motto nicht bisher »ganz oder gar nicht«? Ich will es wieder tun, um mir selbst den Unterschied zu verdeutlichen. Und ich will mich wieder dabei beobachten, wie ich Menschen und ihre Blicke wahr-

nehme, wenn sie mich ohne Kopftuch sehen. Vor einigen Monaten hätte ich diesen Versuch nicht durchführen können, weil ich zu dieser Zeit das Kopftuch noch zu sehr mit religiösen Werten verbunden habe. Mittlerweile bin ich aber an einem Punkt, wo ich das alles infrage stelle und überzeugt davon bin, dass das Tuch rein gar nichts über meinen Glauben aussagt. Es ist ein Stück Stoff, das seine Trägerin als Muslima ausweist. Im Islam haben alle Dinge, die ein Muslim für seinen Glauben tut, eine Bedeutung – für einen selbst und für die Gesellschaft. Das erscheint logisch, aber das Kopftuch passt irgendwie nicht in diese Logik, denn eigentlich soll es die Frauen doch schützen, aber diese Funktion erfüllt es im 21. Jahrhundert nicht mehr. Im Gegenteil. Das Kopftuch ist in dieser Gesellschaft wie ein rotes Tuch. Frauen mit Kopftuch werden angestarrt, in eine Schublade mit Terrorismus gesteckt, ihre Deutschkenntnisse und ihre Bildung werden angezweifelt. Kurz: Sie stehen unter Generalverdacht. Natürlich muss man sich diesem Narrativ nicht beugen, aber wenn dann noch das Argument der Schutzfunktion hinzukommt, müssten Frauen wie Männer auf die Barrikaden gehen. Das wird mir an diesem Tag sehr bewusst.

Ohne Kopftuch bin ich für die anderen ein Mensch, eine Frau mit Kind, eine Frau mit dunklen Haaren, einem grauen Oberteil und einer schwarzen Hose. Keiner weiß, welche Gesinnung ich habe, man sieht nur, ob ich freundlich oder genervt bin, ob ich lächle und auf die Menschen zugehe oder ob ich einfach in Ruhe gelassen werden möchte. Irgendwie fühle ich mich im positiven Sinne anonym. Diese Anonymität habe ich mit Kopftuch nicht. Alle starren dauernd in meine Richtung. Wenn ich falsch parke, bin ich die dumme Muslima, die keine Verkehrsregeln kennt, und habe unbeabsichtigt, aber automatisch ein schlechtes Bild von den Muslimen abgegeben. Auch wenn mir nicht nach Lächeln ist, bleibe ich schön freundlich, weil ich mit dem Kopftuch für ein positives Islam-Bild sorgen will, obwohl es Tage im Leben gibt, an denen mir nicht nach Lachen zumute ist. Jeder ist mal genervt, will in Ruhe gelassen werden und anonym sein. Mit einem Kopftuch geht das nicht. Als ich zwei Tage zuvor auf dem Weg zurück das Kopftuch wieder angezogen hatte, waren die Blicke der Menschen wieder die, die ich gewohnt war: Skepsis, Unverständnis, Mitleid, manchmal Feindseligkeit. Will ich das, und muss ich mir das antun? Welchen Preis zahle ich dafür? Ich bewundere den Ehrgeiz und die Leidenschaft mancher Musliminnen, die mit Leib und Seele, quasi mit ihrer ganzen Lebensenergie, für ihr Recht kämpfen, das Kopftuch beispielsweise auch als Lehrerin tragen zu können. Aber geht da nicht etwas Wichtiges dabei verloren? In meinen Augen geht viel Energie verloren, die man in so viele andere Dinge stecken könnte und die unser Bild von Muslimen in dieser Gesellschaft verbessern würde. Als ich mit einer Freundin darüber sprach, sagte sie, dass das Kopftuch gut in den Kram vieler Männer passe, schließlich mache es unser Leben in der deutschen Gesellschaft viel schwieriger. Viele Frauen würden deshalb kapitulieren und blieben dann lieber in den eigenen vier Wänden. Sie isolieren sich, und als Mann hat man so die Frau besser im Griff. Auch bestünde keine Gefahr, dass sie, die Frauen, Macht erlangen könnten. Ich finde es in diesem Zusammenhang wichtig, dass durch den sichtbaren Unterschied zwischen muslimischen Männern und muslimischen Frauen, gerade in der Öffentlichkeit, die Verantwortung für das Ansehen auf den Schultern der Frauen lastet. Ist das etwas, was mit dem Islam vereinbar ist? In meiner Vorstellung passt das nicht zusammen. Im Islam sind Frauen und Männer gleichwertige Wesen, so steht es zumindest im Koran. Wieso müssen dann die Frauen ihren Glauben den Menschen unter die Nase reiben? Warum gibt es für Männer keine Kleidungsvorschriften, deren Befolgung Pflicht ist, wie es sie bei den Frauen der Fall ist? Wieso muss ein Glaube, den Menschen in allererster Linie im Herzen haben sollten, an Kleidung geknüpft sein? Kann man nicht auch ohne Kleidungsvorschriften ein guter Muslim sein? Die Männer in meiner Familie kleiden sich sehr westlich, und ich finde nicht, dass ihr Glaube darunter leidet. Wieso auch? Wieso wird den Frauen damit gedroht, sie würden schamlos werden, wenn sie kein Kopftuch tragen? Was ist Scham überhaupt, und was hat sie mit Glauben zu tun? Eine muslimische

Freundin sagte mir, das Kopftuch würde sie davor bewahren, unislamische Schritte zu gehen. Braucht diese Freundin ihr Kopftuch, um sittsamer zu sein? Was ist das für eine Vorstellung? Wieso ist es für manche so schwer vorstellbar, dass man auch ohne das Tragen eines Kopftuchs eine gute Muslima sein kann? Gerade in der heutigen Zeit. Machen es sich die Männer nicht zu einfach, wenn sie sagen, das ist Kleidervorschrift, da gibt es nichts zu diskutieren? Ist diese Ungerechtigkeit mit dem Glauben überhaupt vereinbar? Oder ist es wieder bequeme Regelhörigkeit?

Im Sommer ging ich zum Kontrollbesuch zu meiner Frauenärztin. Sie riet mir aufgrund des ganzen Stresses zu einer Müttergenesungskur. Da die Kinder noch sehr klein waren, sollten sie mich begleiten. Ich stellte den Antrag und bekam eine Bewilligung. Die Suche nach einem freien Kurheim erwies sich als unkompliziert, und so sollten wir wenige Monate später in den Harz fahren. In den Monaten vor der Kur spitzte sich die Situation zu Hause immer mehr zu. Die Journalistin wollte das Porträt ohne mich nicht beenden. Wieder entflammte eine hitzige Diskussion, in der ich auch meinem Problem mit dem Kopftuch Luft machte. Doch je mehr ich meiner Abneigung Ausdruck verlieh, desto heftiger blies der Gegenwind.

Kurz vor der Abreise zur Kur bat mich die Redakteurin erneut um mein Mitwirken. Sie sagte, dass ihr auch einige Aussagen anonymisiert und ohne Bild reichen würden. Einerseits hatte ich keine Kraft mehr, ihr erneut abzusagen, und andererseits verstand ich die Gründe nicht mehr, die gegen meine Teilnahme sprachen, deshalb lud ich sie ein, mich im Harz zu besuchen. Ich erzählte keinem etwas davon. Der erste Tag der Kur rückte näher. Wer schon einmal mit drei Kindern für längere Zeit verreist ist, weiß, welcher Berg an Arbeit auf einen wartet. Als endlich alles geschafft war, setzten wir uns ins Auto und fuhren los. In meiner Vorstellung würde ich die kommenden drei Wochen endlich etwas abschalten können, doch die Realität sollte anders aussehen.

Tag 1

Ich liege erschlagen im Bett. Der Tag hat mich meine letzten Kräfte gekostet. Als wir nach einer langen Autofahrt ankamen, ging der Stress weiter. Eine Mitarbeiterin des Kurheims führte mich und die Kinder auf unser Zimmer in der dritten Etage, das nun für die nächsten 21 Tage unser Zuhause sein wird. Noah und Leyla hatten die Windeln voll, doch die Mitarbeiterin wollte mich rasch in mein morgiges Programm einweisen und las mir aus dem Plan vor, der vor mir lag. Alleine lesen wäre erholsamer gewesen. Als sie weg war, versorgte ich die beiden Kleinsten. Dann mussten wir zur Aufnahme ins Schwesternzimmer, wo wir alle gewogen und gemessen wurden. Direkt danach war Abendbrot. Nachdem alle satt waren, stellte sich die nächste Frage: Wie sollten die restlichen Koffer aus dem Auto in die dritte Etage kommen? Weit und breit war kein Babysitter in Sicht. Meine Verzweiflung wurde von einer freundlichen Krankenschwester bemerkt, und sie bot an, kurz auf die Kinder aufzupassen, während ich das Gepäck holen sollte. Als sie sah, dass ich noch mit Stillen beschäftigt war, trug sie kurzerhand unser Gepäck aus dem Auto ins Zimmer.

Tag 2

Nach einer schlaflosen Nacht war mir heute ganz und gar nicht nach Aufstehen zumute. Trotzdem durfte ich nicht im Bett liegen bleiben, denn der Tag war straff geplant. Um 9 Uhr mussten drei Kinder zu Schnupperstunden in zwei unterschiedliche Gruppen gebracht werden. Anschließend ging ich zur Begrüßungsrunde. Der ganze Raum war voller Mütter, die alle gute Gründe für diese Kur hatten. Nach dem gegenseitigen Austausch musste ich zum nächsten Termin: dem Kurarzt. Verspannungen an den Schultern, eine kaputte Wirbelsäule, ein träger Darm, eine oberflächliche Atmung und Stress wurden mir bescheinigt. Dagegen verschrieb er Wirbelsäulengymnastik, Massagen, Fango, Krankengymnastik und Atemtherapie. Wegen des ganzen Stresses sollte ich zur Gesprächstherapie.

Tag 3

Heute war alles etwas besser als gestern, ich konnte die erste Anwendung über mich ergehen lassen: Fango und Massage. Leider blieb die Entspannung aus, weil ich es anscheinend verlernt habe, mich richtig fallen zu lassen. Nichtsdestotrotz war die Massage sehr angenehm. Die Zeit bis zum nächsten Programmpunkt war sehr knapp bemessen. Leyla musste gestillt werden, anschließend gab es eine Einführung in das Kurbuch, das wir hier führen müssen. Dann hieß es füttern und Noah schlafen legen, um mit Babyfon den nächsten Programmpunkt wahrzunehmen: Schuleinführung von Adam. Bis zur Fußreflexzonenmassage mit Kind am Nachmittag vergingen die Stunden mit Gerenne zwischen Zimmer, Betreuung, Stillen und Mittagessen. Am Abend war ich so müde, dass mir die Kraft fehlte, mit den Kindern das Abendbrot im Speisesaal einzunehmen.

Tag 5

Das Wochenende war brutal, weil das Zimmer zu klein ist und es mitten im Nichts nichts zu tun gibt. Wie ich die Therapiegespräche, Therapiebehandlungen und Therapieübungen der nächsten Tage so erschöpft, übermüdet und mit den Kindern überfordert schaffen soll, bleibt ein Rätsel. Es trat ein, wovor mich die Kinderärztin gewarnt hatte, die Kinder bekamen eine fiebrige Erkältung. So verbrachte ich die Tage mit Noah auf dem Schoß im Schwesternzimmer am Inhalator und die Nächte mit kalten Wickeln und Zäpfchen, um das Fieber zu senken. Dann kündigte sich Besuch an. Trotz des enormen und komprimierten Stresses der ersten Woche wusste ich, dass mir seine Anwesenheit für meine emotionale Erholung keine Hilfe sein würde. Gleichzeitig wusste ich, dass die Kinder ihn vermissten, und hoffte, dass ich vielleicht besser entspannen könnte.

Tag 11

Noah hat noch leichtes Fieber, deshalb gab es heute nur das »Soft«-Programm. Ich bin einfach nur müde. Doch drei Erkenntnisse habe ich heute erneut machen müssen: Die Kinder sind aggressiver und aufmüpfiger, mit geht es schlechter, es fehlt mir zunehmend an Kraft, und ich neige dazu, mehr zu nörgeln und zu jammern.

Tag 12

Nach einer schlaflosen Nacht und dem Frühstück fuhren wir zu einem Tier- und Freizeitpark. Auf der Fahrt gab es wie immer Diskussionen über meine Unzufriedenheit. Als wir am Park ankamen, hatte ich stechende Schmerzen in der linken Brust. Mir blieb die Puste weg, und ich konnte kaum Schritt halten. Auf der Rückfahrt gingen die Diskussionen weiter. Hinter jedem starken Mann stehe eine starke Frau, ich müsse geduldiger und unterstützender sein. Jedes seiner Worte verstand ich, aber wo das eigentliche Problem lag, wurde nicht verstanden. Man liebte und akzeptierte mich, wenn ich so war, wie sich das alle vorstellten. Würde man mich auch noch lieben, wenn ich den Vorstellungen nicht mehr entsprach? Ich habe das Bedürfnis, frei zu sein. Es fühlt sich an, als wären mir Flügel gewachsen, die ich aber nicht benutzen darf. Niemand in meinem Umfeld versteht mich. Oder besser gesagt, denn das trifft eher mein Gefühl, keiner will mich verstehen. Alles in mir will weglaufen, weil die Belastung so unerträglich geworden ist. Ich versuche jetzt erst mal zu schlafen, aber die Kreuz- und Schulterschmerzen werden es wohl kaum möglich machen.

Tag 13

Die letzte Woche der Kur ist angebrochen. Die meiste Zeit waren die Kinder krank. Nun hat es auch mich erwischt. Mit dickem Kopf und Gliederschmerzen bin ich nach dem Frühstück zur Fußreflexzonenmassage gegangen. Am Nachmittag gab es einen Termin bei meinem Therapeuten. Das Gespräch war sehr gut. Der Therapeut stellte fest, dass ich ein Freiheitsbedürfnis habe, das dem Sicherheitsbedürf-

nis anderer entgegensteht. Wenn ich meinen Schritt gehen würde, das Kopftuch abzulegen, wäre das Bedürfnis nach Sicherheit in meinem Umfeld gefährdet. Er sagte mir, dass ich wissen müsse, was ich will – ein wohlbehütetes, versorgtes und sicheres Leben mit eingeschränkter Freiheit oder ein selbstbestimmtes Leben in Freiheit, aber unbestimmter Zukunft. Mein Gefühl sagt mir, dass es die zweite Variante war, die mich dauerhaft glücklicher machen würde. Mein Kopf hingegen sagt mir, wohlbehütet weiterzumachen.

Tag 14

Solange ich das Thema Kopftuch nicht anspreche, ist es gut. Ich weiß wirklich nicht, ob ich mich jemals damit abfinden werde, und ich weiß auch nicht, ob ich im Sinne meines Glaubens und der Familie handle, wenn ich mich mit dem Kopftuch arrangiere und es ohne Überzeugung weiterhin trage. Gleichzeitig würde ich auf andere Weise der Familie schaden, wenn ich ehrlich zu mir wäre und es ablege. Es ist eine so verzwickte Situation, und ich weiß immer noch nicht, wo das enden wird. Ich will nicht aufgeben.

Bei der Fango-Massage am Nachmittag konnte ich mich zum ersten Mal richtig entspannen.

Tag 15

Die Nacht war schrecklich. Leyla war einfach nicht zu beruhigen. Egal, was ich auch gemacht habe, es war hoffnungslos. Ich bin immer noch krank und war einfach so verdammt müde und kaputt. In meiner Verzweiflung schrie ich sie an, doch eigentlich richtete sich meine Wut nicht gegen sie. Warum war es bei uns ausschließlich Frauensache, sich um die Kinder zu kümmern?

Am späten Nachmittag hat sich Judith bei mir gemeldet. Sie plane für Sonntagnachmittag das Gespräch und wollte wissen, ob es auch von meiner Seite nun klappt. Ich erzählte ihr, dass Tarek vor einigen Tagen ungeplant gekommen sei und ich das mit ihm besprechen müsste. Es endete wie immer im Streit. Er war nach wie vor der

Meinung, ich hätte in diesem Beitrag nichts zu suchen. Als ich ihm sagte, er habe ein Recht auf seine Meinung genauso wie auch ich ein Recht auf meine hätte und es bei dem Artikel im Endeffekt um mich und nicht um ihn gehe, sagte er wütend, er würde das nicht erlauben. Wieso ist es so schwierig, sich aus meinen Entscheidungen herauszuhalten?

Tag 16

Etwas in mir sagt, dass ich das alles nicht mehr will und nicht mehr machen soll, weil es mir nicht guttut! Ich werde auf dieses innere Gefühl vertrauen, aber ich habe große Angst davor, diesen natürlichen Instinkt wieder aus den Augen zu verlieren, wenn ich wieder zu Hause bin, aber das möchte ich nicht!

Tag 17

Nach zwei missglückten Entspannungsversuchen am Mittag ging ich im Anschluss ins Arztzimmer, um mich für die Abschlussuntersuchung am Montag einzutragen. Alles in mir war angespannt. Mir war es so bewusst, dass mir meine momentane Lebensweise kein dauerhaftes Glück bringen würde, doch statt zu handeln, schwanke ich nach wie vor zwischen Mutlosigkeit, Wut und Verzweiflung und lasse mir Dauerunzufriedenheit attestieren. Ich könnte einfach nur heulen. Dieses innere Gefühl, dass etwas falsch ist, kann ich keinem Menschen verständlich machen. Heute im Speisesaal fragte mich wieder eine Mutter, wieso die Frauen in unserer Religion ihre Haare nicht zeigen dürften. Wieder einmal wurde ich mit meinem »Lieblingsthema« konfrontiert und antwortete brav nach Vorschrift. Doch es war nicht ehrlich.

Tag 18

Die gestrigen Gedanken hielten mich erst wach und dann verfolgten sie mich in meinen Träumen. Ich träumte, dass ich das Kopftuch abgelegt hatte, konnte aber die Abneigung und den Hass der anderen deutlich spüren. Ich wachte auf, verrichtete das Morgengebet, machte Dua, legte mich wieder hin und las unter Tränen die letzten Seiten meines Buchs. Die Worte waren wie eine Botschaft – Altgewohntes ablegen, sich nicht innerhalb der Norm bewegen, nur um dazuzugehören, aufhören, die Bekannten als kleingeistig abzutun und von sich selbst zu behaupten, man wäre zur Einsicht gekommen und die anderen nicht.

Ich fühle mich elend. Ein Teil meines Herzens möchte keinen verletzen, und der andere Teil möchte endlich frei sein und sich von allem lösen. Auch der Gedanke, dass in vier Tagen mein Alltag wieder losgehen wird, macht mich fertig. Vor allem der Gedanke, dass ich zu Hause das Kopftuchthema nicht beenden kann. Jetzt habe ich die Chance. Keiner wäre über mein neues Ich überrascht. Im Gegenteil. Die meisten rechnen eh damit. Nur muss ich jetzt diesen Schritt endlich gehen. Doch ich warte nach wie vor auf den richtigen Zeitpunkt und habe jeden Tag eine neue Ausrede! Ich hasse mich dafür und weiß gleichzeitig, dass mich dieses Thema niemals mehr in Ruhe lassen wird, außer ich streiche es endgültig aus meinem Leben. Heute war ich kurz davor. Tief in meinem Inneren weiß ich, dass ich handeln muss. Doch vor dem, was kommen wird, habe ich große Angst, auch wenn ich innerlich gleichzeitig bereit bin, die Konsequenzen zu tragen.

Tag 19

Nachmittags kam die Judith mit ihrer Crew. Wir trafen uns an einem See. Vorher hatte es wieder Streit gegeben, weil ich mich für dieses Treffen entschieden hatte, statt aus Liebe zu folgen und seine Wünsche zu respektieren. Wo bleibt hier eigentlich der Respekt vor meinen Wünschen und Entscheidungen? Bin ich denn niemand, der etwas zu sagen oder zu entscheiden hat? Ich glaube, dass es hier gar nicht mehr um das Kopftuch geht, sondern dass das Kopftuchthema stellvertretend für all jene religiösen Prinzipien steht, die bei mir angeblich falsch laufen. Ich hingegen fühle mich weder gesehen noch geliebt oder ernst genommen, sondern wie ein willkommenes Arrangement, das funktioniert und bitteschön weiterhin funktionieren soll. Denn wahre Liebe darf unter solchen Dingen nicht leiden. Am liebsten würde ich einfach einschlafen und erst wieder aufstehen, wenn der ganze Stress vorbei ist. Ich fühle mich so gelähmt und leer. Die kraftvolle Ayla ist futsch! Wie schön wäre es, wenn da jemand kommen und mich an der Hand nehmen würde, um mir den richtigen Weg zu zeigen. Ich bete zu Allah, dass ich wieder zu Kräften komme.

Tag 20

Die Abschlussuntersuchung brachte mich aus der Fassung. Als die Ärztin mich fragte, wie es mir während der Kur ergangen sei und was ich mitnehmen würde, brach ich in Tränen aus. Aus den gemeinsamen Gesprächen mit ihren Kolleg:innen wusste sie von meinen Problemen. Sie wusste, dass ich zwischen den Stühlen saß. Ich erzählte ihr, für wie ausweglos ich die Situation im Moment empfände und keine Perspektive sähe. Sie riet mir, meinen Weg zu gehen, mich rechtlich in Bezug auf die Kinder abzusichern und mich an die Migrationsstelle vor Ort zu wenden, um mir für meine Zukunft Rat zu holen.

Am Nachmittag gingen wir spazieren. Als ich meinen Entschluss, das Kopftuch abzulegen, mitteilte, wurde mir gesagt, dass wir so nicht zusammenleben könnten. Obwohl ich nichts Neues zu hören bekam, war ich geschockt, weil es hier anscheinend schon lange nicht mehr um mein Wohlergehen, sondern vor allem um religiöse Prinzipien ging. Ich dachte daran, wie ich übermorgen wieder zu Hause sein und mir der Alltag über den Kopf wachsen würde und dass ich wieder mit all den Menschen in Kontakt kommen würde, die nun mal zu meiner Welt gehören. Ich spürte, dass es eine harte Zeit werden würde, und merkte wieder, wie ich nach Ausreden suchte, um den Schritt, das Kopftuch abzulegen, zu umgehen.

Aber betraf diese Entscheidung nicht vor allem mich? Schließlich musste ich doch für mein Handeln die Verantwortung übernehmen – sowohl vor den Menschen als auch vor Gott. Am Abend kam eine

Nachricht. Ich solle geduldig sein und endlich für mich eine endgültige Entscheidung treffen. Egal in welche Richtung sie gehen würde.

Tag 21

Als ich mittags die Kinder aus ihren Gruppen abholte, hatte Noah Fieber. Ich ging mit ihm auf unser Zimmer und legte ihn schlafen. Sein Fieber ging nicht runter, also ging ich mit ihm ins Schwesternzimmer, damit ein Arzt auf ihn schauen konnte. Plötzlich stand die Ärztin von gestern vor mir. Als ich nach der Untersuchung gehen wollte, sagte sie mir, dass ich das Kopftuch jetzt ablegen sollte. Hier und jetzt und sofort. Erst musste ich lachen, weil mal jemand Klartext sprach, merkte aber schnell, dass ich nicht weit kommen würde, wenn ich protestierte. Also legte ich es ab und war ein kleines bisschen stolz auf meinen Mut. Sie sagte, dass sie nun mit mir ins Schwesternzimmer gehen würde, um etwas zu holen. Ich solle sehen, dass es niemandem auffallen würde, wenn ich plötzlich ohne Kopftuch wäre. Da rutschte mir das Herz in die Hose. Ich zitterte am ganzen Körper. Es war furchtbar, und ich wollte mich nur noch verkriechen. Das nackte Gefühl um den Kopf war schrecklich. Ich wunderte mich, denn während meiner Spaziergänge auf den Feldern hatte ich mich nicht nackt gefühlt. Witzigerweise bemerkte es im Schwesternzimmer niemand, dass ich ohne Kopftuch war. Als die Ärztin dann sagte, ich solle Noah ohne Tuch in der Gruppe abgeben und auch ohne Tuch zum Abschiedskaffee gehen, versagte ich vollends. Ich ging mit Noah auf mein Zimmer und verließ es erst eine Stunde später, um Leyla und Adam abzuholen. Mit Kopftuch!

Ich weiß nicht, was im Moment mit mir los ist, denn mein Handeln widerspricht meinen Gedanken und Wünschen! Ich fühle mich so unendlich kraftlos und gleichzeitig bin ich so wütend, weil ich mittlerweile so bin, wie mich andere gern sehen wollen – hilflos, mutlos, handlungsunfähig. Und diese anerzogene Scham ist furchtbar. Wie kann es einer Frau nach 16 Jahren Kopftuchtragen auch anders gehen, als sich nackt zu fühlen? Wieder höre ich die innere Stimme: Wenn ich selbst nichts in Bewegung setze, wird es niemand tun. Alles hängt von mir ab, und ich bin im Moment so gelähmt.

Morgen wird der Tag sein, an dem ich handeln muss.

Tag 22

Es ist schrecklich. Die Nacht blieb schlaflos, weil mich der Gedanke an das Kopftuch und an meine Entscheidung nicht in Ruhe ließ. Heute war Abreise und heute war mein Ultimatum! Ich entschied, das Kopftuch abzulegen. Meine anfängliche Nervosität verschwand recht schnell, obwohl ich mich anfangs sehr schwertat. Ständig beschäftigte mich der Gedanke, was die anderen wohl dazu sagen würden. Dabei fiel es den meisten kaum auf. Andere wiederum bemerkten den Unterschied sofort. Eigentlich war das alles egal, denn ich fühlte mich zum ersten Mal richtig in meiner Haut, spürte, wie für einen Augenblick der ganze Ballast der letzten Jahre von mir abfiel, bis ich an zu Hause dachte. Ich sah in Gedanken meine Familie, wenn sie mich sehen würde. Deshalb ließ ich diese Gedanken schnell los und versuchte meine letzten Stunden im Kurheim zu genießen. Als ich schließlich mit den Kindern im Auto saß, bemerkte ich mein Dauerlächeln auf den Lippen. Ich fühlte mich endlich frei und wollte diesen Moment des Glücks mit jemandem teilen. Als wir zu Hause ankamen, ging die Welt unter. Der Schock über meinen Anblick saß tief. Auch meine Welt ging unter, denn ich fühlte mich hilflos und schuldig. Schuldig, weil ich mich über die Regeln und Bedingungen meiner Religion hinweggesetzt hatte. Einer Religion, die Liebe, Sicherheit und Glückseligkeit versprach. Warum war all dies mit diesem verfluchten Korsett verknüpft? Ich kann und werde es nicht verstehen, denn ich fühlte mich heute so dankbar wie schon lange nicht mehr. Mein Herz war voller Freude, Kraft und Liebe. Dankbarkeit durchflutete meinen ganzen Körper. Es war die totale Nähe zu Gott. Dann kam ich nach Hause und musste mir anhören, mein Glaube sei kaputt.

Ich sitze auf meinem Bett. Alles in mir schreit vor Verzweiflung. Es ist so eine Anmaßung, den Glauben eines anderen Menschen auf-

grund von Äußerlichkeiten zu beurteilen. Ich weiß nicht mehr, wie das weitergehen soll, ich weiß nur, dass ich nicht wieder zurück möchte, dass ich gleichzeitig aber auch nicht meine Familie aufgeben will. Ich liebe ihn und es wäre dumm, jetzt alles zu beenden. Bin ich vielleicht wirklich auf dem Holzweg? Mache ich vielleicht doch etwas falsch? Und wenn ja, was? Soll ich nicht vielleicht doch drei Gänge zurückschalten und unserer Ehe noch eine Chance geben? Ich möchte ihr so gerne noch viele Chancen geben, aber ohne für das Thema Kopftuch eine gute Lösung zu finden, wird es nicht gehen.

Drei Tage verließ ich nicht das Haus. Einerseits wusste ich, dass ich mich von meinem Entschluss, das Kopftuch abgelegt zu haben, verabschieden müsste. Andererseits fühlte sich die Idee, es wieder anzulegen, wie eine Niederlage und Resignation auf ganzer Linie an. Aber ich hatte keine Kraft. Am Morgen des vierten Tages stand ich im Bad und schaute in den Spiegel, während ich mir die Haare kämmte und sie zu einem Zopf band. Dann griff ich nach dem Untertuch, legte die vordere Seite an die Stirn an, neigte den Kopf etwas, um es hinten zusammenzubinden, und schaute weiter in den Spiegel. Wer war diese Frau? Ihre Augen waren leer. Ihre Mimik eingefroren. Das Binden war routiniert wie immer, doch dieses Mal war etwas anders. Ich wollte nichts mehr fühlen, nicht mehr dieser Mensch sein, der mich aus dem Spiegel anschaute, nicht mehr kämpfen müssen. Dass es erst der Beginn eines langen Weges werden würde, wusste ich nicht. Ich nahm den Viskoseschal, den ich ebenfalls bereitgelegt hatte, warf ihn über das Untertuch und steckte ihn unterm Kinn mit einer Nadel fest. Es war der Moment, ab dem ich für eine lange Zeit nicht mehr in den Spiegel schauen konnte. Ich ertrug es nicht, einer Lügnerin und Verräterin in die Augen zu schauen. Augen, die gefühllos und leer waren. Augen, die mich ständig daran erinnerten, dass ich etwas tat, das ich nicht tun wollte, aber tun musste und wovon letztlich mein weiteres Leben abhing. Ich wusste nicht, wie ich es schaffen sollte, wofür ich mit jeder Faser meines Herzens brannte – Freiheit, Selbstbestimmung, Ich-Sein. Jetzt war ich Ehefrau und Mutter. Zwei Rollen, die mir vertraut waren. Was es noch für Möglichkeiten geben könnte, wusste ich nicht und konnte es mir auch nicht vorstellen. Was ich wusste, war, dass die Welt, in der ich lebte, immer mehr mein Herz zuschnürte und wie Fesseln an Händen, Füßen und im Denken war. Einige Jahre später beschrieb ich dieses Gefühl einer Therapeutin mit folgender Metapher: Ich habe Durst. Ich habe so einen unendlichen Durst, dass ich nicht mehr klar denken kann. Tarek steht mit einem vollen Glas vor mir. Jedes Mal, wenn er mir das Wasser reicht, darf ich daran nippen. Doch bevor ich auch nur ansatzweise meinen Durst stillen kann, reißt er mir das Glas wieder aus der Hand.

Mit den Wintermonaten begann meine Depression. Ich lag stundenlang auf meinem Bett, starrte die Decke an und fühlte nichts mehr. Alles war wie tot. Einzig die Diskussion um das Kopftuch blieb ebenso wie das Unverständnis gegenüber meinen Gedanken, Fragen und Wünschen.

Niemand schien verstehen zu wollen, dass es mir um die freiwillige Entscheidung für oder gegen das Kopftuch ging. Darum, dass alles in mir danach schrie, diese ganze Heuchelei zu beenden. Darum, diesem Stück Stoff die Macht über mein Leben, meinen Glauben und meine Probleme zu entziehen. Die Gedanken und Sorgen meiner Familie waren mir sehr bewusst: Dass ich beim Kennenlernen Kopftuch getragen hätte, dass ich nach dem Ablegen des Kopftuchs Stück für Stück auch meinen Glauben ablegen könne, dass ich eine Sünde begehen würde. Aber ging es nicht noch mehr um das Ansehen vor Familie und Freunden und die Vorstellung, dass mich andere Männer ohne Kopftuch sehen würden? Damals war mir nicht klar, dass mein Schritt, das Kopftuch abzulegen, auch der erste Schritt in meine Mündigkeit gewesen wäre und diesem Schritt die Unempfänglichkeit von Machtstrukturen folgen würde.

Ich stillte Leyla, bereitete Essen zu, putzte das Haus, besuchte Familienmitglieder, brachte die Kinder zu Bett und suchte in Büchern nach Trost und Antworten. An den Wochenenden bat ich um mehr Unterstützung, statt bis mittags zu schlafen und sich dann um den Job zu kümmern. Es änderte sich nichts. Stattdessen wurde ich an Freundin A und B und an weitere weibliche Familienmitglieder erinnert, die im Gegensatz zu mir in der Lage seien, mit Kindern und Haushalt klarzukommen. Regelmäßig platzte mir der Kragen, wenn ich diese und andere Worte hörte, schimpfte und weinte vor Verzweiflung, resignierte und drohte immer wieder mit Trennung. Am Ende war ich die Undankbare, die Verrückte, die Nörglerin, die Unfähige. Nach außen, ob bei Freunden, Bekannten oder auf Facebook, war alles heile Welt.

Die Wochen fühlten sich endlos und düster an, und meine Gedanken mündeten immer öfter darin, wie ich am besten meinem Leben ein Ende setzen würde. Bei einem erneuten Streit sagte ich laut, dass ich am liebsten sterben würde.

Wenige Tage später saß ich in Anwesenheit von Tarek bei einer muslimischen Therapeutin auf dem Sofa. Sie hörte zu. Am Ende appellierte sie an den Glauben und seine Regeln und gab mir die Telefonnummer einer türkischen Psychologin, in deren Praxis ich wenige Tage später saß. Die Therapeutin, Mitte fünfzig, eindeutig nicht religiös praktizierend, war der Überzeugung, dass mein Problem woanders läge und mit dem Ablegen des Kopftuchs nicht gelöst werden würde.

Es war nicht möglich, einen Menschen zu finden, der mich, meine Gedanken und meine Probleme verstand. Es wurde ein langer Winter.

Rückblickend sollte es insgesamt mehr als zehn Winter, eine Trennung, verschiedene Vorgesetzte und Kolleg:innen, ein Studium, unterschiedliche Dates, eine weitere Beziehung, wieder eine Trennung und das Schreiben dieses Buches dauern, bis ich diesen und weiteren Ereignissen einen Namen geben und ihr gesamtes Ausmaß einigermaßen verstehen konnte – Gewalt und Macht. Gewalt hat viele Formen. Den Sündenbock ausschließlich in einer Religion oder dem Islam zu suchen, würde allerdings ins Leere laufen. Die Kraft der Macht beginnt bereits, wenn eigene Erwartungen, Strukturen und Glaubens- oder Lebensvorstellungen auf andere übertragen werden. Auch die Missachtung des Wortes »Nein« sowie das Abwerten von anderen Denkweisen oder die Drohung mit Sanktionen, beispielsweise im religiösen Kontext mit der Hölle, sind nichts anderes als Gewalt durch Machtausübung. In der Religion ist die Gewalt oft hinter theologischen Erklärungen, alten Bräuchen und patriarchalen Strukturen versteckt, die sich jedoch religiösen Kerngedanken entziehen. Während diese Beispiele Gewalt von außen beschreiben, findet, meist parallel, eine weitere Form der Gewalt statt – die Gewalt von innen:. Wenn eigene Grenzen und Bedürfnisse nicht erkannt oder erkannt und dennoch missachtet werden, oder wenn Betroffene nicht in der Lage sind, ein *Nein* zu formulieren oder ihren Wünschen auf den Grund zu gehen. Wenn es um das Thema Gewalt geht, liegt das Phänomen des Fanatismus und des Narzissmus nicht weit. Um es in meinem Fall allerdings aus einer neuen Perspektive betrachten zu können, brauchte es interessanterweise einige tiefergehende Begegnungen fern der muslimischen Welt – sowohl im privaten als auch beruflichen Kontext.

Im Frühjahr war Tarek meines Unglücks überdrüssig. »Zieh dich an, wir gehen jetzt spazieren. Ohne Kopftuch.« Ich konnte mich weder darüber freuen, noch traute ich dem Ganzen. Widerwillig verließ ich das Haus. Ich setzte mich ans Steuer, und wir fuhren los. Während sein Blick von rechts nach links wanderte, versuchte ich mich wieder an das Gefühl von vor sechs Monaten zu erinnern. Es war nicht mehr dasselbe. Ich fühlte mich nackt und unfrei. Dass es nicht an mir lag, sondern an der Situation, wurde mir erst später bewusst. Permanent legte er seine Hand auf meinen Kopf, wenn ein Mann im Auto an uns vorbeifuhr.

Wir fuhren in die Innenstadt, ich parkte das Auto. »Willst du jetzt mit mir spazieren gehen? So wird das nicht funktionieren«, sagte ich. Ja, wir würden jetzt gemeinsam rausgehen, weil der Zustand nicht mehr zu ertragen sei. »Und was wird sich nach dem Spaziergang ändern? Wird es für dich in Ordnung sein, wenn ich dann kein Kopftuch mehr trage?« Wieder stritten wir. Ich sagte, dass es mir nicht um diesen einen Spaziergang gehe, sondern dass ich Unterstützung bräuchte, wenn ich das Kopftuch ablegte, weil ich Angst vor der Reaktion der anderen hätte. Mir wurde deutlich gemacht, dass ein Leben in dieser Ehe ohne ein Kopftuch nicht möglich sei. Wie könnte ich bei einer Sache auf Unterstützung hoffen, die falsch war und gegen die Regeln der Religion verstieß? Frauen, die das Kopftuch ablegten, trugen bald darauf kurze Sommerkleider und verlören ihre Scham.

Der Spaziergang glich einem Spießrutenlauf. Wir liefen durch menschenleere Seitenstraßen, und sobald uns ein Mann entgegenkam, wurden meine Haare mit beiden Händen bedeckt. Ich wollte zurück zum Auto.

Welch große Rolle Prägungen von Scham und Schuld im Leben vieler muslimischer Frauen und Familien spielen, wurde mir wie vieles anderes ebenfalls erst durch die direkte Auseinandersetzung mit meinem eigenen Verständnis davon bewusst. Scham im Besonderen im Zusammenhang mit Nacktheit, Sexualität und dem Artikulieren von Erfahrungen jenseits religiöser Regeln, Schuld in Verbindung mit den Schuldgefühlen bezüglich der Trennung von meinen Kindern. Die Konzepte von Scham und Schuld sind im Islam wie in vielen Religionen neben der Angst vor Strafe nicht selten ein Mittel, um die Gläubigen gehorsam und gefügig zu machen, die dann aus Sorge vor gesellschaftlicher Schande und der Angst, das Jenseits zu gefährden, in unwürdigsten Verhältnissen ausharren. Wer glaubt, dass Schweigen soziales Ansehen und Geduld am Ende einen Platz im Paradies sichert, ist gefügig. An dieser Stelle ist es wichtig zu erwähnen, dass das seit Jahrhunderten praktizierte Konzept von Scham und Schuld nicht religiösen Ursprungs ist. Schamursächliche Schuldgefühle sind anerzogen und nicht gottgegeben und gehören für mich heute ebenfalls in die Kategorie Gewalt. Das Zusammenspiel von Schuld und Scham bewirkt auch den Verlust von Neugier und Mut und von der Vorstellung, dass Gott ausschließlich barmherzig und liebevoll ist. Für ein selbstbestimmtes Leben ist es für mich von elementarer Bedeutung zu wissen, wo die persönliche Scham beginnt und endet, welche Schuld und Ängste gesellschaftlich übergestülpt sind und welche begründet oder unbegründet ihr Dasein fristen.

Auf ihre Weise machte Gewalt auch beim Schreiben dieses Buches nicht halt. Während ich vom ersten Moment an die wichtigsten Personen über mein Projekt in Kenntnis setzte, ihnen transparente Gesprächsangebote zusicherte und viele Male meine Gründe, warum mir das Schreiben dieses Buches am Herzen liegt, betonte, begegneten mir blanke Wut, tiefes Entsetzen, das Androhen rechtlicher Schritte sowie religiöse Ermahnungen. Traurigerweise tragen aber genau diese Menschen dazu bei, dass von Generation zu Generation religiöses, individuelles oder gesellschaftliches Fehlverhalten, Machtstrukturen oder sozial verortete Idealvorstellungen das zwischenmenschliche Miteinander vergiften. Irgendwann fühlte sich nichts mehr wie eine Bedrohung an, sondern wurde im Kern zu einer unsichtbaren Kraftquelle: You can't break the broken, bzw. ich habe es heute geschafft, mich von der Meinung Dritter zu distanzieren.

Natürlich wurde angeführt, ich würde die Privatsphäre anderer verletzen, indem ich mein Leben und die Missstände meiner

Community aufschrieb. Mein erster Eindruck war, dass meine Glaubensgeschwister, von denen natürlich nicht jede:r derselben Meinung ist, dieses Thema anders als meine nichtmuslimischen Freund:innen und Bekannten sehen. Es brauchte nicht lange, bis ich für mich eine Antwort darauf fand, denn Privatsphäre und *ayip* sind zwei Seiten einer Medaille. Eines ohne das andere ist kaum denkbar. Muss nicht die um jeden Preis verteidigte Privatsphäre dort enden, wo die Not anfängt? Diese Not beginnt ja oft schon im Kleinen, in der Familie, bei Freunden, also in der Privatsphäre. Soll jede Auseinandersetzung damit verboten sein, weil sich das Leiden nicht für alle sichtbar abspielt und somit von allgemeinem Interesse wird, sondern im Privaten? Schließlich gibt es immer wieder Fälle, in denen Missbrauch, Gewalt und andere Unmenschlichkeiten unter dem Deckmantel von und aufgrund des Schutzes der Privatsphäre stillschweigend zugelassen werden.

Dass es sich hier um kein islamisches Phänomen handelt, sondern in vielen religiösen Gemeinschaften und anderen Instituten oder Verbänden wiederzufinden ist, zeigen Statistiken über Gewalt an Frauen, Männern und Kindern in Kirchen, Internaten oder beim Sport, deren Wertekodex durch lautlose Übereinstimmung innerhalb der Mitglieder gelebt wird.

Um die Empörung meiner Community zu verstehen, brauchte es deshalb neben dem Wissen von *halal* und *haram* auch das Verständnis von *ayip*. Erst Menschen, die es geschafft haben, *ayip* zu entmachten, können erkennen, dass es ein heimtückisches Virus ist, dem Generationen freie Hand gelassen haben, ohne zu ahnen, welche Schäden es anrichten kann. Heute hat für mich das Wort keine nennenswerte Aussagekraft mehr – mit anderen Worten: Ich bin für *ayip* nicht nur nicht mehr empfänglich, sondern konfrontiere seine Nutzer mit direkten Fragen, was denn an dieser oder jener Sache eigentlich *ayip* sei. *Ayip* muss erst aus den Köpfen, Herzen und Überzeugungen restlos verschwunden sein, damit weit verbreitete Moralvorstellungen auf den Prüfstand gestellt werden können.

Solange ich Teil des Ganzen war, war ich nicht imstande, einen kritischen Blick auf das Konzept von *halal, haram* und *ayip* zu werfen. Doch mit den Erfahrungen, die ich nach den Jahren der Trennung gemacht habe, und aufgrund meiner Entscheidung, mich von Menschen zu distanzieren, die dieses Konzept hochhalten, kann ich es nicht mehr stillschweigend hinnehmen.

Ich brauchte Abstand. Von allem und jedem, außer den Kindern. An einem Sonntag im Frühsommer kaufte ich am Bahnhof ein Bahnticket nach Hamburg, um für eine Zeit bei meiner Mutter zu wohnen. Adam würde wegen der Schule zu Hause bleiben, die beiden Kleineren sollten mit. Mein Herz tat weh. Es wäre das erste Mal, dass wir auf unbestimmte Zeit voneinander getrennt wären.

Wir fuhren alle zusammen zum Bahnsteig. Der nahende Abschied wurde mit jeder Minute greifbarer. Die Bahn fuhr ein, und ich hielt Adam im Arm. »Ich liebe dich, habibi«, sagte ich ihm immer wieder. »Hab viel Spaß, wir werden uns inshAllah bald wiedersehen.« Dann küsste ich alle und stieg in den Zug. Ich spürte, wie viel Liebe noch da war und wie viel innere Zerrissenheit, aber ich konnte jetzt nicht wieder aussteigen und nach Hause zurück. Unsere Blicke trennten sich erst, als der Zug den Bahnhof verließ. Ich ging ins Familienabteil, wickelte den langen Schal von meinem Kopf, zog das stramm gebundene Untertuch aus und öffnete den Zopf. Mehrere Male atmete ich tief ein und aus und versuchte, ruhiger zu werden. Der Schaffner kam, stempelte das Ticket und ging wieder raus. Dann waren wir alleine im Abteil – die einjährige Leyla, ihr dreijähriger Bruder Noah und ich – die erwachsene Ayla. Mein Handy klingelte. Es war meine Mutter. »Wann kommt ihr genau an?«

Die Wochen in Hamburg waren mühsam. Meine Mutter lebte in einer Einzimmerwohnung, die wir nun zu viert bewohnten. An den Wochenenden waren wir sogar zu fünft, wenn mein jüngster Bruder kam. Wir versuchten die meiste Zeit draußen zu verbringen.

In den ersten Tagen ging ich zum Einwohnermeldeamt, meldete meinen Wohnsitz bei meiner Mutter an, beantragte einen neuen Personalausweis mit einem Bild ohne Kopftuch, ging zum Jobcenter, um Hartz IV zu beantragen, und begann aktiv nach Wohnungen zu suchen. Ich wollte einen Neuanfang – ob mit oder ohne Tarek, Hauptsache, fern von dem Ort und den Menschen, von denen ich mich so wenig respektiert und verstanden fühlte.

Abend für Abend saß ich mit dem Handy in der Hand auf dem heruntergeklappten Toilettendeckel und hörte mir Beschimpfungen oder Beschwörungen an. War ich wirklich zu egoistisch? Nahm ich keine Rücksicht auf die Bedürfnisse meiner Familie? War meine Mutter tatsächlich ein schlechter Umgang für mich, und hatte ich generell einfach nur zu den falschen Menschen Kontakt, und las ich die falschen Bücher? Jedes Mal unterbrach das Klopfen meiner Mutter unsere Gespräche und mein Gedankenchaos. Sie kam in diesen Wochen regelmäßig durch die Kinder, die engen Wohnverhältnisse, die ständigen Telefonate und die ausweglose Situation an ihre Grenzen. Eine Wohnungsabsage folgte der nächsten. Unsere Nerven lagen blank.

Meine Mutter empfahl mir, eine Heilpraktikerin aufzusuchen, die Craniosacrale Therapie anbot. Schnell fand ich eine in der Nähe und bekam einen Termin. Die erste Sitzung dauerte knapp drei Stunden. Es war das erste Mal, dass ich mich fallen lassen konnte. Ich hörte nicht mehr auf zu weinen, und wollte nur noch dortbleiben. Ich ließ mich auf die Behandlung ein. Am Ende war mein Geist klar und der unsichtbare Rucksack auf meinem Rücken um einige Kilo leichter. Ich stieg auf mein Fahrrad und fühlte mich zum ersten Mal frei. Es folgten zwei weitere Sitzungen innerhalb kurzer Zeit, die mir halfen, mit mehr Zuversicht nach vorne zu schauen. An einem Nachmittag zwischen der ersten und zweiten Behandlung, als ich auf dem Weg nach Hause war, entschied ich spontan, zum Friseur zu gehen. Ich betrat den Laden und schaute mich wie immer nach einer Friseurin um. Doch die gab es nicht. Wie selbstverständlich wurde ich von einem jungen Mann zu einem Platz geführt. Nach einem kurzen Gespräch bat er mich zum Waschbecken. Es war das erste Mal, dass ich nicht in einem Hinterzimmer frisiert wurde, und es war das erste Mal, dass mir ein fremder Mann die Haare wusch, sie anschließend kämmte, schnitt und föhnte. Damals versuchte ich allen Ernstes herauszufinden, ob er in meine Richtung in irgendeiner Weise Begehren empfand, während wir uns unterhielten, doch das Einzige, worauf ich am Ende kam, war, dass er einfach nur seinen Job machte.

In den kommenden Tagen und Wochen änderte sich weder an der Situation etwas noch an den Inhalten der allabendlichen Telefonate. Hinzu kam, dass mir bewusstwurde, dass ich mit zwei kleinen Kindern weder einen Ausbildungs- oder Studienplatz noch eine passende Wohnung finden würde. Meine Mutter konnte mir nur bedingt helfen, also besprach ich das Problem mit Tarek. Ich sollte mit Kopftuch heimkehren, was ich wiederum nicht wollte: Ich wollte zurück, nur eben ohne Kopftuch. In dieser verfahrenen Situation stand er eines Nachmittags mit Adam plötzlich vor der Tür.

Das Wiedersehen war wunderschön. Gleichzeitig wusste ich, dass eine Lösung niemals leicht zu erreichen wäre, so sehr ich es mir auch wünschte. Wir gingen gemeinsam als Familie spazieren. Viele Male ließ er mich wissen, wie unangenehm es ihm war, mich ohne Kopftuch zu sehen. Ich zeigte Verständnis, machte aber klar, dass ich für mich eine Entscheidung getroffen hätte und es schön fände, wenn sie angenommen würde. Am Ende des Spaziergangs schlug er vor, ich solle das Kopftuch für sechs Monate wieder aufsetzen und nach Hause kommen. Sollte sich die Situation danach für mich immer noch unerträglich anfühlen, könne ich das Kopftuch ablegen. Dieser Vorschlag war neu und gleichzeitig so fern von meiner Vorstellung. Ich sollte das Kopftuch wieder anlegen? »Und was ist, wenn ich mich dagegen entscheide?« Er schwieg. Ich wusste, dass seine Bedingung feststand.

Wie konnte er nach all dem Leid immer noch so etwas von mir verlangen? Ich würde das Kopftuch nicht anlegen. Niemals. Meine Nacht war schlaflos. Zu sehr war ich mit meinem Ärger über diese Bedingung beschäftigt. Am nächsten Morgen rief er an und wollte wissen, wie ich mich entschieden hätte. »Ich werde mit dir kommen, denn ich liebe dich und ich liebe unsere Familie. Aber nur ohne Kopftuch.« Einem stillen Moment folgte ein lauter Schlagabtausch und die sachliche Info, dass er kurz vorbeikommen werde, um sich von den Kindern zu verabschieden.

Ich war geschockt. Alles in mir zitterte. »Niemals wird er sich einfach verabschieden und ohne uns losfahren«, versuchte ich trotzdem meine Mutter zu beruhigen. Sie war außer sich vor Empörung über so viel Sturheit und Rücksichtslosigkeit. Mit zitternden Händen packte ich meine Taschen und zog die Kinder an. Dann klingelte es an der Tür. Ich machte auf. Vor mir stand ein entschlossener, aber trauriger Mann. Er nahm Noah und Leyla in den Arm, während ich mir die Schuhe anzog. Als er die gepackten Taschen sah, machte er erneut deutlich, dass seine Bedingung nicht verhandelbar sei. Die Wut und die Trauer, mich von Adam verabschieden zu müssen, explodierten in meiner Brust. In diesem Moment war der Hass auf meinen Glauben so groß wie nie zuvor. Mein Blick verschwamm, während ich Adam ganz fest an mich drückte. Seine Reaktion zeigte mir, dass er nicht verstanden hatte, was gerade geschah. Noah begann zu weinen. Ich löste mich aus der Umarmung und wollte ihn zu mir nehmen, doch Tarek zog mich an sich, schaute mir in die Augen und flehte mich an, dass ich von meiner Sturheit abrücken solle. In meine Sprachlosigkeit mischte sich meine Mutter ein, ohne Erfolg. Er reichte mir Noah, küsste Leyla, drehte sich um und ging. Mit ihm ging Adam.

Meine Mutter schloss die Wohnungstür, und in mir brach alles zusammen. Bis zum Morgen meines Auszugs einige Jahre später war dieser Augenblick der schlimmste meines Lebens. Mein Atem überschlug sich, als ich versuchte aufzustehen. Meine Mutter versuchte mich zu beruhigen. Es war unmöglich. Ich begriff weder, was gerade geschehen war, noch ertrug ich den Schmerz in meinem Herzen. In meiner Verzweiflung rief ich in der Hoffnung, Tarek umstimmen zu können, ein Mitglied seiner Familie an. Aber auch da stieß ich nur auf Ratlosigkeit. Ich saß auf dem Sofa, das in den letzten vier Wochen zu meinem und Leylas Schlafplatz geworden war. Gedanken, auf unbestimmte Zeit Adam nicht zu sehen, unter diesen beengten Bedingungen zu leben, meine Mutter weiterhin an ihre Grenzen zu bringen und mich von meinem bisherigen Leben zu verabschieden verbunden mit der Erinnerung an gemeinsame Momente der Nähe, Zweisamkeit und Unbeschwertheit kreisten in meinen Kopf. Ich war nicht bereit. Weder für die Trennung noch für den unbekannten beschwerlichen neuen Weg allein in eine ungewissen Zukunft. Ich griff zum Handy und wählte seine Nummer. Er ging dran. Im Hintergrund waren laute Motorengeräusche zu hören. »Ich bin einverstanden. Komm zurück und hol uns ab.« »Bist du dir sicher?«, fragte er. Nein, ich war mir nicht sicher, und es gab nichts, was ich gleich widerwilliger tun würde, als das Kopftuch wieder anzuziehen. Aber ich antwortete: »Ja, ich bin mir sicher, und ich möchte, dass wir zusammen sind.« Er freute sich, dass ich zur Vernunft gekommen sei. Meine Mutter stand mit großen Augen vor mir. Ihre Empörung war unerträglich.

Was in den dreißig Minuten des Wartens geschah und was in mir vorging, weiß ich bis heute. Das Gefühl von Verzweiflung und der tiefsitzende Schmerz über den Beinahe-Tod unserer Beziehung kämpften gegen den Ärger meiner Mutter, halfen mir aber nur bedingt, in dem, was ich nun tat, einen Sinn zu sehen. Ich griff nach einem Haargummi, band mir die Haare zusammen, öffnete meinen Koffer und suchte nach dem Untertuch, das ich vier Wochen lang nicht mehr in die Hand genommen hatte. Für meine täglichen fünf Gebete hatte der Schal ohne das Untertuch zur Bedeckung meiner Haare gereicht.

Als ich vor dem Spiegel stand, brauchte es drei Anläufe, denn parallel versuchte ich mich mit aller Kraft gegen meine eigene Kraftlosigkeit zu stemmen und meiner Mutter ein offenes Ohr zu schenken, bis meine Haare und Ohren ebenso wie mein Nacken und Hals unter dem Tuch verschwanden. Mit ihnen verschwanden auch meine Gefühle.

Tarek kam an die Wohnungstür, um uns beim Tragen zu helfen. Freudentränen liefen ihm über die Wangen. Mit meiner Mutter wechselte er knappe Worte, an die ich mich nicht mehr erinnere. Auf dem Weg zur Autobahn riefen Verwandte an. Wir trafen uns noch in einer Gaststätte. Ich wurde zu meiner Entscheidung beglückwünscht, und sie verabschiedeten sich von mir und den Kindern. Bei sechsunddreißig Grad Außentemperatur fuhren wir ohne Klimaanlage und kurz vor unserem elften Hochzeitstag wieder nach Hause.

Als wir zu Hause ankamen, war meine erste Handlung, meine islamischen Bücher aus der Papiertonne zu holen, bevor die Müllabfuhr kam. Während meiner Abwesenheit waren sie alle dort gelandet, weil sie neben meiner Mutter als Grund für meine Veränderung galten.

Sechs Monate muss ich durchhalten, bis ich diesen Schritt ein drittes Mal gehen kann. Dieser Gedanke begleitete mich die ersten Wochen nach meiner Rückkehr täglich. Mit jedem weiteren Tag, der wie ein Wunder neue Formen eines harmonischen Familien- und Ehelebens zutage förderte, wurden meine Gedanken von der Entscheidung, nicht mehr über dieses Thema zu sprechen, abgelöst. Alle gaben sich Mühe. Ich bekam Möglichkeiten zur Freizeitgestaltung, die mir vorher nicht gewährt worden waren, traf meine Freundinnen, besuchte Malkurse und belegte einen Kurs für Fotografie. Rückblickend war dieses halbe Jahr das schönste der gemeinsamen Zeit. Als der Tag näher rückte, an dem ich die Entscheidung wegen des Kopftuchs treffen durfte, versagte mein Wille. Panik überkam mich bei dem Gedanken, all das, was seit Juli so wunderbar lief, plötzlich wieder verlieren zu können. Das Risiko erschien mir zu groß, und mir fehlte es an Kraft für die Umsetzung. Der Tag verstrich kommentarlos, und mit ihm schlichen sich Stück für Stück die alten Muster wieder ein. Ich verbrachte zunehmend die Abende mit den Kindern alleine, an den Folgekursen meldete ich mich, weil sie »teuer« waren, nicht mehr an, und an den Wochenenden wurde nichts mehr gemeinsam unternommen. Im Frühjahr brachte ich das Thema Zahnmedizinstudium wieder aufs Tapet, schließlich waren mittlerweile genug Wartesemester zusammengekommen, um ohne Rücksicht auf meinen Abiturdurchschnitt starten zu können. Das wurde mir mit dem Hinweis auf die Kinderbetreuung ausgeredet. Diskussionen brachten nichts, ebenso wenig die Erinnerung an die versprochene Bedingung. Es war eine Zeit zwischen Frust, Desillusionierung, Erschöpfung und Resignation. Leyla kam in den Kindergarten, und für mich begann nach vier Jahren Kinderbetreuung wieder die Zeit der freien Vormittage. Ich suchte nach neuen Herausforderungen und fing wieder mit dem Laufen an, das in den vergangenen Jahren durch Schwangerschaft und Stillzeit zu einer Seltenheit geworden war. Schnell stieg mein Ehrgeiz mit den Erfolgen. Zwei Stunden vor allen anderen stand ich an mindestens vier Tagen in der Woche in der Frühe auf, schlüpfte in meine Laufschuhe und genoss die Ruhe der menschenleeren Straßen und der Natur. Mein Ziel war der Marathon. Ich stattete mich mit einer Pulsuhr, einem Trainingsplan und professionellen Laufschuhen aus. Die Laufkleidung musste sich der islamischen Kleiderordnung anpassen, sodass ich meine Kilometer in weiten Jogginghosen, langen Oberteilen und einem enganliegenden Baumwolltuch, das Haare, Hals und Nacken bedeckte, lief. Von Mal zu Mal wurde meine Zeit besser und die Strecke länger. Die Empfehlungen, das Laufen mit Krafttraining zu ergänzen, ignorierte ich, denn der Besuch in einem Fitnessstudio in voller Montur widerstrebte mir. Mit dem Lauftraining begann sich mein Körper zu verändern, doch meine Kleidung blieb dieselbe. Sobald sich die purzelnden Kilos an meinen Hosen bemerkbar machten, aß ich mehr. Dieser Kreislauf geschah unbewusst und sollte mir erst viele Jahre später auffallen – einerseits hatte ich kein Gefühl für meinen Körper, andererseits fühlte sich der Verlust der Kilos wie der Verlust einer unsichtbaren, rational aber nicht erklärbaren Schutzschicht an. Neben meinem Lauftraining, den Kindern, dem Haushalt und meinen Freizeittätigkeiten, die sich ab Mittag fast ausnahmslos um die Kinder drehten, wurde ich von außen nach wie vor mit dem Kopftuchthema konfrontiert. Nicht zuletzt, weil meine Mutter auch medial präsent war. Alles in mir sträubte sich, wenn ich aus der Distanz Diskussionen zu diesem Thema auf Facebook verfolgte. Nein, ich wollte mich dazu nicht mehr äußern. Ich wollte im Grunde gar nichts mehr damit zu tun haben. Jedes Gespräch in diese Richtung brach ich recht schnell ab, um zu vermeiden, dass alte Gefühle und Gedanken wieder hochkamen.

Der gescheiterte Wunsch, Zahnmedizin zu studieren, endete mit der Entscheidung einer Alternative: der Heilpraktiker:innenausbildung. Ich versprach mir dadurch medizinisches Basiswissen, das mir später, wenn ich die Gelegenheit für das Zahnmedizinstudium haben sollte, helfen könnte. Die Bedingung: Der Unterricht musste in den Vormittagsstunden liegen, wenn die Kinder in Schule und Kindergarten waren. Nach kurzer Recherche fand ich eine kleine Heilpraktikerschule, bekam das Okay und meldete mich im Sommer 2011 für die dreijährige Ausbildung an. Leider entpuppte sich diese Schule als Reinfall, denn der Leiterin fehlte das nötige Wissen. Gemeinsam mit meinen drei Mitstreiterinnen suchten wir nach einer alternativen Schule, die uns mitten im laufenden Ausbildungsjahr aufnehmen würde, fanden eine und wechselten. Der Unterricht fand von nun an samstags von elf bis fünfzehn Uhr statt.

Dann geschah etwas, was meinem Leben ein paar Jahre später die komplette Wendung geben sollte. Mein Bruder, der zu dieser Zeit bei uns lebte und es sich zur Aufgabe gemacht hatte, mir die Welt der coolen und weniger spießigen Muslim:innen zu zeigen, lud mich zu einer islamischen Veranstaltung ein. Ich war neugierig und wir fuhren hin. Tatsächlich ging es anders zu, als ich es bisher gewohnt war. Es war sogar anders als in der Sufigemeinde, zu der ich in einer Zeit, als ich das Buch über diese Strömung des Islams von Kristiane Backer las, in Kontakt gekommen war. Viele ihrer Beschreibungen über den Sufismus fand ich in dieser Gemeinde wieder. Anfangs irritierten mich die lockeren Umgangsformen und der lockere Kleidungsstil der Frauen. So auch auf dieser Veranstaltung.

Die Veranstaltung wurde in einem zu dieser Zeit neuen Format ausgetragen. Mein Bruder und ich saßen in den vorderen Reihen im Zuschauerraum. Die humorvollen Darbietungen auf der Bühne ließen mich fürs Erste alle Probleme vergessen. Ich war glücklich, dass ich hier einen für mich völlig neuen Umgang mit dem Glauben kennenlernen durfte. Als ich in der Pause hinausging, kam mir ein Mann entgegen. In Bruchteilen von Sekunden erkannte ich in ihm denjenigen, der eben noch auf der Bühne das Publikum zum Lachen gebracht hatte, dann durchfuhr mich ein Blitz. Ich lief an ihm vorbei, und für wenige Sekunden hielten sich unsere Blicke fest. Die Zeit blieb stehen, meine Knie wurden butterweich, und ich bemühte mich um Fassung, während ich weiter Richtung Ausgang lief. Alles geschah innerhalb kurzer Augenblicke, doch die Begegnung sollte ein langes Nachspiel haben. Auf der Rückfahrt fragte ich meinen Bruder über ihn aus. Er legte mir nahe, dass ich mich mit den islamischen Ansichten dieses Imams vertrauter machen sollte. Meine Freundschaftsanfrage auf Facebook, die ich noch am selben Abend abschickte, wurde innerhalb weniger Sekunden bestätigt. In den nächsten Monaten kommentierte er die von mir geteilten Beiträgen. Über seinen Veranstaltungskalender erfuhr ich, dass er Mitte November in unserer Nähe einen Vortrag halten würde. Den Termin schickte er mir zusätzlich als Privatnachricht. Ich sagte ihm unter Vorbehalt zu, da ich zu Hause erst einmal die Betreuung meiner Kinder organisieren müsste. Am Tag des Vortrags begleitete mich meine nichtmuslimische Freundin und Nachbarin aus Interesse an dem Thema. Wir kamen gerade noch rechtzeitig und setzten uns in die hintere Reihe, da der Raum bereits brechend voll war. Trotzdem trafen sich unsere Blicke. Während ich seinem Vortrag aufmerksam zuhörte, wurde es meiner Freundin zu langweilig. Sie bat mich zu gehen. Ich gab nach, denn wir waren mit unserem Auto gemeinsam gekommen. Ohne den Vortrag stören zu wollen, standen wir auf und wollten leise den Raum verlassen, als er in diesem Moment mitten in seinem Vortrag meinen Namen rief. Ich erschrak, drehte mich um, nahm aus den Augenwinkeln die erstaunten Blicke der Leute wahr. Er sagte: »Ich habe dir etwas für deine Kinder mitgebracht.« Dabei griff er nach einem Kartenspiel und überreichte es mir. Ich bedankte mich und verließ mit Herzklopfen glücklich den Raum.

Tags darauf lag in meinem Posteingang eine Nachricht. Er fand es schade, dass ich so früh gegangen war. Ich erklärte ihm den Grund, bedankte mich ein weiteres Mal für das Geschenk und wünschte ihm einen schönen Tag. In den darauffolgenden Monaten blieb der Austausch intensiv. Ich war glücklich, dass ich für meine Fragen hinsichtlich des Glaubens einen kompetenten Ansprechpartner gefunden hatte. Er war islamischer Theologe, und wer, wenn nicht er, hätte aus meinen vielen Fragezeichen Punkte machen können? Seine Meinung über die Rolle der Frau im Islam, seine Einstellung zum Thema Kopftuch oder seine Haltung in Bezug auf die Rolle eines Mannes und Familienvaters prägten mit der Zeit mein positives Bild. Ich fand in ihm einen Menschen, der mich und meine Positionen zu verstehen schien. Dennoch blieb unser Austausch distanziert und respektvoll.

Nach wenigen Wochen des Unterrichts an der neuen Heilpraktikerschule gab es Ärger, weil ich samstags nicht auf die Kinder aufpassen konnte, was mir als Egoismus ausgelegt wurde. Meine Ausbildung wurde zum neuen Dauerstreitthema. Ich hatte die Wahl zwischen Beenden oder Kämpfen. Ich wählte Letzteres, widmete jede freie Minute am Tag dem Lernen und nutzte die Abendstunden zum Lesen. Die Liebe zum Glauben wurde in dieser Zeit wieder größer, meine Meinung zum Kopftuch blieb. Allerdings mit einem Unterschied: Mir war die Meinung der anderen mittlerweile genauso unwichtig wie der Wunsch, es abzulegen. Stattdessen genoss ich die Zeit mit meinen neuen Klassenkameradinnen und freute mich über die medizinischen Themen, die mich immer wieder aufs Neue faszinierten. Ohne es zu merken, hatte ich neue Strukturen in mein Leben integriert, die mir Halt und Bestätigung gaben – mein Lauftraining, die neuen islamischen Bücher, die Ausbildung und der Austausch mit dem Imam. Einziger Wermutstropfen blieben die Diskussionen. Ich stand wieder mit den Alltagsproblemen und den Kindern alleine da.

Im Sommer fiel mir ein Buch von Rüdiger Dahlke in die Hände, das sich mit dem Thema Veganismus beschäftigte. Als ich das Buch durchgelesen hatte, überlegte ich nicht lange und entschied für mich, eine Weile vegan zu leben. Für den Rest der Familie änderte sich nichts. Je mehr ich im Laufe der nächsten Wochen und Monate diesem Thema meine Aufmerksamkeit widmete, desto aktiver tat ich meine Entscheidung kund – privat und öffentlich auf Facebook. Ich wollte aufklären und auf Missstände in der Massentierhaltung aufmerksam machen, gleichzeitig an die Verantwortung von Muslim:innen erinnern, deren Fleischkonsum in meinen Augen unverantwortlich war, und zwar sowohl hinsichtlich der Menge als auch der Haltung der Tiere, die nach meinem Verständnis eine mindestens genauso wichtige Rolle wie die islamische Schächtung einnehmen musste. Auch dieses Thema wurde zum neuen Zankapfel, denn ich musste zu Hause immer regelmäßiger Rede und Antwort zu meinen Likes, Kommentaren oder Postings stehen. Es war wie ein erbitterter Kampf um ein Hoheitsgebiet. Um den Vorwürfen, ich würde unseren Namen beschmutzen, keinen Raum mehr zu geben, änderte ich kurzerhand meinen Namen auf Facebook, doch emotional war ich wieder an dem Punkt von vor drei Jahren.

Auch unseren Familien und Freunden entging dieser Zustand nicht. Sie versuchten, uns mit Rat zur Seite zu stehen, doch egal, wer was sagte oder vorschlug, es half nichts, denn die *Hilfe* schoss mit Präzision, bewusst oder unbewusst, am eigentlichen Problem vorbei. Meine Meinungen und Aktivitäten wurden zur Provokation erklärt und bestätigten allen Beteiligten meine mangelnde Kontrolle über die Wut. Die Diskussionen häuften sich. Gleichzeitig tauchte immer öfter das Thema

Kopftuch wieder auf und damit auch der Verdacht, dass ich in die Fußstapfen meiner Mutter treten würde. Es war zum Haare raufen, denn egal, was ich sagte, korrigierte, wünschte oder worum ich bat, es wurde nicht gehört. Das Thema Kopftuch stand, obwohl kein Tag verging, an dem ich nicht darüber nachdachte, für mich gar nicht mehr auf der Agenda, doch genau das wurde mir nicht geglaubt. In mir brodelte es.

Es war Sommer, es waren Ferien, und mittendrin fand der Fastenmonat Ramadan statt. Während der Fastenzeit sahen meine Tage so aus: morgens um halb vier aufstehen und das erste Fastenfrühstück für vier Personen vorbereiten. Bis gegessen und gebetet wurde, war es fünf. Mit vollem Magen und dem Wissen um die wenige Zeit, die noch bis zum Aufstehen blieb, war an Schlaf nicht mehr zu denken. Gegen halb sieben waren Noah und Leyla wach, um die ich mich alleine kümmerte. Alle anderen im Haus schliefen bis zum frühen Nachmittag. Warum viele Muslime im Ramadan die Nächte zu Tagen und die Tage zu Nächten machen, ist eine Sache, die ich bis heute weder verstehen noch mit dem eigentlichen Sinn des Fastenmonats vereinbaren kann. Adam hatte Schulferien und war sechs Wochen zu Hause. Der Kindergarten machte drei Wochen zu. In dieser Zeit war tagsüber weder an Lernen noch Hinlegen zu denken. Hinzu kamen Temperaturen von weit über dreißig Grad und ein Garten, in den ich nach wie vor nicht ohne Kopftuch gehen konnte und dem ein Schattenplatz fehlte. Neben der Betreuung der Kinder, dem täglichen Einkaufen, dem anschließenden Zubereiten des Mittagessens für die Kinder und des Fastenessens für den Abend und dem fast täglichen Empfang von Gästen, die sich meist erst gegen Mitternacht verabschiedeten, wurde mein Geduldsfaden immer dünner. Wenn ich um Hilfe bat, sollte ich nicht jammern, wenn ich mich über die Zustände beschwerte, sollte ich mich in Dankbarkeit üben. Erneut unterstellte man mir Depressionen höchsten Grades. Allerdings sprach die Therapeutin, die ich bereits Ende Juni aufgesucht hatte, während der ersten Sitzung weder von einer psychischen Störung noch von einer Depression. Stattdessen waren ihre Worte: »Sie sind hochgradig erschöpft und fangen an, sich die Dinge nicht mehr gefallen zu lassen. Lassen Sie uns an Strategien arbeiten, wie Sie sich besser abgrenzen können.«

Das kam zu Hause nicht gut an, ich wurde aufgefordert, die Therapeutin zu wechseln. Da das Problem in mir selbst liege, dürfe ich nicht selbst über die Therapieform entscheiden.

Etwa zu dieser Zeit, Ende August, begann ich wieder Tagebuch zu schreiben. Das Schreiben half mir, die Geschehnisse klarer zu sehen und sie besser einzuordnen.

Trotz Ramadan und Schulferien ist es mein Job, mich um Kinder und Haushalt zu kümmern. Auch die Ausbildung liegt seitdem komplett auf Eis. Zwischen streitenden Kindern, dem Kochen und dem Ärger über den nach sieben Jahren immer noch nicht fertigen Garten, lief das Fass heute über. Es war Sonntag, und ich machte meinem Unmut über den immer noch nicht fertigen Garten Luft. Wo war das Versprechen, dass ich bald in meinem Garten ohne Kopftuch sitzen könne, und wieso hatten sich alle Bemühungen nach meiner Rückkehr schrittweise in Luft aufgelöst? Ich bin so vieles leid, aber am meisten bin ich meiner eigenen Handlungsunfähigkeit leid. Wieder eskalierte die Diskussion, und Wut, Enttäuschung und Frust stiegen hoch. Ich begann laut zu weinen und schimpfte. Meine Nerven lagen wieder blank. Dabei wollte ich nur einen Sonntag als Familie und einen Garten, wo ich mit meinen Kindern ungestört Zeit verbringen konnte – ohne ein eng gebundenes Kopftuch! Er verstand weder mein Problem noch meinen Wutausbruch, packte stattdessen seine Taschen und verließ das Haus. Es berührte mich nicht mehr. All die Jahre, in denen ich mit den Kindern, meiner Krise und meinen Wünschen nach Freiheit alleine gelassen wurde, haben ihre Spuren hinterlassen. Ebenso wie

Äußerungen, dass ich als Mutter und Muslima versagen würde. Mein Selbstwertgefühl ist im Keller, aber es fühlt sich wie der Anfang eines neuen Kapitels an.

In den ersten Tagen nach seinem Auszug wurden Wut und Trauer durch Erleichterung und klarere Gedanken abgelöst. Immer mehr wurde mir das Ausmaß der Verantwortung meinen Kindern gegenüber deutlich, denen wir in dieser Zeit ein Bild vermittelten, das keine gute Grundlage für ihr späteres Verständnis von Respekt, Wertschätzung und Liebe darstellte. Auch wurde mir mit einem Mal wieder sehr deutlich, dass ich bisher nie in der Lage gewesen war, Geld zu verdienen, und mich somit in einer Abhängigkeit befand. Der Gedanke, diesen Zustand ändern zu wollen, gab mir Kraft, ebenso wie die Klarheit in meinem Kopf dafür sorgte, dass mir bewusst wurde, was ich wollte – einen Partner, der mich mit Respekt behandelt, und ein Leben, über das ich selbst bestimmen kann.

Im Laufe der nächsten Tage kamen ständig Zweifel auf, ob das, was gerade passiert, richtig war und ob ich nicht doch krank wäre, wie alle es behaupteten. Konnte es sein, dass ich die falschen Freunde hatte und einfach alles falsch machte? Am Tag von Noahs Einschulung erfuhr ich, dass eine endgültige Trennung kein Tabu mehr war. Panik machte sich in mir breit bei dem Gedanken an die Übergangszeit nach der Trennung und die ungewisse Zukunft, die mir bevorstehen würde.

Die Familie schaltete sich ein, doch die vorgeschlagenen Lösungsansätze waren fern der Realität. Man schlug uns einen Neuanfang vor, doch auf meine Frage, wie sich diese gestalten sollte, hatte niemand eine Antwort. Ich schlug eine Paartherapie vor, da ich keine andere Möglichkeit sah, den Verhaltens- und Kommunikationsmustern durch Blick von außen auf den Grund zu gehen. Meinem Vorschlag folgten allgemeine und persönliche Meinungen zu Therapien und Psychologen. Zusammengefasst hielt man von diesen Methoden nichts. Es vergingen fast drei Wochen, in denen ich mit den Kindern alleine war. Je mehr Zeit ohne ihn verging, desto klarer wurden meine Vorstellungen und Bedürfnisse und desto routinierter mein Alltag mit den Kindern. Nach der dritten Woche unserer Trennung zog er wieder mit dem Versprechen ein, wir würden an uns arbeiten. Doch ich hatte kein Vertrauen mehr, und mein mulmiges Bauchgefühl war lauter denn je. Über mir lagen Zweifel und eine undefinierbare Hilflosigkeit. Am nächsten Tag entschied er, erneut zu gehen.

Ab dann stiegen meine Selbstzweifel ins Unermessliche. Hatte ich den Mann, der über seinen Schatten gesprungen war und Bereitschaft gezeigt hatte, nach Hause zu kommen, vertrieben? War ich schuld? Ich fühlte mich mehr denn je zurückgeworfen. Erneut schaltete sich die Familie ein. Ich konnte niemandem verständlich machen, dass es nicht damit getan wäre, wenn ich für die Kinder und den Haushalt Hilfe bekommen würde.

In einer Therapiestunde stellte ich klar, dass ich mich in dieser ganzen geheuchelten Pseudoislamwelt nicht mehr wohlfühlte und am liebsten alles hinter mir lassen würde. Die Therapeutin stellte fest, dass mein innerer Kampf gegen das Kopftuch eigentlich ein Zeichen und Wunsch nach Abgrenzung sei. In meinem Kopf begann die Frage *Warum um alles in der Welt interpretieren Muslime so viel in dieses Tuch?* viele Endlosschleifen zu drehen. Mit jeder Therapiestunde eröffnete sich mir ein neuer Zugang zu meiner Gefühlswelt, als würde mir jemand eine neue Sprache beibringen. Die Lösung schien so einfach, und gleichzeitig war sie so schwer. Ich bekam immer mehr eine Vorstellung davon, wie es sein müsste und wie es leider nicht ansatzweise war. Es wurde mir immer unmöglicher wegzuschauen. Der Schleier vor meinem inneren Auge lichtete sich stetig. Je mehr ich dieser Sprache mächtig wurde, desto größer wurde der Widerstand außerhalb der Therapiestunden. Ich formulierte Grenzen und wies auf Respektlosigkeiten hin. Doch mir wurden Glaubensabfall und Egoismus unterstellt. Neben der Kraft, die es erforderte, diese Unterstellungen zu korrigieren, fanden weitere Gespräche statt, in denen jedoch kein richtiger Austausch stattfand, sondern das Kopftuchthema und der Wandel meiner Mutter eine zentrale Rolle spielten. In mir kochte es.

Nach einem Abend, der wieder einmal die Hoffnungslosigkeit demonstriert hatte, schrieb ich unseren Vätern, dass ich unter den aktuellen Umständen nicht mehr an der Ehe festhalten könne. Man nahm mein Schreiben zur Kenntnis, ohne auf meinen Hilferuf zwischen den Zeilen einzugehen. Im Islam muss der Ehemann gegenüber seiner Frau dreimal die Scheidung aussprechen, sonst verlöre sie ihre Morgengabe. Erst dann kann die Trennungszeit beginnen und im Anschluss die Scheidung vollzogen werden. Doch statt die Scheidung auszusprechen oder gemeinsam als Familie nach einer konstruktiven Lösung zu suchen, wurde erneut an mein Gewissen appelliert und mir vor Augen geführt, was sich für mein Leben ändern würde, falls ich nicht die Ehe retten wollte. Rückblickend waren die größten Gefühle dieser Zeit die Angst, etwas Falsches zu tun, eine fast schon lähmende Panik vor der ungewissen Zukunft, die Wut über das allgemeine Unverständnis und letzten Endes die Hoffnung, mit den richtigen Worten im richtigen Moment vielleicht doch noch alles retten zu können. Jeder Diskussion, die im Trennungsvorhaben mündete, folgten meinerseits Resignation, Tränen und ein neuer Versuch aus Erklärungen und Rückzug.

Warum war mein Wunsch nach Freiheit und Mündigkeit in Glaubensentscheidungen so ein rotes Tuch? Wieso konnte ich niemandem begreiflich machen, dass mich genau diese Wünsche Gott näherbringen und mich mit mehr Bewusstsein meinen Glauben ERLEBEN lassen würden? Stattdessen musste ich permanent gegen Unterstellungen ankämpfen, dass mein Iman schwach, mein Glaube oberflächlich und meine Wünsche unislamisch seien. Ich war so müde und wollte nicht mehr kämpfen, sondern hatte das Bedürfnis nach Ruhe, Geborgenheit und der

Annahme meiner ganzen Person. Fast grenzt es an ein Wunder, dass mir in dieser ganzen Zeit mein Glaube nicht abhandengekommen ist. In all dieser Zeit waren die Kinder aktive und passive Zeugen unserer Auseinandersetzungen und Diskussionen. Jedes Mal, wenn ich mich in mein Bett zurückzog, klopfte es an meiner Tür, und Noah trat ein. Er setzte sich zu mir und suchte meine Nähe, während er versuchte, mich zu trösten. Adam hingegen litt immer häufiger unter Schlafstörungen.

In dieser freudlosen Zeit tauchte in meinem Postfach plötzlich eine Erinnerung auf. Besagter Imam würde wieder für einen Vortrag in die Nähe kommen. Meine Teilnahme hatte ich bereits vor Monaten zugesagt. Nun schrieb er mir persönlich und fragte, ob ich denn auch tatsächlich kommen würde. Ich freute mich über die Einladung und sagte ihm unter Vorbehalt zu. Am Tag des Vortrags wurden erst sämtliche Vereinbarungen zwecks Kinderbetreuung auf den Kopf gestellt, dann wieder möglich gemacht, bis ich irgendwann viel zu spät am Veranstaltungsort eintraf.

Der Raum war brechend voll, die Sitzplätze waren belegt, und in den hinteren Reihen standen die Leute. Kurz verhaspelte er sich, als er mich sah, und zeigte auf die erste Stuhlreihe, wo aus welchen Gründen auch immer, ein Platz freigelassen war. Auf Zehenspitzen und ohne ihn ein zweites Mal anzusehen, ging ich zum leeren Stuhl und nahm Platz. Es war ganz merkwürdig. In mir zitterte alles, als es zu einem kurzen zweiten Blickkontakt kam. Die Worte, die er sagte, klangen in meinen Ohren wie Antworten auf meine jahrelangen und verzweifelten Versuche, mir Gehör und Verständnis zu verschaffen. Seine Antworten klangen nicht nur plausibel, sie waren Ausdruck einer liebevollen und barmherzigen Auslegung islamischer Theologie. Mein Herz klopfte, und in mir machte sich ein unendliches Gefühl von Dankbarkeit,

Vertrauen und Nähe breit. Dieses Mal würde ich nicht frühzeitig gehen. Nach dem Vortrag dauerte es eine gefühlte Ewigkeit, bis sich die Schar seiner Fans nach und nach verabschiedete und sich nur noch eine kleine Traube Menschen um ihn versammelte. Irgendwann wandte er sich mir zu. Ich bedankte mich mit leiser und überschlagender Stimme für den Vortrag und schaffte es kaum, ihm in die Augen zu sehen. Er bot an, mir den Vortrag als PDF zu schicken. Auch dafür bedankte ich mich. Dann entschuldigte ich mein Zuspätkommen, verabschiedete mich mit weichen Knien und nahm die Bahn nach Hause.

Noch am späten Abend schickte er mir seinen Vortrag. Zugfahrten seien immer willkommen, um runterzukommen, schrieb er. Er habe sich sehr gefreut, mich wiederzusehen, und er würde sich freuen, wenn ich ihm zum Inhalt des Vortrags ein Feedback geben würde. Dann fragte er mich, ob ich wisse, seit wann er mich eigentlich kenne, und erwähnte kurz seine private Situation. Er sei verheiratet und habe zwei Kinder, aber seine Ehe würde seit geraumer Zeit durch eine schwere Phase gehen.

Tags darauf schrieb ich zurück. Ich erzählte ihm von meiner Kindheit, wie ich durch meine Eltern den Glauben kennengelernt hatte und wie mich seit Jahren das Verhalten der Muslim:innen in meinem Umfeld fast verrückt machten. Und ich erzählte ihm von meinem Dilemma hinsichtlich des Kopftuchs. Anknüpfend an die Andeutungen um sein Privatleben fragte ich ihn, wie er es trotzdem schaffte, seinen Humor nicht zu verlieren. Zum Schluss erwähnte ich, dass ich seine Frage nicht wirklich verstehe, weil es doch klar sei, dass wir uns das erste Mal bei seinem Auftritt letztes Jahr im April gesehen hatten.

Gegen Mittag traf die Antwortmail von Iskender, dem Iman, ein. Sie begann mit erklärenden Worten. Mein Profilbild sei ihm bereits vor Jahren aufgefallen, aber er habe sich nicht getraut, eine Freundschaftsanfrage zu schicken. Er habe aber damals schon gespürt, in welchem seelischen Gefängnis ich stecke. Umso mehr fühle er mit mir, weil auch ihn einige Schicksalsschläge in den letzten zehn Jahren ereilt hatten. Auch in seiner dritten Ehe fühle er sich wie ein Gefangener. Die gemeinsamen Kinder seien der Grund, wieso man sich immer wieder zusammenraufe. Er habe keine Lösung. Stattdessen habe er einen anderen Weg gefunden, seinen Kummer zu verarbeiten: Poesie und Gedichte. Er riet mir zu Geduld und erinnerte mich an die Vergänglichkeit des Lebens.

Da ich mich geschmeichelt fühlte, weil er so offen war, schrieb ich ihm, wie wertvoll Ehrlichkeit sei und dass ich selbst seit einigen Jahren mit mir ringen würde. Dann erwähnte ich, wie sehr es mich berühre, dass er einen Zugang zur Poesie habe, und dass ich endlich das Gefühl hätte, dass mich jemand wirklich verstand.

Als ich die Mail abgeschickt hatte, überkam mich sofort ein schlechtes Gewissen. Innerhalb weniger Minuten bat ich ihn per Messenger, meine Mail bitte ungeöffnet zu löschen, da sie mir im Nachhinein doch zu privat erschien. Innerhalb weniger Sekunden antwortete er. Dafür sei es zu spät.

Danach offenbarten wir einander Gefühle, die nicht erlaubt waren. Ich hatte nicht viel Zeit, denn ich war bereits zu spät für die Verabredung mit meiner Freundin Jasmin. Mit zitternden Knien und in fassungslosem Zustand über das gerade Geschehene, verließ ich das Haus.

Es war Freitag Abend. Das Wochenende verging aufgeregt und appetitlos. Ich war völlig durcheinander, denn zum ersten Mal konnte ich meinem Mann nicht in die Augen schauen und ging körperlichen Berührungen aus dem Weg, denn ich hatte das Gefühl, ich würde fremdgehen. An beiden Abenden hatte ich Zeit zum Schreiben. Unsere Nachrichten glichen dem Austausch zweier verliebter Teenager. Trotzdem hing darüber eine Wolke, denn für mich war es Verrat an meiner Familie. Ich schrieb, dass sich meine Ehe, unabhängig von seinem plötzlichen Auftauchen, in ihren Endzügen befinde und die Trennung kurz bevorstünde. Weitere Schritte könnten wir nur planen, wenn ich getrennt sei, denn Iskender sprach bereits von einer gemeinsamen Zukunft. Mein Vorbehalt klang für ihn richtig, gleichzeitig habe er Angst vor dieser Entscheidung. Aber er wusste, dass es nicht ausreichen würde, wenn nur ich mich trennte. In dieser Hinsicht blieb ich entschlossen, nicht zuletzt, weil mein schlechtes Gewissen Alarm schlug und das, was seit drei Tagen geschah, sowohl jeglichen islamischen Regeln als auch meinem Wertesystem widersprach.

Montag Nachmittag schrieb ich Iskender, dass ich nun reinen Tisch machen würde. Er sagte, dass er an mich denke und seine Gebete mit mir seien. Naiv, wie ich war, ging ich davon aus, dass er diesen Schritt nun ebenfalls gehen würde. Als Tarek zu Hause ankam, bat ich ihn um ein Gespräch. Wir gingen in mein Zimmer. Ich war nervös, aber eine unbändige Stimme in mir wollte Klarheit und reinen Tisch. Ich sagte ihm, dass unsere Ehe schon seit Jahren am seidenen Faden hinge und die letzten Vorfälle alles nur noch auf die Spitze getrieben hätten. Die schlaflosen Nächte und die Tatsache, dass ich in den vergangenen zweiundsiebzig Stunden kaum etwas hatte essen können, taten meinem Entschluss keinen Abbruch. Ich war klar und entschieden. Beides half mir dabei, meine Nervosität in Schach zu halten. »Ich möchte nicht mehr, dass wir uns gegenseitig quälen. Wir sind Eltern und werden immer Eltern bleiben. Aber ich liebe dich nicht mehr.« Ich musste Luft holen. »Ich wünsche dir von ganzem Herzen eine Frau an deiner Seite, die dich liebt und die mit dir glücklich ist. Wir beide sind miteinander nicht mehr glücklich, dabei verdienen wir es, endlich wieder glücklich zu sein.« Bevor er etwas sagen konnte, ergänzte ich meinen Entschluss: »Und ich glaube, dass ich jemanden gefunden habe, bei dem ich das sein kann.« Das war zu viel. Mein Hals schnürte sich zu. Ich solle sagen, wer der Mann sei, doch das wollte ich nicht, denn es tat nichts zur Sache. Ich sagte, dass die Entscheidung, sich zu trennen, längst überfällig gewesen sei und nichts mit ihm zu tun hätte. Doch meine Worte verhallten im Nichts. Solange ich den Namen nicht nannte, durfte ich den Raum nicht verlassen. Ich wusste, dass ich keine Wahl hatte. Meine Gedanken schweiften zu Iskender. Würde er mir diesen Schritt jemals verzeihen können? Vielleicht würde er aber auch meine Not verstehen, wenn ich ihm später die Situation erklärte? Ich ließ mir versprechen, dass er den Namen für sich behalten würde, wenn ich ihn nun preisgäbe. Als ich schließlich Iskenders Namen nannte, wurde mir amüsiert mitgeteilt, dass mein Glaube für einen Imam zu schwach sei, dass dieser nie akzeptieren würde, dass ich ohne Kopftuch rumlaufen würde, und dass er verheiratet sei. Egal, was ich sagte und wie ich mich rechtfertigte, es wurde nicht verstanden. Ich stand auf und sagte ihm, dass ich die Scheidung wolle, doch die bekam ich nicht.

In der Nacht schrieb ich Iskender, dass Tarek nun Bescheid wisse, aber dennoch nicht die Scheidung ausgesprochen habe. Auch schrieb ich, dass ich mich, obwohl es alles andere als leicht gewesen war, sehr erleichtert fühle.

In den darauffolgenden Tagen wurde mir aus meinen Informationen ein Strick gedreht. Bald wusste von der »Beziehung« die ganze Familie, und Iskender wurde kontaktiert.

Was danach folgte, war wie ein schlechter Film. Während Iskender sich bemühte, einen aufgebrachten Ehemann zu beschwichtigen, schaffte er es parallel, dass ich die Hoffnung nicht aufgab.

Zu Hause wurden mir das Internet und der Zugang zu Facebook gesperrt, ich musste meine EC-Karte und die Autoschlüssel abgeben. Die Situation hatte sich weiter verschärft, denn die Verachtung der anderen tat ihr Übriges. Gespräche fanden bald nur noch ohne mich statt. Stück für Stück würde ich ausgeschlossen. Bestraft.

Zwischen all den Erniedrigungen überkamen mich Zweifel, ob Iskender den Mut haben würde, die notwendigen Schritte für eine gemeinsame Zukunft zu gehen und zu seinem Wort zu stehen. Mir wurde aber auch klar, dass mein persönliches Glück von keinem Menschen abhängig sein durfte. Ich musste lernen, mir selbst zu genügen. Aber wer war ich und was konnte ich und wem nutzte ich damit? Auf diese Fragen hatte ich keine Antwort. Als ich Iskender sagte, dass ich keine Korrespondenz mit meiner Familie wünsche, bat er mich, ihm zu vertrauen. Er würde nur antworten, damit der Druck nicht bei mir rausgelassen würde. Ich beschloss, auf Abstand zu gehen und mich selbst um meine Zukunft zu kümmern, ohne auch nur einen Funken Ahnung zu haben, wie ich das anstellen sollte. Abends rief mich ein weibliches Familienmitglied an. Ich solle mich in Geduld üben. Ich würde nicht geschlagen, Alkohol oder Glücksspiele würden keine Rolle spielen, und wir hätten uns einfach zu sehr und zu oft falsch miteinander verhalten. Aber es sei nichts, was man nicht reparieren könne. Das Gespräch stürzte mich in Zweifel. Sollte ich der Ehe noch eine Chance geben oder die Trennung wenigstens so lange aufschieben, bis die Kinder älter wären? War ich vielleicht einfach nur zu ungeduldig? Ich fühlte mich leer.

In meinem Tagebuch steht:

Heute weiß ich nichts mehr. Weder vor noch zurück. Alles ist einfach falsch. In der Ehe zu bleiben, falsch. Hoffnung in eine Zukunft mit Iskender, falsch. Daran zu glauben, unsere Ehe sei noch zu retten, falsch. Was soll ich meinen Kindern mit auf den Weg geben? Ehrlichkeit? Aufrichtigkeit? Bin ich denn ehrlich zu mir? Seit Jahren harre ich in einem Zustand des Unglücks aus und hoffe auf ein Wunder. Ich bin so wütend auf mich. Auf meine Blindheit. Auf meine Gutgläubigkeit. Ich hätte so viel aus mir machen können. Ich wollte Zahnärztin werden. Alles das habe ich hintangestellt, habe meine Kinder bekommen, war immer für sie da und habe den Haushalt geführt. Und jetzt sind da nur Leere und das Gefühl des Ausgebranntseins.

Es folgten Tage des Schweigens, aber die Scheidung wurde nicht ausgesprochen. Dann gab es ein Gespräch mit seinem Bruder, dem die ganze Situation sehr leidtat. Doch Tareks Position wurde immer verhärteter: Ich hätte keinen Anspruch mehr auf Dinge wie Auto oder Geld. Und wenn ich ginge, würde er die Kinder und das Haus behalten und in kürzester Zeit Ersatz für mich finden. Für mich sei die Tür jederzeit offen, damit ich die Kinder sehen könne. Als ich anfing, zu protestieren, versuchte mein Schwager erneut zu schlichten: Wer die Kinder hat, bleibt im Haus. Wer wegziehen wolle oder heiratet, lässt die Kinder bei dem anderen Elternteil. Außerdem sollten wir diese Frage auch den Kindern überlassen. Tarek war nicht einverstanden. Kein anderer Mann dürfe die Kinder erziehen.

Rückblickend erinnere ich mich, wie mir in diesem Moment alles entglitt. Das Gespräch spitzte sich zu. Es ging um Geld und Verantwortung und Schuld. Der Ehevertrag sei wegen Iskender nichts mehr wert. Ich hätte in den letzten Jahren gezeigt, dass mir islamische Regeln nicht wichtig seien. Deshalb könne ich mir jetzt nicht einfach die Rosinen rauspicken, so Tarek.

Der Gedanke, die Kinder vielleicht zurückzulassen und selbst gehen zu müssen, zerriss mich innerlich. Lieber wollte ich sterben, als dass so etwas passierte, andererseits wusste ich, dass sie unter der Situation litten. Auch wenn ich studieren wollte und das ohne Unterstützung von meiner Mutter nicht schaffen würde, war das Wichtigste für mich, die Kinder nicht auch noch aus ihrem sozialen Umfeld herauszureißen. Schließlich wollte ich versuchen, einen Studienplatz für Zahnmedizin zu bekommen.

An diesem Abend schrieb Iskender eine Mail an mich und Tarek: Er würde alles bereuen, lebe in einer glücklichen Ehe und würde seine Familie niemals verlassen. Für einen sehr langen Moment blieb die Welt stehen. Es waren nicht seine Worte. Das war nicht er. Kurz nachdem die Mail eintraf, bekam ich eine Nachricht von Tarek. Er mache sich Sorgen um mich, ich solle unserer Ehe noch eine Chance geben. Doch wie sollte das gehen? Ich liebte ihn nicht mehr, und vor allem vertraute ich ihm nicht mehr, und ich vertraute auch nicht mehr darauf, dass sich jemals etwas ändern würde. Ich musste stark bleiben. Für mich. Für die Kinder. Für meine Zukunft. Für meinen Glauben.

Mit dem Wissen, dass eine Zusage keine endgültige Entscheidung bedeuten muss, füllte ich die Anträge für das Zahnmedizinstudium aus. Drei Tage später fuhr mich mein guter Freund Stefan zu einer Anwältin, um mich zunächst rechtlich beraten lassen zu können, weil ich in dieser Richtung noch nichts unternommen hatte. Als mich die Anwältin über meine Rechte im Falle einer Scheidung aufklärte, mich aber gleichzeitig auch in Kenntnis setzte, dass behördliche Wege lang seien, entschied ich, selbst die Scheidung einzureichen – in der Hoffnung, dass sich endlich etwas bewegte und die Scheidung islamisch ausgesprochen werden würde. Mit dem Wissen um meine finanzielle Absicherung durch meinen islamischen Ehevertrag, den mir die Anwältin aus rechtlicher Perspektive ebenfalls zusicherte, gab ich ein zurückliegendes Trennungsdatum an. Sie fertigte die Unterlagen an und überreichte sie mir.

Eine große Traurigkeit überkam mich, als ich den Scheidungsantrag in den Briefkasten warf. Stefan versuchte mich zu ermutigen, aber ich war immer noch nicht sicher, ob es die richtige Entscheidung war.

Rückblickend bedauere ich, dass ich einerseits aufgrund der damaligen Unkenntnis über meine Rechte und andererseits aufgrund der mangelnden Aufklärung seitens meiner Anwältin von selbstverständlichen Ansprüchen wie finanzielle Forderungen, Unterhaltsregelungen oder anderen rechtlichen Notwendigkeiten keinen Gebrauch machte. Hinzu kam die Fülle von aufeinanderfolgenden Ereignissen, die mir nach und nach den Boden unter den Füßen wegrissen. Mir fehlte schlicht die Stärke, auf meine Rechte zu bestehen, und so kam es, dass ich weder während der Trennungszeit noch danach eines dieser genannten Dinge einforderte. Heute würde ich es meiner naiven Gutgläubigkeit zuschreiben, mit der ich fast drei Jahrzehnte meinem Umfeld erlaubte, meine Ansprüche und Rechte zu belächeln. Einen anderen Grund für meine fast selbstzerstörerische Ahnungslosigkeit sehe ich heute in den Sicherheit versprechenden Strukturen traditionell klassischer Ehegefüge. Doch wie sehr ich mich von meiner positiv religiösen Weltbild-Blase blenden ließ, sollte ich während der Jahre nach der Trennung zu spüren bekommen.

Tags darauf war Samstag, und ich hatte Unterricht an der Heilpraktikerschule. Als ich im Unterricht saß, überkam mich der Wunsch nach einem kurzen Lebenszeichen von Iskender, weil ich von ihm immer noch keine Antwort auf die letzte Mail bekommen hatte. Also schrieb ich eine kurze Nachricht über Facebook und fragte ihn, ob alles in Ordnung sei. Innerhalb weniger Minuten antwortete er. Ich solle mir keine Sorgen machen und dass er sich melden würde, wenn die Zeit reif wäre. Dann schrieb er noch, dass das Versprechen »Allah ist mit den Geduldigen« für ihn nun eine neue Bedeutung bekommen habe. Auf dem Rückweg erreichte mich eine E-Mail. Tarek hatte sich sowohl zu meinem E-Mail- als auch zu meinen Facebook-Account Zugang verschafft und die letzte Nachricht zwischen uns gelesen. Mit Angst betrat ich das Haus. Vor mir stand ein Mann, der außer sich war. Er zog mich in ein Zimmer. Mit Verachtung und Ärger sprach er drei Mal die Scheidung aus.

Ich legte mich zwischen Leyla und Noah und hielt beide fest im Arm. Mir fiel die Fabel vom Bären und dem Krokodil des Paartherapeuten ein. Kinder könnten die Situation nicht verstehen, wenn ihre Eltern sich trennen, deshalb sei es einfacher, ihnen die Umstände mithilfe einer Geschichte zu erklären. Als Tarek kam, verließ ich ihr Bett und ging zu Adam. Auch ihm erzählte ich die Fabel und fragte ihn am Ende, was er sich wünschen würde. »Mami und Papi zusammen«, kam es wie selbstverständlich aus seinem Mund. Ich erklärte ihm, dass das manchmal nicht gehe und es auch nicht seine Schuld sei, sondern dass sich Erwachsene, die sich öfter streiten, lieber trennen sollten, weil sie beide dann alleine glücklicher werden könnten als zusammen, dass Ehrlichkeit am wichtigsten sei und dass alle Gefühle erlaubt seien und ich immer für ihn und seine Geschwister da sei. Als die Kinder eingeschlafen waren, kam Tarek zu mir. Sein Entschluss, im Haus zu bleiben und die Kinder bei sich zu behalten, stehe fest. Ich würde aber uneingeschränktes Umgangsrecht haben. Und ich müsse ihm außerdem unterschreiben, dass ich die ganzen Ereignisse niemals öffentlich preisgeben würde. Ich war sprachlos: »Ich werde weder so etwas unterschreiben, noch kannst du einfach entscheiden, dass die Kinder bei dir bleiben. Ich bin ihre Mutter.«

In dieser Nacht wachte ich wieder schweißgebadet mit Herzklopfen auf und beschloss gegen morgen, erst mal meine Sachen zusammenzupacken. Ich schrieb Jasmin von meinem Entschluss, und sie versprach mir, sich um Kartons zu kümmern.

Als ich am späten Vormittag alleine im Haus war, kam sie mit Umzugskartons. Raum für Raum ging ich durch unsere Sachen. Ohne wirklichen Plan verschwand einiges von ihnen in den knapp zwei Dutzend Kartons. Kleidung und Bücher packte ich in zwei Koffer, weil ich nicht wusste, wie es weitergehen würde. Als wir mit allem fertig waren und im Arbeitszimmer auf dem Boden saßen, kam eine E-Mail von Iskender. In der Betreffzeile stand »Lebe wohl«. Ich war schockiert. Jasmin versuchte mich zu beruhigen, aber es war nicht möglich. Der Rest des Tages verlief wie in Trance. Nachmittags wurden die Kinder gebracht. Mein Hals schnürte sich zu. Die Enge war kaum zu ertragen, doch ich musste funktionieren. Jasmin blieb bis zum Abend bei mir. Am Telefon bat ich meinen Schwager um Vermittlung.

Tags darauf kam er zu uns. Als wir zu dritt zusammensaßen, ergriff Tarek das Wort und teilte mir und meinem Schwager seine neuen Regeln mit. Sobald ich ausgezogen sei, hätte ich keinen Zugang mehr zu seinem Haus. Er würde so schnell wie möglich für einen Ersatz sorgen, und bis dahin würde ihm seine Mutter mit den Kindern helfen. Auch gebe es nur noch Bargeld für Lebensmittel. Die Autoschlüssel hatte er mir bereits endgültig abgenommen. Über so viel Härte war auch mein Schwager überrascht. Er bot mir einen Mietwagen an, den er mir zur Verfügung stellen wollte. Außerdem riet er mir, vorübergehend bei ihnen zu wohnen. Sein Angebot rührte mich, doch ich wollte es nicht. Irgendwie musste und würde ich das alleine hinbekommen. Ich erinnerte Tarek erneut an die islamischen Regeln und an meinen Ehevertrag, doch ohne Erfolg. Mein lauter Protest wurde ignoriert.

Ich wusste, dass mir keine Wahl blieb und dass ich zweigleisig fahren musste, um mich abzusichern. Die islamische Trennungszeit dauert drei Monate. Sie dient einerseits dazu, eine eventuelle Schwangerschaft der Frau auszuschließen, und andererseits als Bedenkzeit. Mir blieben noch elf Wochen. Zeit genug, um nach Wohnungen zu schauen, Hartz IV zu beantragen und zu hoffen, dass sich die Situation noch ändern würde. Immerhin nahm er seine in Wut getroffene Entscheidung zurück und beließ es beim uneingeschränkten Umgangsrecht.

Ich stieg um aufs Fahrrad, beantragte Hartz IV und begann, Wohnungen zu besichtigen. Für die großen Einkäufe bot mir meine Nachbarin an, mich mitzunehmen, wenn sie selbst zum Einkaufen fuhr. Zeitgleich musste ich mich um einen neuen Mobilfunkvertrag und ein neues Handy kümmern, was wegen der Schufa-Einträge, die durch den Hausbau entstanden waren, nur mithilfe einer Vollmacht meiner Mutter möglich war. Zum ersten Mal konnte ich etwas mein Eigen nennen.

Die Wohnungssuche gestaltete sich schwieriger als geplant. Jede Absage entfachte eine neue Diskussion darüber, wie es weitergehen würde, wann ich ausziehen würde, und mit jedem weiteren Tag schwanden meine Hoffnungen sowohl auf eine Wohnung als auch auf das Geschehen eines Wunders. Nacht für Nacht wachte ich mit Panik auf.

Ich fragte mich ernsthaft, wie er sich das vorstellte, alleine mit den Kindern. Wie sollte er so schnell jemanden finden, welche Frau würde ihn mit drei Kindern heiraten? Die Angst, dass ich mit der Entscheidung den Kindern großen Schaden zufügen würde und sie mir das später niemals verzeihen würden, wurde zu meinem ständigen Begleiter.

Neben Haushalt und Kindern, der Wohnungssuche und den unendlich erscheinenden Stunden in der Nacht, wenn ich nicht schlafen konnte, versuchte ich die Gedanken an eine Zukunft alleine ohne meine Kinder nicht mehr von mir wegzuschieben. Ich malte mir aus, welche Möglichkeiten ich hätte, wenn ich mich nur noch um mich kümmern müsste, doch jedem dieser Gedanken folgte ein spitzer Schmerz. Wie sollte das gehen? Was war das Beste für die Kinder? Ich hatte keine Antwort. Gleichzeitig war mir so sehr danach, all diesen Menschen, die maßgeblich zu dieser Situation beigetragen hatten, den Rücken zu kehren und woanders ein neues Leben zu beginnen. Frei von ihren Urteilen und Bewertungen. Doch konnte ich die Kinder hier lassen? Um diese Richtung einschlagen zu können, würde ich wohl nicht umhinkommen, nach einer eigenen Wohnung zu suchen. Aber entsprach das meiner Vorstellung von Mutterschaft? Meine Gedanken drehten Kreise. Wie würde es werden, wenn ich alleine in einer Wohnung sein würde? Ich hatte noch nie alleine gelebt, geschweige denn war überhaupt je alleine gewesen. Wie würde es den Kindern ohne mich ergehen. Ich wusste, dass sie es hier gut hatten, und tröstete mich damit, dass sie nicht zu vielen Veränderungen ausgesetzt wären. Dennoch bereitete mir der Gedanke an einen Auszug alleine blanke Angst. Wie sollte ich wissen können, wie es mir und ihnen mit dieser Entscheidung gehen könnte? Bisher waren meine Kinder einer der Hauptgründe, wieso ich mich, wenn es um weitere Schritte Richtung einer Trennung ging, zurückgehalten hatte, und sie waren auch der Grund, warum ich den inneren Schmerz ertragen hatte.

Tags darauf musste ich zu einer Wohnungsbesichtigung. In der Nacht hatte es geschneit. Am Bahnhof rutschte mein Fahrrad aus, und ich fiel mit der rechten Seite, ohne mich abstützen zu können, auf den Boden. Knie, Schulter, Ellbogen und Handgelenk schlugen auf. Alles ging so schnell. Ich stand auf und versuchte, den Kloß in meinem Hals runterzuschlucken. Gerade als ich in den Zug steigen wollte, rief mich eine Freundin an. Im ganzen Stress hatte ich vergessen, dass wir uns heute zum Lernen verabredet hatten. Ich ging zu meinem Rad und fuhr zum Treffpunkt. Nach dem Lernen nahm sie die Unterlagen für eine andere Wohnung mit, um sie beim Immobilienmakler in den Briefkasten zu werfen. An diesem Tag bekam ich auch die Zusage der Krankenkasse für meine Kur. Ohne lange zu zögern, telefonierte ich mit den von der Krankenkasse vorgeschlagenen Kurheimen und konnte mein Glück kaum fassen, als mir beim dritten Anlauf die Frau am anderen Ende der Leitung mitteilte, dass vor fünf Minuten ein Platz im Februar frei geworden sei und ich somit nachrücken könne. Am 18. Februar sollte es losgehen, doch vorher musste ich erst einmal eine Wohnung finden.

Ich bekam eine Wohnungsabsage nach der anderen, und die Eiseskälte im Haus war unerträglich. Meine nächtlichen Panikattacken blieben, ebenso wie die Hoffnung, dass sich bald Besserung einstellen würde.

Iskender hatte sich auf Mails von mir nicht gemeldet. Als er mir dann schrieb, ich solle ihn vergessen, brach ich zusammen. vier Wochen später erfuhr ich das ganze Ausmaß seines Verrats. Er hatte einem Familienmitglied in einer Mail kundgetan, was angeblich passiert sei, dass ich mich in ihn verliebt hätte, dass er nie die Absicht gehabt habe, das zu ermutigen, doch ich hätte nicht nachgelassen und ihn auf alle möglichen Wege bedrängt. Er habe nur helfen wollen, doch als das nicht ging und ich das falsch verstanden hätte, habe er den Kontakt abgebrochen. Für ihn seien die letzten vier Wochen sehr schwer gewesen, er wolle jetzt seine Ruhe haben.

Noch nie zuvor hatte es ein Mensch geschafft, mich auf eine derart zerstörerische Weise zu erniedrigen. Wie konnte jemand, der so viel Wissen, Glauben, Charakter und Ansehen hatte, so rückgratlos sein? Ab diesem Zeitpunkt entschied ich loszulassen. Meine Kraft war weg und mein Vertrauen kaputt. Stattdessen kam der Wunsch hoch, mich mit allem, was mir zur Verfügung stand, abzugrenzen. Etwa zu diesem Zeitpunkt spürte ich nach Monaten wieder den Wunsch, das Kopftuch abzulegen.

Tags darauf rief mich ein weibliches Familienmitglied an und fragte mich, ob ich mir nicht vorstellen könne, meinen Stolz auf den Boden zu werfen, mich mit beiden Füßen draufzustellen und alle um Verzeihung zu bitten. Sie würde sich Sorgen machen und habe mit der Familie gesprochen, die sei bereit, mich zurückzunehmen. Wie konnte eine Frau, nach allem, was geschehen war, einer anderen Frau so einen Rat geben?

An Heiligabend holte mich meine Mutter ab, und wir fuhren über die Feiertage weg, doch weder an Durchatmen noch an Durchschlafen war zu denken. Zu tief saß der Schmerz, und zu groß war die Angst vor dem, was mir noch bevorstand. Über allem stand die Sehnsucht nach meinen Kindern.

In mein Tagebuch schrieb ich: *Ich weiß nicht weiter. Ich kann mich nicht mit dem Gedanken abfinden, dass das Leben der Kinder bald kein zentraler Teil mehr meines Lebens sein soll und ich keiner mehr von ihrem. Meine Tage hier sind gezählt. Der Schmerz ist so groß. Er brennt die ganze Zeit in meiner Brust und hört nicht mehr auf. Wie lange soll das noch dauern? Darf ich mir den Tod wünschen? Ich wünsche ihn mir einfach. Alles, was noch kommt, erscheint mir wie ein riesiger Berg. Ich glaube nicht mehr an die Kraft, die ich mal hatte. Sie ist verschwunden. Selbst der Gedanke an mein Studium bereitet mir keine Freude mehr. Und immer wieder stelle ich mir die Frage, ob ich meine Entscheidung bereuen werde. Wie soll ich jemals die Trennung von den Kindern verkraften? Werden sie mir das irgendwann verzeihen können? Richte ich mit meiner Entscheidung einen gravierenden Schaden an, den ich mir niemals verzeihen werde? Ich weiß nicht mehr weiter. Wie viele Niederlagen und Tiefpunkte kann die Seele aushalten?*

Eine Wohnung war noch immer nicht in Sicht, und Woche für Woche verstrich die Trennungszeit. In einer Nacht im Januar wurde ich wie jede Nacht schweißgebadet mit Herzrasen wach. Es war kurz vor drei Uhr. Ich trank einen Schluck Wasser und griff nach meinem Handy, das neben meinem Bett lag. Wieder holten mich die Gedanken ein, mit denen ich eingeschlafen war. In zwei Wochen sollte ich hier raus sein. Wie sollte ich so schnell eine Wohnung finden? Ich öffnete Facebook, und das Erste, was mir angezeigt wurde, war eine Wohnungsannonce. Wenige Tage zuvor war ich der örtlichen Kleinanzeigengruppe beigetreten. Die Anzeige war vor einer halben Stunde veröffentlicht worden. Ich schrieb sofort eine Nachricht mit der Bitte um einen Besichtigungstermin so schnell wie möglich. Um halb sieben in der Früh bekam ich eine Antwort, ich könne mir die Wohnung am Abend ansehen. Als ich die Wohnung am Abend betrat, reichte mir ein Blick vom Flur ins Zimmer. Ich würde sie sofort nehmen, denn das Wichtigste, die Nähe zu meinen Kindern, stimmte, teilte ich dem jungen Mann mit, der etwas verdutzt in meine Richtung schaute. Er sagte, er könne das leider nicht selbst entscheiden, und gab mir die Telefonnummer seiner Vermieterin. Ich bedankte mich, verließ die Wohnung und wählte die Nummer. Die alte Frauenstimme am anderen Ende der Leitung teilte mir nach einer kurzen Unterhaltung mit, ich könne am Donnerstag vorbeikommen.

Es war ein Hoffnungsschimmer, wenn auch nur ein kleiner. Aber es war einer.

Drei Tage später radelte ich zum verabredeten Termin. Eine ältere Dame Ende siebzig öffnete mir die Tür und bat mich herein. In ihrer Wohnung stand die Zeit still. Wir setzten uns an einen runden Mahagonitisch und tranken Tee, dabei erzählte sie mir aus ihrem Leben. Irgendwann fragte sie mich nach meiner Geschichte, hörte schweigend zu und wollte wissen, was ich für Träume hätte. Ich erzählte ihr vom Zahnmedizinstudium und davon, dass ich endlich selbst Entscheidungen, die mich und mein Leben beträfen, treffen wollte, dass ich meinen Kindern ein besseres Vorbild sein und endlich auf eigenen Füßen stehen wollte. Was ich mir wünschen würde, sei das Normalste auf der Welt, sagte sie und tätschelte meine Hand. Mein Blick wanderte zur runden Holzuhr auf der Kommode. Seit meiner Ankunft waren vier Stunden vergangen. Sie stand auf, strich mit der Hand über ihr hochgestecktes Haar und ging ins Nebenzimmer. Als sie zurückkam, legte sie den Mietvertrag auf den Tisch und schob ihn mir zu. Ich solle ihn unterschreiben und alles Weitere mit dem jetzigen Mieter besprechen. Dann nahm sie die Bürgschaft meines Vaters und den Bescheid des Jobcenters entgegen, nickte mir zu und legte ihre Hand auf meine Schulter. Alles würde gut werden.

Der Mieter war bereit, zwei Wochen eher auszuziehen. Die kurzen Momente der Vorfreude und besonders die Erleichterung darüber, dass die Wohnungssuche endlich ein Ende gefunden hatte, wichen dem Wissen um die verbleibende Zeit bis zur Trennung von den Kindern – vierundzwanzig gemeinsame Abende, vierundzwanzigmal Zähne putzen, ihnen vierundzwanzigmal Abendbrot machen, sie vierundzwanzigmal ins Bett bringen und danach vierundzwanzigmal das Licht ausschalten. Ich begann die Tage rückwärts zu zählen. Wenn ich nicht mit Zählen beschäftigt war, versuchte ich, Zweifel und Unterstellungen nicht an mich heran zu lassen.

In mein Tagebuch schrieb ich: *Mein Kopf ist voller Gedanken, die ich den ganzen Tag versuche zu sortieren. Mit mäßigem Erfolg. Ich spüre eine kleine Hoffnung, dass sich nach meinem Auszug vielleicht doch noch eine andere Möglichkeit auftut. Das würde aber nur gehen, wenn nicht sofort eine neue Frau einzieht oder die Familie bei den Kindern nicht genug Unterstützung anbietet. In vier Tagen ist mein Auszug. Ich weiß, es gibt kein Zurück, aber ein großer Teil in mir will das nicht wahrhaben. Ist das, was ich hier erlebe, wirklich eine Strafe für meine angebliche jahrelange Undankbarkeit gegenüber all der Gaben, die Gott mir gab? Wird mir gerade alles weggenommen? Alles erscheint mir gerade verkehrt. Wenn sogar Menschen wie Iskender imstande sind, zu lügen, wem kann ich dann noch glauben?*

Ich habe Angst vor der Zukunft. Es sind noch drei Tage bis zu meinem Auszug. Um mich herum findet das Leben auf gewohnte Weise statt. Ich hingegen bin die Schandhafte, die Schuldige und bekomme es auf ganzer Linie zu spüren. Seit Wochen frage ich mich, ob das Leben, was jetzt kommen wird, überhaupt lebbar ist. Ich möchte es nicht kennenlernen. Lieber wäre mir jetzt, einfach einzuschlafen und nicht wieder aufzuwachen. Seit zwei Tagen bin ich mit dem Sichern meiner Bilder und Dateien auf USB-Sticks beschäftigt, denn mein Laptop muss hierbleiben, wenn ich übermorgen ausziehe. Zum ersten Mal wird mir deutlich, wie fertig ich auf den meisten dieser Bilder aussehe, und ich frage mich, wieso ich nicht schon viel früher in der Lage war, die Reißleine zu ziehen. Für meine Zukunft wünsche ich mir, dass ich nie wieder in solche Abhängigkeiten gerate, weder finanziell noch emotional noch sozial. Ich möchte auf eigenen Füßen stehen. Wie das genau passieren soll, weiß ich nicht, und der Gedanke, in zwei Tagen alleine in einer neuen Wohnung zu sein, macht mir nur Angst.

Ein letztes Mal
bricht die Nacht heran,
ein letztes Mal
streif' ich durch diese Räume,
atme tief und halte inne,
fühle lebendig die Erinnerungen,
die Ängste und Enttäuschungen.

Ein letztes Mal,
geht vor meinem Fenster die Sonne auf,
die letzte Nacht ist nun vorbei,
zu schnell.

Ein letzter Blick in ihre Augen,
ein letzter Kuss auf ihre Stirn,
mit der traurigen Gewissheit im Herzen,
dass nichts mehr bleibt, wie's einst war.

Ich verwische meine Spuren,
als hätt' es die Vergangenheit nicht gegeben,
in der Hoffnung, ihnen das »Nachhausekommen«
zu erleichtern.

Am Morgen meines Auszugs wurde das Bild der heilen Familie endgültig zerstört, doch schlimmer war, dass ich nun auch meine Rolle als Mutter im klassischen Sinn verabschieden sollte. Ein letztes Mal verschwanden belegte Brote, geschnittene Äpfel und die Getränkeflaschen in Schultaschen und im Kinderrucksack. Ein letztes Mal erinnerte ich an die Sporttasche, und ein letztes Mal half ich beim Schuheanziehen. Die tägliche Mützendiskussion mit Adam wurde an diesem Morgen übersprungen, denn die erste Unterrichtsstunde hatte bereits angefangen, und es gab weitaus Wichtigeres, als um eine Mütze auf einem Kinderkopf zu kämpfen, die eine Ecke weiter sowieso in der Schultasche verschwinden würde. Die letzten Minuten im Hauseingang waren der Höhepunkt eines seit Langem befürchteten Abschieds, so wie die letzten Monate der Inbegriff eines langsamen Todes gewesen waren. Letzte Küsse und letzte Liebesbekundungen fanden ihren Platz auf Nasen, Augen und Wangen, aber der Wunsch, die Zeit anzuhalten, erfüllte sich nicht. Ich zog die Haustür hinter mir zu und nahm Leylas Hand. Bis Jasmin und Stefan eintreffen würden, blieb mir noch eine Stunde. Ich setzte Leyla in den Fahrradsitz und radelte los.

Als ich wieder nach Hause kam, ging ich durch die Räume. Meine wenigen Sachen standen bereit für den Auszug. Nichts von dem, was im gemeinsamen Gebrauch war oder das Gesamtbild verändern würde, wollte ich anrühren. Gleichzeitig wusste ich, dass mir das Geld für neue Möbel fehlte.

Es klingelte an der Tür. Stefan und meine Nachbarin Stefanie waren mit ihren Autos vorgefahren. Auch Jasmin kam in diesem Moment mit einem Freund im Schlepptau um die Ecke gefahren. Ich nahm die Frauen in den Arm, den Männern streckte ich die Hand entgegen. In meinem Weltbild gab es außer dem Handschlag keinen weiteren Körperkontakt zwischen Mann und Frau. Während die ersten Kartons in den Autos verschwanden, tauchten zwei weitere Freundinnen auf. Mit so viel Hilfe hatte ich nicht gerechnet. Als alles verladen war, ging ich ein letztes Mal ins Haus, lief durch die Räume und versuchte dieses Kapitel abzuschließen. Es war surreal. In jedem Winkel steckten

Erinnerungen. Meine Freundin kam, nahm mich in den Arm, und wir hielten uns schweigend fest.

Am Abend kamen die Kinder zu mir in die neue Wohnung. Zwischen unausgepackten Kartons saßen wir zu viert auf dem Boden. Kurz überlegte ich, wie ich der Situation die Schwere nehmen sollte, aber mir fiel nichts ein, denn sie war brutal, hässlich und immer noch surreal. Abgesehen davon war es noch nie meine Stärke gewesen, meine Gefühle zu übertünchen. So saßen wir eng umschlungen und weinend auf dem Boden, während ich versuchte, den Kindern immer wieder zu erklären, dass sie an den Geschehnissen keine Schuld trügen, dass Mami und Papi, auch wenn sie nun getrennt wären, zu jeder Zeit für sie da seien, dass Tränen und Traurigkeit ebenso wie Wut und Ärger erlaubt seien und dass auch Jungs weinen dürften und sollten. Wie lange wir auf dem Boden saßen und wie oft Sätze wie »Mami, komm wieder zurück nach Hause« und »Mami, ich liebe dich« fielen, entzieht sich meiner Erinnerung. Mein Ältester blieb in dieser Nacht bei mir.

Früh am nächsten Morgen saßen Adam und ich in der kleinen Küche, die in einer Nische des Raumes unter einer Dachschräge passgenau untergebracht war. Inklusive eines Klapptisches für zwei Personen. Sie erfüllte ihren Zweck, und das war die Hauptsache. Nach dem Frühstück liefen wir zum Bahnhof. Als der Zug zu seiner Schule mit ihm losfuhr, wurde mir zum ersten Mal bewusst, dass ich nun alleine war. Ich machte einen Umweg, um nicht in die Wohnung zu müssen. Rückblickend war dieser Moment der Beginn des Weglaufens vor dem Alleinsein, der fortan für eine lange Zeit mein Leben bestimmen würde.

Gegen Mittag stand ich in meiner Wohnung. Mir blieb noch eine Woche bis zur Kur. Ich setzte mich an den Schreibtisch, und mein Blick wanderte durch das Zimmer. Die Wohnung hatte ein Zimmer, ein Bad mit Badewanne, einen Einbauschrank und einen Balkon. Vom Vormieter hatte ich die Küche und das Sofa übernommen. Hinter mir lagen zwei Matratzen auf dem Boden. Daneben die unausgepackten Kartons. Jasmin hatte gestern geholfen, die Küche einzuräumen. Ich schaute aus dem großen Fenster auf den kleinen Balkon. Die Sonne schien mir ins Gesicht, und mit einem Mal fiel mir die fremde und gleichzeitig unheimliche Stille auf. Eine Stille, die ich nicht kannte. Eine Stille, die mir Angst machte. Ich hörte die Luft, die durch meine Nase in meinen Körper ging und ihn wieder verließ, hörte das Rauschen des Blutes in meinen Ohren. Ein Gefühl von Hilflosigkeit überkam mich. Wo waren die Kinderstimmen und Mami-Rufe? Wo war die lange Familien-To-do-Liste in meinem Kopf, die nie leer wurde, die Verabredungen mit Müttern, die meinen Tagen Struktur gaben, und der Blick auf die Uhr, der mir sagte, wann ich die Kinder abholen müsste? Ich fühlte mich nutzlos.

Ich rief bei Hochschulstart.de an, um nach dem Status meiner Zulassung zu fragen. Die Minuten bis zur Antwort kamen mir wie eine Ewigkeit vor. Als die Frau mir zu meinem neuen Studienplatz gratulierte, konnte ich meinen Ohren kaum trauen. Ich war zugelassen und durfte mich nun an der Universität Münster zum Zahnmedizinstudium einschreiben. Die Frist für die Immatrikulation war Ende März. Ich hatte also genug Zeit, den Papierkram auch nach der Kur zu regeln.

Am Abend kam Adam zu mir. Auch diese Nacht wollte er bei mir sein.

Die Tagebucheinträge dieser Tage sind durchsetzt von Zweifeln und einer Unentschiedenheit, die aus meiner Unsicherheit und Angst in Bezug auf meine Entscheidung und meine Zukunft resultierten. Ich suchte nach Lösungen, wo keine waren, suchte Trost, der meinen Schmerz betäuben sollte, rang nach Antworten, die mir keiner geben konnte, und ich versuchte mit aller Kraft, in allem, was um mich herum geschah, einen Sinn zu erkennen, der nicht selten mit dem Wunsch endete, am nächsten Morgen einfach nicht wieder aufzuwachen.

Doch ich wachte jeden Morgen wieder auf, realisierte, wo ich war, wusste, dass die Zeit zwar für mich arbeitete, weil ich in Ruhe alles Weitere planen konnte, sie aber gleichzeitig auch Feind Nummer eins war. Ich hatte Angst, dass dieser Zustand mit jedem weiteren Tag zur Normalität für mich und die Kinder werden könnte. Gleichzeitig versuchte ich den Gedanken an eine neue »Mutter« für meine Kinder permanent beiseitezuschieben. Glücklicherweise erlaubte mir meine Situation nicht, zu lange an diesen Gedanken festzuhalten. Neben Terminen beim Jobcenter und dem Wohnungsamt, dem Beantragen von Geldern und Hilfen, musste ich herausfinden, wie man Strom anmeldet, welche Versicherungen wichtig sind und wie ich mit einem sehr knappen monatlichen Budget über die Runden kommen sollte, zumal nun auch die Ausbildungskosten hinzukamen. Parallel fanden unsere Lerntreffen statt. Ich hatte Hoffnung, dass mich die Zeit der Kur von den Ereignissen, die um mich herum und teilweise auch ohne mein Wissen stattfanden, ablenken und mir dabei helfen würde, mich von den Vorwürfen aus der Community, eine egoistische und schamlose Frau zu sein, die ihre Grenzen nicht kennt, zu distanzieren. Denn ich wusste, dass Gott mein Herz kannte.

Mit Ausnahme einer Nacht schliefen bis zu meiner Abreise die Kinder im Wechsel bei mir. Dann saß ich mit einem großen Koffer und einem bis oben gefüllten Rucksack im Intercity. In mir schlugen zwei Herzen – das eine freute sich auf die bevorstehende Auszeit, das andere litt vor Sehnsucht nach den Kindern.

Vor einer halben Stunde ist der Zug losgefahren. Eigentlich wollte ich nur Musik hören und aus dem Fenster schauen, aber mein Herz explodiert. Gestern habe ich mich in der Uni eingeschrieben. Die Freude darüber, dass ich jetzt Zahnmedizinstudentin bin, war nur kurz. Ich habe so Angst davor, dass ich das alles nicht schaffen werde. Nicht nur, was die Studieninhalte angeht. Wie soll ich alles unter einen Hut kriegen? Das Geldverdienen und genug Zeit für die Kinder? Und meine Ausbildung läuft ja auch noch bis nächstes Jahr. Habe ich mich mit allem vielleicht übernommen? Jage ich einem unerfüllbaren Traum hinterher und vergesse dabei, zufrieden mit dem zu sein, was ich bereits habe? Ich habe Angst, diesen Weg vielleicht irgendwann bereuen zu müssen, zu scheitern und am Ende vor dem Nichts zu stehen. Die Freude ist futsch. Drei Wochen werde ich die Kinder nicht sehen. Mache ich gerade den dümmsten Fehler meines Lebens? Ich fühle mich alleine. Seit einigen Tagen kommen wieder die Gefühle wegen des Kopftuchs hoch. Wie lange werde ich es noch tragen? Ich weiß es nicht. Auf der anderen Seite möchte ich mich dem Gerede der Menschen nicht aussetzen. Weiß nicht, was ich tun soll. Wer bin ich überhaupt und was will ich?

Mit jedem Kilometer, den der Zug Richtung Norden fuhr, wurden Kummer, Sorgen und Ängste kleiner und wichen einer aufgeregten Vorfreude. Ich hatte erfahren, dass auf der Insel statt Autos nur Pferde und Fahrräder erlaubt waren. Die vorbeiziehende Landschaft legte in mir einen Schalter um, sodass ich die unausweichliche Situation in Gedanken endlich loslassen und die Neugier willkommen heißen konnte. Nach knapp fünf Stunden stieg ich als einer der letzten Fahrgäste aus dem Zug. Die Luft war anders, und auch die Energie der Gegend war nicht die gleiche wie zu Hause. Ich stieg in ein Taxi und fuhr zum Flugplatz. Die Krankenkasse hatte mir die Wahl zwischen der Fähre und dem Flugzeug gelassen. Ich hatte entschieden zu fliegen, nicht zuletzt, weil ich nach der langen Zugfahrt nicht weitere Stunden auf der Fähre verbringen wollte. So saß ich mit zwei weiteren Frauen, aber ohne meinen Koffer, der wegen des Übergewichts erst mit dem nächsten Flugzeug kommen sollte, im Propellerflieger auf die Nordseeinsel. Nach der Landung auf der Insel bekam ich die erste Lektion vom Piloten, der meiner Unruhe mit den Worten »Junge Dame, wir sind auf der Insel. Hier wird vom fünften Gang in den ersten runtergeschaltet« entgegnete. Was er damit meinte, sollte ich aber erst am Tag meiner Abreise verstehen.

Die Zeit der Kur mit all ihren Momenten, Entscheidungen, Erfahrungen und Begegnungen sollte mir den Weg in mein neues Leben ebnen, meine Kraftreserven auffüllen und mir einen kleinen Geschmack auf ein eigenes und selbstbestimmtes Leben schenken. Viele Jahre danach habe ich noch aus ihren Erinnerungen geschöpft.

Auf Wangerooge war Frieden und Stille, und hier gab es keine Menschen, denen ich mich erklären musste. Ich mietete mir ein Fahrrad und freundete mich mit Hella an. Die ersten Tage zwischen Pferdegeklapper, Fahrradklingeln und ausnahmslos freundlichen Menschen holten mich runter. Zwischen den Mahlzeiten, die wir an Gruppentischen zu uns nahmen, verbrachte ich meine Zeit mit Lernen und Fahrradfahren. Auch hatte ich wieder angefangen, morgens in aller Frühe laufen zu gehen.

Am frühen Morgen des dritten Tages wachte ich wieder mit Herzklopfen auf. Es war Freitag. Nachdem ich das Frühgebet verrichtet hatte, zog ich leise meine Laufschuhe an, setzte meine Laufmütze auf, dieses Mal aber ohne zusätzlichen Schal, und steckte die Ohrhörer in die Ohren. Bis zum Sonnenaufgang sollte es nicht mehr lange dauern. Wie an jedem Freitag hörte ich die achtzehnte Sure aus dem Koran. Dieser Sure wird nachgesagt, dass für diejenigen, die sie am Freitag lesen oder hören, sowohl am Tag der Auferstehung als auch von einem Freitag bis zum nächsten Freitag ein Licht scheinen wird. So sehr mir der Zweck am Anfang noch präsent war, spürte ich beim Hören vielmehr Verbundenheit, Nähe und Liebe zu Gott, wenn ich gut dreißig Minuten den wohligen Klängen des Rezitierenden zuhörte. Wie auch an diesem Morgen.

Die Straßen waren leer. Niemand schien hier meine Vorliebe für die frühen Morgenstunden zu teilen. Ich lief dem Sonnenaufgang entgegen, als mich ein Impuls überkam. Ich griff nach der

Mütze und zog sie aus. Schlagartig spürte ich den kühlen Wind im Haar. Erinnerungen an meinen ersten Spaziergang kamen hoch, und Tränen der Wut bildeten einen dicken Kloß im Hals. Ich lief weiter und ließ die Tränen laufen. In der Zwischenzeit war der Rezitator längst fertig und hatte mit einer neuen Sure begonnen. Ich nahm die Ohrhörer aus den Ohren, öffnete meinen Pferdeschwanz und blieb stehen. Vor mir ging die Sonne auf. Mit jeder Minute konnte ich die langsam steigende Wärme auf meinem Kopf fühlen. Ich schloss die Augen und atmete zum ersten Mal so tief ein, dass mir die Nase brannte. Es war die Geburtsstunde der offenen Haare, die ich seitdem, bis auf seltene Ausnahmen, nicht mehr in einen Pferdeschwanz gebunden habe.

Mit dem Sonnenaufgang kam Leben auf die Insel, und die ersten Jogger liefen mir entgegen. So sehr ich diesen Moment am liebsten einfrieren wollte, um ihn für alle Zeit genau auf diese Weise spüren zu können, holte mich mit jedem Schritt ins Kurheim die Realität zurück. Erneut fand in meinem Inneren ein Schlagabtausch statt. Eine Stimme sagte, ich solle die Zeit hier nutzen, besonders weil im Kurheim ausschließlich Frauen waren, während die andere Stimme auf mich einredete, dass ich den Menschen zu Hause, die nichts anderes als diesen Schritt von mir erwarteten, um mich endgültig in die Schublade *abtrünnig* und *verloren* zu stecken, nicht diese Genugtuung geben sollte. Dass ich vor lauter Nervosität und dem ganzen Hin und Her unterwegs meinen Zimmerschlüssel verloren hatte, bemerkte ich erst auf den letzten Stufen der zweiten Etage kurz vor meinem Zimmer. Ich ging zur Hausmeisterin, um mir einen Ersatzschlüssel zu besorgen, und begegnete den ersten Frauen auf dem Flur, die mich verdutzt anschauten, als ich mit einem knappen *Guten Morgen* an ihnen vorbeihuschte. Mit einem Herzen, das mir bis zu den Ohren schlug, lief ich im Zimmer auf und ab, duschte, lief wieder auf und ab, nahm mein Tuch in die Hand, lief hin und her, bis ich feststellte, dass die Frühstückszeit in zwanzig Minuten vorüber war. Ich musste eine Entscheidung treffen, die mir ein drittes Mal so schwerfiel. Ich atmete tief ein und aus, warf das Tuch auf mein Bett, öffnete die Tür und zog sie ohne abzuschließen hinter mir zu. Mit zitternden Knien ging ich die Treppe hinunter, betrat nervös den Speisesaal und ging mit gesenktem Kopf an meinen Tisch, nahm meinen Teller und stellte mich ans Buffet. Die ersten Worte hörte ich im Vorbeigehen. Als ich wieder zurück an meinen Tisch kam, schauten mich drei Augenpaare lächelnd an. Es fielen Sätze wie *Wow, du siehst aus wie ein anderer Mensch* oder *Wahnsinn, wie mutig du bist. Das war sicher nicht einfach für dich.* Dann folgten neugierige Fragen und Komplimente, die mir kaum Zeit ließen, über die neue Situation nachzudenken. Nach dem Frühstück verließen wir gemeinsam das Kurheim und gingen in die kleine Stadt mit ihren winzigen Boutiquen und Cafés. Mein Kopf fühlte sich ungewohnt an. Die Erinnerung an die vier Wochen ohne Kopftuch in Hamburg war wie ausgelöscht. Ich steuerte eine Boutique an und entdeckte eine rote Wollmütze. Für die kommenden drei Wochen wurde sie mein täglicher Begleiter. Die Mütze gab mir Schutz, sie wärmte meinen Kopf und die Ohren ebenso wie der Schal meinen Hals und Nacken, die diese Temperaturen und Windverhältnisse auf nackter Haut nicht kannten. Bis heute sind diese Bereiche bei mir besonders kälte- und windempfindlich. Wir stiegen auf die Räder und fuhren an das äußerste Ende der Insel. Ich behielt die Mütze auf dem Fahrrad, im Café und am Strand auf.

In den ersten Tagen ging ich alleine an den Strand, setzte dort die Mütze ab und lief mit geschlossenen Augen auf und ab. Ich spürte den Wind, der an meinen Haarwurzeln zog und meinen Hals streichelte, fühlte die Sonne, die meine Kopfhaut wärmte, und nahm die wild umherfliegenden Strähnen in meinem Gesicht wahr. Wenn der Wind nachließ, begannen sie zu kitzeln. Wie konnte es sein, dass dieses unbeschreibliche Gefühl, das mein Herz mit Dankbarkeit durchflutete, verboten sein sollte?

Wo war hier die Gerechtigkeit, wenn dies nur Männern vorbehalten sein sollte? Wieso sollte ich mir das, was mich so glücklich machte, nehmen lassen? Nur weil Männer ihre Triebe nicht kontrollieren können oder nicht gelernt haben, mit ihrer Eifersucht umzugehen? Oder lagen die Gründe woanders? Ging es hier vielleicht um die Sicherung von Machtverhältnissen und Kontrolle? Konnte es womöglich sein, dass von einer Frau, die sich ihrer Stärken, ihrer Weiblichkeit und ihrer Möglichkeiten bewusst wird und die unaufhaltsam ihren Weg gehen würde, eine Gefahr ausgeht, wenn gleichzeitig alle äußeren Kräfte versuchen, sie in religiöse und patriarchale Konformitäten zu stecken? Und wenn ja, von welcher Gefahr wäre hier überhaupt die Rede?

In meinem Kopf kreisten Hunderte Fragen, doch ich war nicht in der Lage, darauf eine Antwort zu finden. Es brauchte weitere Jahre der Erfahrungen durch Beziehungen, mit zwischenmenschlichen Verlusten und durch Gespräche mit Menschen aus meinem alten Leben, die mir nach und nach die Augen öffneten. Ich musste schrittweise meine Bedürfnisse und Grenzen und vor allem meinen Körper und meine Weiblichkeit kennenlernen. All das half mir dabei, mit den Jahren Antworten auf diese Fragen zu finden, aber auch neue Fragen zu formulieren. Zu den größten Herausforderungen gehörte es, das Gefühl der verlorenen Zugehörigkeit in mir selbst zu entdecken und mich von eingeimpften Denkmustern zu distanzieren.

So sehr ich immer noch die Menschen verstehe, die sich aus religiösen Gründen solchen Erfahrungen entziehen, kann ich nicht akzeptieren, dass genau diese Regeln es sind, die jungen Menschen die Neugier auf die Welt nehmen und ihnen die Erfahrungen eigener Entscheidungen vorenthalten. Und das in den prägendsten Jahren. Kinder aus religiös orthodoxen Familien wachsen mit Dichotomien wie Richtig und Falsch, Gut und Böse, Erlaubt und Verboten und noch weiteren eindeutigen

Vorstellungen auf. Nicht selten wird die Angst vor Bestrafung der Sünden oder die Belohnung nach dem Tod zu Bremsen im Handeln und Denken oder zu unüberwindbaren Mauern, wenn es darum geht, Eigenverantwortung zu lernen.

Heute weiß ich: Wer einmal ein System durchschaut hat, und hier ist es egal, um welches System es sich handelt, unterwirft sich ihm, wenn überhaupt, nur noch freiwillig.

Gleich in den ersten Tagen, nachdem ich meine ersten Ängste überwunden hatte und auf der Straße oder in Geschäften die Mütze immer öfter abnahm, machte sich ein Gefühl breit, das rückblickend noch viele Monate an meiner Seite bleiben sollte. Ich spürte eine Traurigkeit, die ich darauf zurückführte, dass das Gefühl des *Besonderen*, das jungen Mädchen nicht selten mit dem Kopftuch suggeriert wird, nun verschwunden war – die *Krone* war weg, und somit gab es auch keine Königin mehr. Der Traurigkeit folgte das Gefühl von Bedeutungslosigkeit. Wer war ich und wer würde ich nun sein? Was würde meinem Leben jetzt seinen Sinn geben? Dass auch die Suche nach Antworten auf diese Fragen noch eine lange Zeit in Anspruch nehmen sollte, konnte ich zu diesem Zeitpunkt zwar nicht wissen, spürte aber, dass genau das erst der Anfang von etwas Neuem war, dessen Inhalt und Regeln ich nicht kannte und vor allem nicht wusste, wo ich sie nachschlagen konnte. Hinzu kam, dass alles Bisherige neu definiert und kennengelernt werden musste. Von Liebe und Muttersein, von Freiheit und Beziehung, von Freundschaft und Eigenverantwortung.

Mit jedem weiteren Tag im Kurheim und an der Seite der anderen Frauen wurde das Gefühl von Sicherheit und Geborgenheit stärker. Gemeinsam lachten und weinten wir, verbrachten Zeit beim Sport, beim Essen, bei kilometerlangen Wanderungen in Gummistiefeln durch das Watt oder mit nackten Füßen auf uralten Pflastersteinen, im Sand und auf Dünen. Meine Anatomie-Bücher und Lernskripte verschwanden nach wenigen Tagen mit meinen Schals und Untertüchern im Koffer, während ich jede freie Minute draußen verbrachte.

Wenn ich heute zurückschaue, waren diese Wochen auch die Geburtsstunde meiner exzessiven Frischluft-Sucht. Bis heute feiere ich Sonne, Wind und Regen, Letzteres besonders im Sommer, und würde lieber sterben, als jemals wieder ein Tuch um meine Haare zu wickeln. In stillen Momenten weiß ich, dass es genau dieses Gefühl der Enge ist, das ich nicht mehr ertragen kann und das sich mittlerweile auch auf anderen Ebenen kenntlich macht – sei es bei Freundschaften oder in Beziehungen, die mir die Luft zum Atmen nehmen, Jobs, die mich meiner Kreativität berauben, Arbeitsverhältnisse, die nicht auf Vertrauen und Wertschätzung basieren, Menschen, deren Gedankengut und Handeln mein Verständnis von Liebe, Respekt und Güte bedrohen oder meine Grenzen und Werte mit Füßen treten. Wo vor einigen Jahren meine einzige Lösung darin bestand, mich ratlos und verzweifelt durch schlaflose Nächte zu grübeln, sehe ich heute in jedem Ereignis meine persönliche Lernaufgabe, verstehe schwierige Umstände als eine Herausforderung für meine Resilienzfähigkeit und nähere mich mit jedem bewusst ausgesprochenen Ja und Nein meinem Kern. Gleichzeitig erinnert mich jede dieser Herausforderungen an zwei Versprechen von Gott. Das erste Versprechen lautet: »Er legt keiner Seele mehr auf, als sie tragen kann.« Und das zweite: »Gewiss, nach der Erschwernis kommt die Erleichterung.«

Am Abend telefonierte ich mit meinen Kindern, und Adam erzählte mir, dass er heute die Scheidungspapiere vorlesen sollte. Mit trauriger Stimme sagte er feststellend, dass ich ja die Trennung eingereicht hätte. Ich erklärte ihm, dass einer von beiden das machen muss, damit man sich trennen kann. Dann kam Noah ans Telefon. Auch er sagte mir mit trauriger Stimme, dass ich wieder zurückkommen solle, dass er mit seinem Vater gesprochen und ihm mitgeteilt habe, dass er nicht mehr mit mir streiten solle. Das Telefonat katapultierte mich zurück in die eigentliche Realität. Traurigkeit rollte über mich. Was sollte ich tun? Den Kindern und den anderen zuliebe wieder zurück in die Ehe gehen und das Kopftuch wieder aufsetzen? Dabei fühlte ich mich zum ersten Mal so befreit und leicht. Gleichzeitig hatte ich so große Angst davor, dass mir diese Entscheidung zum Verhängnis werden könnte.

Die Kur glich einer Achterbahn der Gefühle. Auf der einen Seite kroch durch jede Zelle die Vorfreude auf die neue Zeit, und auf der anderen Seite lähmte mich die Angst davor. Jede Nacht endete panikartig in den frühen Morgenstunden, und regelmäßig kämpfte ich gegen das Gefühl von Wut, weil ich für das Leiden der Kinder und meinen unaufhörlichen Weg ins Verderben verantwortlich gemacht wurde. Gott würde mich für meine Taten am Ende bestrafen. Schließlich sei alles, was ich getan habe – und noch tun würde –, unislamisch.

Mit jedem weiteren Tag auf der Insel intensivierten sich die Gefühle von Freiheit ebenso wie die Gedanken an zu Hause und das Bewusstsein um die neue Situation. Freude und Traurigkeit wechselten sich ab, wobei ich Ersteres in der Gruppe teilte und Letzteres mit mir alleine ausmachte. Wie elementar wichtig das Alleinsein für mich werden würde, erfuhr ich aber erst im Laufe der Jahre, wenn mir in einer Beziehung, in Freundschaften oder im beruflichen Kontext die Zeit für Ruhe oder Reflexion fehlte. In den ersten Jahren hatte ich große Schwierigkeiten damit, dieses Bedürfnis zu erkennen und zu akzeptieren, aber es dauerte meistens nicht lange, bis ich dafür einstand. Regelmäßig wurde mir deshalb Egoismus vorgeworfen, und besonders am Anfang zweifelte ich deshalb sehr an meinem Tun. Doch ich lernte mit der Zeit, nicht nur meine eigenen Bedürfnisse ernst zu nehmen und sie besser kennenzulernen, sondern auch Verantwortung für meine Vorstellungen, Fehler und für meine *Jas* und *Neins* zu übernehmen. Heute sehe ich eine respektvolle Abgrenzung als elementare Voraussetzung für ein ehrliches und friedliches Miteinander – denn nur wer aufrichtig, zärtlich und geduldig mit seinen eigenen Unzulänglichkeiten und Wünschen umgeht, kann auf dieselbe Weise auch mit seinem Umfeld interagieren.

Doch bis dahin war es noch ein langer Weg, auf dem sich regelmäßig Hindernisse von großen Felsen bis kleinen Steinen auftaten. Jeder Mensch, der kam und ging, und jede Situation, die mein bisheriges Tun und Schaffen konterkarierte, war wie der nächste Hinweis, wohin ich meinen Blick richten sollte.

Heute weiß ich, dass all das zu den notwendigen Schritten dazugehört, um mich selbst kennenzulernen. Ein Vorgang, dessen Besonderheit auch in den Lehren Al-Ghazalis wiederzufinden ist, der über Gotteserkenntnis durch Selbsterkenntnis schreibt. Wer war ich? Wer wollte ich sein? Wer würde ich werden?

Wie wenig ich mich bisher mit dieser Form der Kontemplation und Introspektion auseinandergesetzt hatte, wurde mir erst viel später bewusst. Gleichzeitig blieben die Fragen, ob es meinen Glaubensgeschwistern genauso ging und es ihnen möglicherweise nicht bewusst war. Auch fragte ich mich, ob eine angstfreie Kontemplation und grundehrliche Introspektion im Kontext eines vorgegebenen religiösen Rahmens überhaupt stattfinden kann, und wenn ja, ob sie dann dem Menschen mit all seinen Gefühlen, Gedanken und Wünschen gerecht werden kann? Abgesehen davon, dass mir erst der Zugang zu solchen Fragen und später dann der Mut, diese Fragen auszusprechen, fehlte, zeigte sich mit den Jahren, mit welchen Menschen ich darüber vorbehaltlos und neugierig sprechen konnte. Während ich früher von wesens- und geistesverwandten Geschwistern umgeben war, waren nach meiner Trennung die wenigsten Menschen in meinem Leben religiös. Die Auseinandersetzung mit Gläubigen half mir, differenzierter auf meine Meinungen und Vorstellungen zu schauen. Doch während sie es sind, denen möglicherweise durch die geistig-religiöse Übereinkunft der klare Blick getrübt werden kann, ist es gerade der Austausch mit Menschen anderer Überzeugung, die uns letzten Endes über den eigenen Tellerrand blicken lassen. Dass diesem Handeln Neugier und die Bereitschaft, Neues zu erfahren, zugrunde liegen sollten, steht außer Frage.

Die Freundschaft zu Stefan, die in den vergangenen dreieinhalb Jahren durch Erfahrungsaustausch und gegenseitiges Vertrauen zu einer festen Säule in meinem Leben geworden war, gehörte zu meinen ersten Erfahrungen platonischer Freundschaften zwischen Männern und Frauen. Das, was früher nicht möglich war, weil verboten, wurde nun immer mehr zu einer Selbstverständlichkeit, dessen Gewinn ich niemals mehr missen möchte.

Am Vormittag des ersten März stand ich mit roter Wollmütze am Hafen von Wangerooge. Stefan hatte seinen Besuch angekündigt, und ich wollte mir weder die persönliche Begrüßung noch die Überraschung nehmen lassen, denn dass ich kein Kopftuch mehr trug, hatte ich ihm nicht erzählt. Meine Nervosität stieg von Minute zu Minute. Niemand aus meiner alten Welt hatte mich bisher ohne Kopftuch gesehen. Auch Stefan nicht. Die Fähre fuhr ein, und er stieg aus. Als er in meine Richtung lief und vor mir stand, überschlugen wir uns vor Freude über unser Wiedersehen. Ich streckte ihm die Hand entgegen, während sein Blick wie festgetackert auf meinem Gesicht hängen blieb. Irgendwas sei anders, sagte er. Ich würde aufrechter gehen. »Ohne Quatsch, du bist fünf Zentimeter größer.« Wenige Sekunden später fiel sein Blick auf die Haare, die unter der Mütze hervorlugten. Er lächelte, denn er wusste, welchen inneren Kampf ich hinter mir hatte. Wir verbrachten den Tag in Cafés, machten mit der ganzen Gruppe eine Wattwanderung, und am Ende dieses unbeschwerten und vor allem sehr lustigen Tages fuhr er mit der letzten Fähre wieder zurück aufs Festland. Als er sich verabschiedete, versprachen wir uns, uns bald wiederzusehen. Bis heute ist er mir ein guter Freund.

Ich musste eine Entscheidung treffen, denn zwei Drittel der Kur war bereits vorbei. Am Morgen des dritten März, nachdem ich mit den Kindern gesprochen hatte, lief ich nach dem Frühstück ziellos aus dem Kurheim, bis ich irgendwann ein Café erreichte. Mit Tee und Laptop setzte ich mich an einen der Tische und begann zu schreiben.

Liebe Familie,

ich schreibe euch jetzt diese Zeilen, während ich an einem fernen Ort alleine mit meinen Gedanken in einem Café sitze. Die Zeit auf Wangerooge war bis jetzt die intensivste meiner letzten 20 Jahre. Es ist ein Ort der Ruhe und Besinnung, und wenn ich könnte, würde ich jeden Moment für alle Zeit festhalten.

Im Moment macht mich nichts trauriger als der Gedanke, dass mich in einer Woche der Alltag mit seinen Sorgen wieder einholen wird. Es ist so schade, dass wir Menschen uns mit unseren Vorstellungen von richtig und falsch das eigene Leben und das Leben unserer Lieben und Mitmenschen so schwer machen und nicht imstande sind, jeden so sein lassen zu können, wie er/sie sich fühlt und versteht. Stattdessen wird verurteilt, verachtet, gedemütigt und bevormundet.

Ich bin jetzt 33 und habe nur dieses eine Leben. Mittlerweile betrachte ich alles, ob es eine schwere Prüfung ist oder ein wunderbarer Augenblick, als ein Geschenk von Gott. Ich habe angefangen, bewusster zu leben und verantwortungsvoller mit mir umzugehen. Dazu gehört auch, dass ich lernen muss, Teile meines »alten« Lebens loszulassen, um Raum für neue Herausforderungen und Ziele zu finden. Menschen kommen und gehen, und Freunde »entpuppen« sich manchmal als kurze Wegbegleiter, als Wegführer oder als Felsen. Mir war es bis dato nicht bewusst, dass alle drei Formen von »Freundschaft« ein Segen sein können, denn die Kunst liegt im Erkennen und Loslassen. Das soll keinesfalls in irgendeiner Weise überheblich klingen, es ist nur meine Beobachtung und meine Erfahrung.

Von den Menschen, die man liebt, wünscht man sich, dass sie immer ein Fels im eigenen Leben bleiben, aber – auch das habe ich begriffen – man kann niemanden zu irgendetwas zwingen, und so, wie ich mir wünsche, respektvoll in meinen Entscheidungen behandelt zu werden, respektiere ich auch den Willen von jedem Einzelnen von euch.

Ich möchte euch darüber in Kenntnis setzen, dass ich nach reiflicher Überlegung und endlos erscheinenden inneren Kämpfen entschieden habe, mein weiteres Leben in dieser Gesellschaft nicht mehr erkennbar als Muslimin zu führen. Für mich ist dieser Schritt ein sehr bedeutsamer, denn ich muss für mich einen endgültigen Schlussstrich unter dieses Thema ziehen, damit ich meine Energien für sinnvollere Dinge nutzen kann. Von daher bitte ich euch, diese Entscheidung nicht zu hinterfragen oder zu versuchen, mich zu belehren oder gar mich zu bedauern. Ich denke, es ist nicht zu viel verlangt, wenn ich euch darum bitte, diesen Entschluss einfach zu akzeptieren. Ich bin alt genug, um eine Entscheidung dieser Art für mich und meinen Glauben zu treffen, und ich erlebe die innere Auseinandersetzung als eine große Bereicherung, die meinen Glauben stärker und echter gemacht hat. Für mich fühlt es sich authentischer an, und ich muss niemandem beweisen, dass ich eine gläubige Muslimin bin und bleiben werde. Ich möchte hier auch nicht in Rechtfertigung abrutschen, denn der Glaube ist etwas höchst Privates zwischen mir und Gott. Unsere guten Taten sind nur für uns selbst, und Gott allein ist unser Richter. Wie friedlich wäre wohl die Welt, wenn wir das alle so handhaben würden?

Ich habe großen Respekt vor der Zukunft und ergebe mich dem Willen des besten Planers und bitte Ihn darum, dass ich mit dem, was Er für mich vorherbestimmt hat, immer zufrieden bin.

Jeder von euch hat seinen eigenen ganz persönlichen Platz in meinem Herzen, und ich wünsche mir sehr, dass unsere Bindung niemals zerstört wird.

Eure Ayla

In dieser Nacht machte ich vor Nervosität kein Auge zu. Am Morgen und in den nächsten Tagen trafen verschiedene Antworten ein. Teils waren sie vorwurfsvoll und belehrend, teilweise mit Hinweisen auf die Regeln von Koran und Sunnah, und teilweise waren sie verständnisvoll und Mut machend. Kurz – ein Querschnitt der Meinungen aus den Köpfen der Menschen in meinem Leben. Eine Antwort, die meines Bruders, war sehr besonders.

Ablacim, danke für deine Gedanken, die du mit uns teilst. Jede Entscheidung, die du triffst, ist deine eigene. Du musst glücklich werden. Nicht andere sollen glücklich werden, weil sie dich mit dem Kopftuch sehen. Einen Glauben trägt man im Herzen. Entspann dich und lass den Wind durchs Haar sausen. Ja, es gibt viel zu viele schöne Dinge im Leben, die man genießen soll.

Auf diese Mail folgten weitere Nachrichten, unter anderem auch von einem unserer Geschwister. Mit folgenden Worten reagierte er darauf:

(…) Zeig mir eine Stelle im Koran (oder ein Hadith), die besagt, dass das Tragen eines Kopftuchs, wie wir es heute erleben und ausleben, Pflicht ist/sei, und ich ziehe alle meine Aussagen zurück. Wenn du sagst, dass die Haare ein Attraktivitätsmerkmal sind, dann gilt das für beide Geschlechter, sonst würdest du ein Geschlecht diskriminieren und der Schöpfung gegenüber niedriger stellen. Aber Gott hat beide Geschlechter mit Reizen erschaffen. Die Haare gehören dazu, auch meine! Wenn du mir nicht glaubst, dann zeige ich dir gerne Frauen, die wegen meiner Ausstrahlung und meinen wilden Haaren dahinschmelzen. Das Gesicht, vor allem die Augen und die Lippen, sind viel reizender als irgendwelche Haare auf dem Kopf. Ich sehe immer wieder sogenannte Schwestern mit Kopftuch, die auf mich sehr reizvoll wirken, und wenn ich es zulasse, dann fängt meine Fantasie an zu spielen. Und genau hier liegt der Punkt!

Der größte Widerspruch in meinen Augen ist, sich zum Islam zu bekennen, Koran und Sunnah zu verteidigen, aber wie ein Casanova mit den krassesten und unerfülltesten Fantasien und Wünschen zu leben. Die Muslime, vor allem die Männer, sollten anfangen, sich zu ihren Bedürfnissen zu bekennen und Klartext zu sprechen. Mama hat die Offenbarungsgründe der Verse über das Kopftuch auf den Tisch gelegt. Es ist offensichtlich: Zur Prophetenzeit waren die Frauen leicht bekleidet, weil sie Sklavinnen waren, und deshalb wurden in dieser Zeit diese beiden Stellen herabgesandt.

Eine Frau, die ihre Brüste und ihren Po bedeckt und keine krass eng anliegende Kleidung trägt, wird mich doch nur wegen ihrer Haare nicht reizen. Sonst wäre ich ja den ganzen Tag über geil bei so vielen Frauen (alt und jung) da draußen, im Supermarkt und beim Arzt etc.

Gott spricht von Hüllen und nicht von Kopftüchern für den Alltag, um die Reize der Frau zu bedecken. Der größte Reiz seit damals sind die Brüste und die Körperform inkl. des Pos. Ach ja, Make-up betont natürlich die Reize im Gesicht und sorgt auch hier für eine Überreizung.

Ablacim, lass es dir gut gehen und genieß die Sonnenstrahlen.

Dein wilder abenteuerlustiger Bruder.

So sehr ich damals überzeugt davon war, dass die sichtbare Erscheinung muslimischer Frauen in unserer Gesellschaft zu Berührungsängsten führen können und es in der Verantwortung der Kopftuchträgerinnen lag, auf diese Rücksicht zu nehmen, bin ich heute davon überzeugt, dass das Problem an ganz anderen Stellen verwurzelt ist: Nämlich dort, wo Fremdbestimmung und die Angst vor Sünde herrschen, sich die Selbstbestimmung einer Frau wie glühende Kohlen in ihren Händen anfühlt, wo natürliche Zweifel und das Bedürfnis, angstfrei Fragen stellen zu dürfen, im Keim erstickt werden. Verbote oder Regeln, die auf menschliche und persönliche Freiheiten Einfluss nehmen oder Betroffene vor eine Wahl zwischen richtig und falsch stellen, gehören nach meinem heutigen Verständnis aus Köpfen und religiösen Schriften gestrichen. Es ist mein innigster Wunsch, dass Menschen, die sich dem islamischen Glauben oder welcher Religion auch immer verbunden fühlen, ihren Fokus wieder auf die wenigen, aber elementaren Werte wie Aufrichtigkeit, Liebe, Respekt, Akzeptanz, Toleranz und Fürsorge legen und gleichzeitig ihren Anspruch auf Persönlichkeitsentwicklung hochhalten. Religion und Glaube sind eine intime Angelegenheit. Ihre Auslebung, ihr Verständnis und ihr Ausdruck dürfen nicht dazu führen, dass sie als Machtinstrumente eingesetzt werden, um andere zu manipulieren, zu bevormunden, ihren Lebenswillen zu trüben oder sie in den Zustand innerer Gefangenschaft zu versetzen.

Die letzte Woche der Kur hatte begonnen, und endlich spürte ich Erleichterung und Ruhe. Meine Entscheidung bezüglich des Kopftuchs stand nun fest, und in Gesprächen mit den anderen Frauen erlebte ich, wie ihnen meine positive Entschlossenheit Mut machte. Denn obwohl sie keine Entscheidungsprobleme wegen eines Kopftuchs hatten, haderten sie alle, meist seit vielen Jahren, mit ihren ganz persönlichen Ängsten und Baustellen. Irgendwas musste ich anscheinend richtig machen. Gleichzeitig verließen mich jene Kräfte auch wieder, wenn ich an zu Hause dachte, wenn ich versuchte, die letzten Augenblicke der gemeinsamen Zeit in meinen Erinnerungen festzuhalten, oder wenn ich Dialoge mit Menschen aus meiner alten Welt führte. Es blieben die gleichen Argumentationen, dabei war ich mit Kopftuch kein anderer Mensch – außer dass ich mich jetzt wohler und authentischer fühlte. Wenn ich ohne Kopftuch in den Spiegel schaute, sah ich MICH, und wenn ich draußen die Sonne auf meinem Kopf und den Wind in meinen Haaren spürte, fühlte ich MICH. Und vor allem spürte ich meinen Glauben so stark wie nie zuvor.

Der Gedanke daran, meine Entscheidung nun auch bald auf Facebook öffentlich zu machen, versetzte mich in Panik. Ich war noch nicht so weit. Alles ging so schnell. Obwohl meine Entscheidung stand, kam es mir so vor, als würde sie mich überholen und mir erneut die Luft abschnüren. Neben der realen Welt, die noch für einige Tage weit weg schien, gab es nur noch Social Media, das mich mit dem Leben fern der Insel verband. Ich wollte aber den Menschen die Wahrheit in Form eines neuen Profilbildes oder Textes noch nicht offenbaren. Der einzige Ausweg, den ich sah, war, meinen Facebook-Account zu deaktivieren.

Am späten Nachmittag gingen Hella und ich zum Drogeriemarkt und holten die entwickelten Bilder ab. Ich konnte meinen Augen nicht trauen, denn ich erkannte mich nicht wieder. So eine glückliche und aus den Augen strahlende Ayla hatte ich noch nie gesehen. Bis heute hängt mein erstes Bild ohne Kopftuch an meinem Badezimmerspiegel.

Am Morgen des Abreisetags ging ich um halb sechs zum Strand. Auch die letzte Nacht war schlaflos geblieben. Ich wollte hier nicht weg, schon gar nicht, weil ich nicht wusste, wann ich jemals wieder die Möglichkeit haben würde zurückzukommen. Zu Hause wartete das Unbekannte. Meine Gedanken sprangen von der Trennung von meinen Kindern zum bevorstehenden Studium und dann wieder zu den Kindern, zu meiner Wohnung und dem Wissen um das Alleinsein. Da ich bereits genug Muscheln gesammelt hatte und etwas anderes mitnehmen wollte, das mich im täglichen Gebrauch an die Insel erinnern sollte, nahm ich ein großes Stück Treibholz mit.

Zwei Stunden später stand ich mit Gepäck, dem langen Stück Holz und zwei Frauen am Flugplatz. Als der Pilot auf uns zukam, erkannte ich ihn wieder. Die lackierten Fingernägel und seine Tattoos waren mir vor drei Wochen gar nicht aufgefallen. Jetzt schaute er den Stock an und grinste: »Weiß dein Mann schon, was ihm später blüht?« Erst verstand ich nicht, was er meinte, dann sagte ich, dass es keinen Mann gebe und ob wir nun losfliegen könnten. Jetzt, wo es kein Zurück mehr gab, hatte ich es eilig, denn mit jeder weiteren Minute wurde meine Traurigkeit größer. Ihm entging meine Niedergeschlagenheit nicht. Nachdem er das Gepäck verstaut hatte, griff er meinen Arm und bat mich, Platz zu nehmen: »Ab und zu brauche ich einen Co-Piloten«, sagte er zwinkernd.

Die Kur war vorbei, und so sehr sich mein Kopf vorgenommen hatte, die alte Ayla auf der Insel zu lassen, landete auf dem Festland nun die alte Ayla mit neuem Update, deren Betriebssystem noch nicht wirklich einwandfrei lief.

Die ersten Wochen nach der Kur waren ein kompromissloses Gewöhnen an die neuen Zustände. Äußerlich mit Raketenantrieb und innerlich im Schneckentempo versuchte ich, Fuß zu fassen. Obwohl ich meine Entscheidung getroffen hatte und diesen Schritt gegangen war, fühlte es sich an, als würde alles um mich herum an mir ziehen und zerren. Nicht zuletzt war ich mir meine kritischste Kritikerin. Unter keinen Umständen wollte ich negativ auffallen oder provozieren. Schnell zeigte sich, wer von ehemaligen Weggefährt:innen blieb und wer nicht. Zu den ersten Erfahrungen dieser Art gehörte die Begegnung mit einer langjährigen Freundin, die über die Jahre sehr wichtig für mich gewesen war. Die Begegnung mit ihr sollte beispielhaft und stellvertretend für viele weitere Begegnungen mit Frauen sein, die meine Entscheidung für egoistisch hielten und mir mit Missgunst und Unverständnis gegenübertraten, obwohl sie allesamt Zeuginnen meines Lebens in den letzten Jahren gewesen waren und die Schwierigkeiten und den Schmerz hautnah miterlebt hatten. Jede Begegnung mit ihnen hinterließ Zweifel, ein schlechtes Gewissen und war ein schmerzvoller Hieb gegen mich als Mutter. Es war ein emotionaler Schleudergang. Meine finanzielle Situation und die ständigen Abschiede von meinen Kindern brachten mich an neue Grenzen. Während die Lösung für das Geldproblem auf der Hand lag, hatte ich für den permanenten Trennungsschmerz kein Gegenmittel. Wenn ich tagsüber nicht mit Lernen für die Heilpraktikerprüfung oder meiner Verzweiflung beschäftigt war, kämpfte ich mich durch Anträge und ausstehende Rechnungen. Abends schrieb ich die leeren Seiten meines Tagebuchs voll, nachts lag ich in sorgenvollen Gedanken oder mit berstender Sehnsucht nach meinen Kindern wach. Regelmäßig mischte sich Zweifel an meiner Entscheidung ein. Die Kinder fehlten mir auf eine Weise, die ich kaum imstande war, in Worten auszudrücken. Alles Bemühen erschien sinnlos und die Stille war kaum auszuhalten. Das Gefühl, nicht gebraucht zu werden, trieb alles auf die Spitze. Wieso war es in meinem Leben nicht möglich, einen Mittelweg zu finden und nach diesem zu leben, statt immer in Extreme zu verfallen? War ich der größte Vollidiot und hatte tatsächlich ein gutes Leben gegen Mist eingetauscht? Würde ich wirklich irgendwann aufwachen und erkennen, dass mich das »Andere« nicht glücklich gemacht hatte und das Eigentliche die Kinder und Familie waren?

Zwei Tage, bevor das Studium losging, hatte ich einen Termin bei meinem neuen Anwalt. Wenige Tage zuvor hatte er mir am Telefon mitgeteilt, dass er, um mich vertreten zu können, die Verfahrenskostenhilfe beantragen müsste. Allerdings sähen die Chancen nicht gut aus, da sie mir bereits einige Monate zuvor für die Anwältin bewilligt worden sei. Trotzdem saß ich an einem Montagnachmittag mit Beratungshilfeschein in der Tasche in seiner Kanzlei. Mit seiner väterlichen Art, auf meinen Fall zu schauen und Fragen zu stellen, gab er mir schnell das Gefühl, gut bei ihm aufgehoben zu sein. Durch ihn sah ich die Situation aus einer anderen Perspektive. Finanziell gesehen wäre ich besser dran, wenn ich die Kinder zu mir nehmen würde, teilte er mir mit. Gleichzeitig machte er keinen Hehl daraus, dass die Lage alleinerziehender Mütter keine erstrebenswerte Alternative sei, wenn es darum ging, ohne Unterstützung eine Ausbildung, ein Studium oder sonstige berufliche Ziele zu verfolgen. Als er verstand, dass es mir in erster Linie darum ging, den Kindern nicht ihr gewohntes Zuhause und dem Vater nicht die Kinder wegzunehmen, sondern einen geregelten, regelmäßigen und zuverlässigen Umgang in Bezug auf die Kinderzeiten zu erwirken, legte er mir zum Abschied noch folgenden Rat ans Herz: »Passen Sie Ihre berufliche Zukunft niemals den Vorstellungen eines Mannes an.« Ohne Sicherheit auf Übernahme der anfallenden Kosten gab er mir seine Zusage, meinen Fall zu übernehmen – wenn's nicht anders ging, dann eben pro bono.

Es dauerte drei Wochen, bis ich Anfang April ein neues Bild auf Facebook hochlud – erst nur mein Schatten am Strand und zwei Tage später mit Mütze. Zu mehr war ich nicht imstande. Bis heute erinnere ich mich an meine Nervosität, als ich mich knapp vier Wochen später auf meinem ersten Profilbild ohne Kopftuch zeigte. Meine Tränen liefen unaufhaltsam, während die ersten Reaktionen kamen – nun hatte sich die alte Ayla endgültig verabschiedet. Statt ihrer war jetzt eine neue da. Eine Ayla, die mit über dreißig und als dreifache Mutter eine gestandene Frau sein sollte, sich gleichzeitig innerlich auf dem Stand eines Kleinkindes, das die ersten Schritte in seinem Leben machte, fühlte – sowohl die Sprache als auch die Regeln dieser neuen Welt waren ihr unbekannt. Die öffentliche Kundmachung durch mein neues Profilbild glich gleichzeitig einem Begräbnis und einer Geburt, war Geständnis und Statement. Danach fühlte ich Einsamkeit.

Im April gingen die Zahnmedizin-Vorkurse los. Ich saß im Hörsaal, während der Professor Matheformeln an die Tafel schrieb. Zum Warmwerden, sagte er, während ich immer tiefer in meinen Klappstuhl sank. Panik stieg in mir auf, und der Hals wurde immer enger. Niemals werde ich das hinkriegen. Niemals. Gleichzeitig schweiften meine Gedanken zu den Chemie- und Physikkursen, die ebenfalls in diesem und im nächsten Semester auf mich warteten. Niemals. In den ersten Semestern trenne sich die Spreu vom Weizen, hatte man uns gesagt. Ich wollte nicht die Spreu sein. Ich wollte Zahnärztin werden. Ich wollte nicht an Physik, Chemie und Mathematik scheitern. Die Luft im Saal wurde immer dünner. Ich stand auf, lief zur großen Doppeltür, trat in den Flur, der dringend eine Renovierung brauchte, und rannte auf die Toilette. Ich schloss mich ein, setzte mich auf den heruntergeklappten Klodeckel und versuchte, ruhiger zu atmen. Nein, so durfte dieses Studium nicht beginnen. Aber wie sollte ich das alles machen? Neben dem BAföG, das mir telefonisch zugesagt worden war, musste ich trotzdem mindestens einen Job haben, um neben meiner Miete meinen Lebensunterhalt und alle weiteren Kosten bezahlen zu können. An den Wochenenden würden meine Kinder bei mir sein, und jetzt müsste ich definitiv auch Nachhilfe nehmen. Während mir einfiel, dass ich in der Schule kein Latein gehabt hatte, nahm ich mein Handy aus der Tasche und rief einen Freund an. Er wusste die richtigen Worte für solche Momente, und ich vertraute ihm. »Es war dein Traum, und niemand hat gesagt, dass es leicht werden wird. Du probierst es, und wenn du merkst, es klappt nicht, dann kannst du immer noch etwas anderes studieren«, sagte er mit ruhiger Stimme. »Aber…«, fing ich unter Tränen an, doch er unterbrach mich. »Kein Aber. Schau mal zurück. Du hast in den letzten Jahren so viele Hürden genommen, und was du jetzt grad tust, ist nichts weiter, als die nächste Hürde in Angriff zu nehmen. Erst wenn du sie genommen hast, kannst du hinterher wissen, ob es geklappt hat oder nicht. Gib nicht auf.« Ich dankte ihm, legte auf, wusch mir das Gesicht und ging zurück. Der Hörsaal war bereits leer, und ich sah die letzten Studierenden in der Mensa verschwinden. Etwas zu essen wäre nicht verkehrt, dachte ich, und ging ebenfalls in die Mensa. Mit meinem Tablett in der Hand setzte ich mich zu meinen neuen Kommiliton:innen an den Tisch. Ich war still, denn meine Gedanken waren noch bei dem Telefonat, aber ich hörte aufmerksam zu. Sie tauschten sich über ihre unterschiedlichen Wege bis zum ersehnten Studienplatz aus. Die wenigsten von ihnen hatten zuvor eine Ausbildung in der Pflege, als Rettungsassistenten oder Krankenschwestern gemacht, um die Wartezeit sinnvoll zu überbrücken. Die meisten am Tisch glänzten einfach mit einem guten Abitur. Abgesehen davon, dass sie alle noch sehr jung waren, schien weder BAföG noch Jobben während des Studiums ein Thema zu sein. Kinder hatte hier auch niemand. Ich merkte sehr schnell, dass sich unsere Gemeinsamkeiten auf eine Sache herunterbrechen ließ – das Interesse an der Medizin. In dieser homogenen Gruppe fühlte ich mich zum ersten Mal einsam. Irgendwie gehörte ich als Frau mit drei Kindern, einem durchschnittlichen Abitur, keinem Latinum, aber eindeutigen Defiziten in Mathematik, Physik und Chemie und ohne wohlhabende Eltern, die mir das Studium hätten finanzieren können, nicht dazu. Ich wurde immer stiller, aß auf, verabschiedete mich und ging raus. Ich brauchte frische Luft und suchte mir draußen eine Ecke, wo ich ungestört war. Mein Kloß im Hals war zu mächtig, als dass ich ihn ignorieren konnte. Ich rief ein zweites Mal bei meinem Freund an. »Bitte entschuldige, wenn ich dich wieder nerve aber…«, schluchzte ich in den Hörer. »Was ist dein Plan B?«, fragte er mich plötzlich. Mein Plan B? Was bitteschön war ein Plan B? Hier gab es keinen Plan B. Ich wollte seit vielen Jahren nichts sehnlicher als dieses Studium, und jetzt endlich hatte ich die Chance dazu. »Ich habe keinen Plan B«, antwortete ich. »Du brauchst immer einen Plan B. IMMER!«, hörte ich seine Stimme fast schon entsetzt sagen. »Egal, worum es geht.« An einen Plan B hatte ich tatsächlich nicht gedacht. Weder jetzt noch sonst irgendwann. Bisher gab es auch nicht viele Ereignisse in meinem Leben, die einen Plan B gebraucht hätten. Wenn ich mal etwas entschied, war es immer Plan A, der entweder klappte oder nicht. Dass ich in absehbarer Zeit mein Denken komplett umschmeißen würde, sollte ich zwei Wochen später erfahren.

Doch bis dahin sahen meine Tage so aus: Jobcenter-Termine wahrnehmen. Jeden Morgen in den Briefkasten schauen, ob die Zusage vom BAföG-Amt endlich drin läge. Tausend Tode wegen des Jobcenters sterben, wenn wieder nichts dabei war. Meine Nerven beruhigen. Meine Kinder sehen. Für einige Stunden als Telefonistin in einem Marktforschungsinstitut arbeiten. Freund:innen treffen. Meinen Anwalt aufsuchen. Enttäuschte Nachrichten von alten Freund:innen aus der Community beantworten, die von meiner Trennung erfahren hatten. Zwischen Uni und der Heilpraktiker-Lerngruppe hin und her springen. Für mehr reichte die Zeit nicht.

Und dann war endlich der lang ersehnte Tag da – ein großer Umschlag lag in meinem Briefkasten. Der Absender: das Amt für Ausbildungsförderung. Kurz: die lang ersehnte Post des BAföG-Amts. Ich zitterte vor Freude. Endlich konnte ich dem Jobcenter »Danke, aber ich bin jetzt Studentin und möchte mich vom Bezug abmelden« sagen. Ich öffnete den Umschlag. *Sehr geehrte Frau Işik, Ihrem Antrag, Ausbildungsförderung zu gewähren, wird nicht entsprochen.*

Ich verstand nicht. Die Begründung umfasste knapp zwei Seiten. Das Schreiben endete auf der dritten Seite mit einer Rechtsbehelfsbelehrung. Ich hatte zwei Fachwechsel hinter mir und war einmal offiziell ein Semester zu lange immatrikuliert gewesen. Hatte mir die Frau am Telefon vom BAföG-Amt nicht sogar zugesagt, ich würde aufgrund meiner Kinder zum normalen Regelsatz zusätzlich den Kinderzuschlag bekommen? Hier musste ein Missverständnis vorliegen. Ich musste sofort dort vorstellig werden. Es war ein großes Gebäude, grau und unfreundlich, und ich wusste nicht, ob es nicht vielleicht sinnvoller gewesen wäre, vorher einen Termin zu vereinbaren. Nein, ich musste jetzt dieses Missverständnis aus dem Weg räumen, viel Zeit hatte ich nicht. In der Uni hatte der erste Kurs bereits angefangen, und den nächsten wollte ich definitiv nicht auch noch verpassen. An der Pforte fragte ich nach dem Namen der Frau, die den Brief unterzeichnet hatte, lief die Treppe in die dritte Etage hoch und stand außer Atem und mit schweißnassen Händen zitternd vor einer großen Holztür. Ich klopfte an und hörte ein leises »Herein«. Da stand ich nun – in einem großen Raum mit einem großen Tisch und vor mir eine Frau mit großer Aura. Ich fühlte mich klein. »Sind Sie Frau ....?«, ich schaute auf den Brief, den ich noch in der Hand hielt. »Ja«, antwortete sie. »Wie kann ich Ihnen helfen?« »Ich glaube, hier liegt ein großes Missverständnis vor.« Meine Stimme zitterte, und ich stolperte über jeden weiteren Satz, der aus meinem Mund kam. »Setzen Sie sich erst mal und zeigen Sie mir den Brief«, sagte sie. Ich setzte mich, und sie nahm mir gegenüber Platz. Ich schob ihr den Brief zu, und sie begann zu lesen. »Ja, das habe ich unterschrieben. Leider können wir nichts machen. Ihr jetziges Studium wäre ihr drittes, und wir können das BAföG maximal für ein zweites Studium bewilligen.« Nein, Moment. Ich hatte doch nie wirklich studiert. »Das kann nicht sein, denn alles, was ich bisher begonnen habe, konnte ich nicht zu Ende bringen. Auch nicht dieses Studium, wo ich erst im fünften Semester das Urlaubssemester beantragt hatte. Der Grund ist der, dass ...« Sie unterbrach mich. »Sicher haben Sie Ihre Gründe, aber ich kann Ihnen sagen, dass die Anträge bei uns durch verschiedene Instanzen geprüft werden. Ich wünschte, ich könnte Ihnen etwas anderes sagen.« Ich spürte, dass meine Chancen schwanden. »Der Grund ist der«, ich machte einen neuen Versuch, »ich habe damals einen Kindergartenplatz für meinen Sohn gesucht und keinen bekommen«, log ich. »Außerdem musste ich noch mit anderen Dingen kämpfen, und bis ich irgendwann einsah, dass es mit meinem Vorhaben zu studieren nicht klappen würde, hat es leider diese vier Semester gedauert.«

Ich spürte die Tränen auf meinen Wangen. »Bitte entschuldigen Sie, aber wissen Sie, wie wichtig es für mich ist, endlich diese Möglichkeit zu bekommen, Zahnmedizin zu studieren?« Sie schaute mich mit gesenktem Kopf über ihre Brille an. »Ich gratuliere Ihnen zu dem Studienplatz. Haben Sie denn keine andere Möglichkeit, das Studium zu finanzieren?« Wollte sie wirklich eine Antwort auf diese Frage? Wie sollte ich ihr in wenigen Sätzen meine Situation erklären? »Nein, habe ich leider nicht, und selbst mit BAföG müsste ich mir mindestens noch einen Job suchen«, versuchte ich zu erklären. Langsam realisierte ich, dass dieses Nicht-Missverständnis das Ende meiner Träume war. Mein Herz raste, und ich konnte meine Verzweiflung nicht mehr verbergen. Wie eine Welle überkamen mich die Anstrengungen der letzten Wochen. Ich vermisste meine Kinder. Tränen tropften auf den Tisch, und ich konnte nicht mehr aufhören zu weinen. Ich schaute sie an und entschuldigte mich. Sie reichte mir ein Taschentuch. Ihr Mitgefühl war unübersehbar. »Sie können versuchen, über einen Anwalt Widerspruch einzulegen, aber ich möchte ehrlich zu Ihnen sein. Ihre Chancen stehen nicht gut.« Ein Anwalt. Ja, das würde ich tun. Ich würde mir doch nicht von einer Behörde meinen Traum zerstören lassen. »Was denken Sie, wenn der Widerspruch erfolgreich ist, wie lange würde es dann dauern, bis ich die erste Zahlung von Ihnen erhalte? Ich wüsste im Moment nämlich nicht, womit ich meine Miete und den Rest zahlen soll«, versuchte ich zu erklären. Sie schaute mich mit großen Augen an. »Wollen Sie mir nicht erzählen, was der Grund ist, warum Sie so aufgelöst sind? Die Absage Ihres BAföGs kann doch nicht alleine der Grund dafür sein«, sagte sie mit besorgter Stimme. Ich erzählte ihr von der kürzlichen Trennung und der Trennung von meinen Kindern, von meinem Schritt, das Kopftuch abzulegen und von meiner Ausbildung zur Heilpraktikerin. Sie hörte mir zu und gab mir Tipps, an welche Stellen ich mich wenden könnte. »Vielleicht versuchen Sie es unabhängig von uns auch mal bei Stiftungen. Die vergeben Stipendien, und es gibt Stiftungen, die besonders Frauen in schwierigen Lebenslagen fördern.« Ich war dankbar für ihre Tipps und für das Gespräch, aber vor allem war ich dankbar dafür, dass mir ein Mensch gegenübergesessen hatte, der mir zuhörte und mich ernst nahm. Als ich ihr Büro verließ, bekam ich einen Schreck, denn ich hatte ganze eineinhalb Stunden bei ihr verbracht. Der zweite Kurs war nun auch vorbei, und ich beschloss, die Mittagszeit zu nutzen, um nach Anwälten zu suchen. Ich durchforstete das Internet nach erfolgreichen Urteilen, fand einen Anwalt, wählte seine Nummer und bekam einen Termin für den kommenden Montag. Am nächsten Morgen stand ich in aller Frühe an der Tür des zuständigen Amtsgerichts, um mir erneut einen Beratungshilfeschein ausstellen zu lassen.

Mit dem Bescheid des BAföG-Amtes und dem Beratungshilfeschein saß ich drei Tage später in der Kanzlei des Anwalts. Er las die Zeilen und sah mich an: »Ich rede nicht gerne um den heißen Brei herum, deshalb sage ich es Ihnen ganz direkt. Sie sollten sich keine Hoffnungen machen. So gerne ich Sie in diesem Fall vertreten würde, es wäre rausgeschmissenes Geld. Wenn Sie meinen, Sie haben das Geld, können wir es gerne versuchen«, sagte er nüchtern. In mir zitterte alles. »Sehen Sie denn gar keine Möglichkeit? Auch wenn sie noch so klein wäre?«, kam es leise aus mir heraus. Er schüttelte den Kopf und überreichte mir den Bescheid. Ich bedankte mich.

Draußen atmete ich viele Male tief ein und aus. Dann lief ich stundenlang kopflos durch Münster. Was sollte ich jetzt tun? Ohne das BAföG konnte ich niemals studieren. Wie sollte das gehen? Wie sollte ich meine Kinder regelmäßig sehen, gleichzeitig so viel arbeiten, dass ich alles Wichtige plus die Nachhilfe zahlen könnte und mich auf die Uni konzentrieren, ohne in einigen Monaten mit einem Bein im Burn-out zu stehen? Ich beschloss, realistisch zu bleiben. Mir fehlte nicht nur das Geld für das Studium, mir fehlte auch das soziale Umfeld, das mich während dieser Zeit hätte auffangen können. Dann rechnete ich: Wenn ich bis zum Ende meiner Ausbildung zur Heilpraktikerin beim Jobcenter bleiben würde, zusätzlich einen Job hätte und mich auf das Lernen konzentrieren würde, hätte ich noch genug Zeit, meine Kinder zu sehen und meine Rechnungen ohne Probleme zu zahlen. Ich wollte nicht aufgeben, aber fürs Kämpfen fehlte mir die Kraft. Zwei Tage später ging ich ins Studierendensekretariat, exmatrikulierte mich unter den großen Augen der Anwesenden und verließ mit einem tonnenschweren Herzen das Gebäude. Zu Hause angekommen, strich ich im Kalender die Termine für die Universitätskurse und entschied, mich auf die Heilpraktikerausbildung zu konzentrieren. Ich nahm wieder an den Lerngruppen teil, versuchte mich trotz des Rückschlags durch das Scheitern des Studiums auf die Inhalte der Ausbildung zu fokussieren, holte an mehreren Nachmittagen in der Woche meine Kinder aus Schule und Kindergarten ab, fuhr einige Male für den Job als Telefonistin in die nächste Stadt und ging weiterhin jede Woche zur Therapie. Nachts heulte ich in mein Kissen, las Gedichte von Rainer Maria Rilke und tippte mir die Finger wund.

Am schlimmsten waren die Nächte, wenn ich mit Herzklopfen wach wurde und feststellte, dass niemand da war. Statt in diesen Momenten, wie früher, zu meinen schlafenden Kindern ins Bett zu krabbeln, an ihnen zu riechen und ihre Wärme zu fühlen, versteckte ich nun für viele Jahre mein Gesicht unter dem Kissen, damit die Nachbarn mein Weinen nicht hörten. Nacht für Nacht bohrte sich der Schmerz wie eine spitze stumpfe Klinge in mein Herz, aber der Schmerz war gleichzeitig auch der Treibstoff, um weiterzukämpfen.

Meine Strategien, den Schmerz der Trennung nicht Woche für Woche immer wieder zu durchleben, scheiterten regelmäßig, sodass ich immer neue Methoden ausprobierte. Während des ersten Jahres nach der Trennung war die Strecke zwischen meiner Wohnung und ihrem Zuhause fußläufig erreichbar. Dann zogen sie aus unserem gemeinsamen Haus aus, und mein Umzug nach Dortmund fand statt. Plötzlich lagen gut einhundert Kilometer zwischen uns. Drei Jahre änderte sich dieser Zustand nicht. Ich besaß kein Auto, und sie waren noch zu klein, um alleine zu mir zu fahren, zumal es keine direkte Bahnverbindung gab.

Im ersten Jahr fuhr ich jedes Wochenende mit der Bahn zu ihnen, um sie abzuholen. Eine Strecke dauerte gut zwei Stunden. Mit den üblichen Verspätungen der Bahn dauerte es regelmäßig länger. Gegen acht Uhr morgens stieg ich in Dortmund in den Zug und kam gegen vierzehn Uhr mit den Kindern in Dortmund wieder an. Unsere Wochenenden bestanden aus achtundzwanzig Stunden gemeinsamer Zeit, denn am nächsten Tag stiegen wir gegen fünfzehn Uhr wieder in den Zug.

Wenn ich nach unserem Abschied sonntagabends in den Zug nach Dortmund stieg, spielte sich stets dasselbe Szenario ab – entweder starrte ich mit hochgezogenen Knien aus dem Fenster, oder ich rutschte tief in meinen Sitz, um den irritierten Blicken der vorbeilaufenden Fahrgäste zu entgehen, wenn sie meine Tränen sahen. Das Einzige, was mir in diesen Momenten half, war, den Schmerz aufzuschreiben.

An einigen Wochenenden bot mir meine beste Freundin, die ganz in der Nähe der Kinder wohnte, ihre Wohnung an, damit uns mehr gemeinsame Zeit blieb. Auch begleitete sie mich regelmäßig nach dem Abschied von den Kindern, damit ich unmittelbar danach nicht alleine war. Sie tröstete mich durch liebevolle, ermutigende Worte oder lange Minuten verständnisvollen Schweigens. Andere Strategien gegen den Abschiedskummer waren, dass ich bewusst Verabredungen oder andere Termine auf die Zeit nach dem Abschied legte, um mich abzulenken, oder dass ich stundenlang spazieren ging oder Fahrrad fuhr, um bei meiner Rückkehr in die leere Wohnung nur noch müde ins Bett zu fallen. Viele Jahre räumte ich die Spuren unserer gemeinsamen Zeit in den letzten gemeinsamen Stunden auf, um bei meiner Rückkehr nicht mit ihnen konfrontiert zu werden. Mit aller Kraft versuchte ich den Abschiedsschmerz abzuschwächen, indem ich schon Stunden vor dem Abschied nicht mehr mit ihnen kuschelte, bis ich irgendwann realisierte, dass er so oder so kam und meine Methode nichts anderes als seelische Gewalt an meinen und an den Gefühlen meiner Kinder war. Der Abschied kam spätestens, wenn die Tür ins Schloss fiel und sich meine Schritte widerwillig Richtung Bahnhof bewegten oder die letzten Küsse und Umarmungen durch die Trillerpfeife des Schaffners beendet wurden, sich die Türen des Zuges schlossen und Umrisse und Kusshände der Kinder hinter dem Zugfenster in der Ferne verschwammen. »Abschied ist alles, was wir von der Hölle wissen müssen«, wusste bereits die amerikanische Dichterin Emily Dickinson. Und so wie der Zug von Mal zu Mal den Bahnhof verließ, verließen mich jedes Mal Stärke und Coolness. Noch mehr kuscheln, noch mehr reden, noch mehr zuhören. Mehr Nähe, mehr Zeit. Für dieses Wochenende war es vorbei.

Heute, nach acht Jahren Abschied und Wiedersehen, hat sich nur eine Sache verändert – jedes Gefühl wird bis zum Äußersten ausgelebt, Abschiede sind scheiße und bleiben scheiße, ebenso der Wechsel zwischen aktiver Mutter und Exil-Mutter. Den Dreh, diesen Zustand besser bewältigen zu können, habe ich nie gefunden und werde ihn auch nicht finden. Und mittlerweile w i l l ich ihn auch gar nicht mehr finden, denn er gehört zu meinem Leben dazu. Jetzt betrete ich meine Wohnung, laufe von Zimmer zu Zimmer, bücke mich nach den in den Ecken liegenden Schlafsachen, rieche an ihnen, räume sie weg, gehe ins Bad, lege ihre Zahnbürsten in den Schrank zurück, wechsle die nassen Handtücher gegen trockene, spüle Zahnpastareste von Armatur und Waschbecken, schweife mit den Augen auf der Suche nach vergessenen Ladekabeln, Büchern oder Schmutzwäsche durch jeden Winkel meiner Wohnung, während mein Blick auf die vielen Fotos an den Wänden fällt, und schiebe den Staubsauger von Raum zu Raum – meistens mit Kopfhörern und lauter Musik. Mal lachend, mal weinend.

Im Frühjahr, kurz nach meiner Exmatrikulation und der Rückkehr aus der Kur, erreichte mich der nächste emotionale Tiefschlag.

Es ist Sonntag, und es ist Leylas Geburtstag. Ich sitze alleine in meiner Wohnung, versuche zu lernen, kann mich aber überhaupt nicht konzentrieren. Ich bin traurig, weiß nicht wohin mit mir, denn eigentlich müsste ich jetzt bei ihr sein. Doch ihr Tag wurde bereits anderweitig verplant. Ohne mich. Und ohne mein Wissen. Meine Lebensfreude ist gerade komplett weg. Was habe ich falsch gemacht, dass ich alleine sein muss? Lieber Gott, wohin willst du mich mit dieser brutalen Prüfung hinführen?

22:00 Uhr – Adam ist gekommen. Jetzt schläft er. Es war ein sehr intensiver Abend, denn ihm lag etwas auf der Seele. Nach langem Zögern sagte er schließlich, dass es ihn störe, dass ich kein Kopftuch mehr trage. »Habibi, das ist normal, dass du dich so fühlst, weil du mich nur mit Kopftuch kennst«, versuchte ich zu erklären. Dann fragte ich ihn, ob ihm denn aufgefallen sei, dass ich jetzt viel entspannter und glücklicher war als vorher. Er bejahte, aber es störe ihn trotzdem, und er fing erneut an zu weinen: »Ich möchte meine alte Mami und den Zustand von früher wiederhaben, wo du mich morgens immer aufgeweckt hast und ich pünktlich zur Schule kam und wo DU den Haushalt gemacht hast.« Dann erzählte er mir vom großen Grillen im Garten. Zum Schluss zögerte er, und ich spürte, dass es ihm wieder schwerfiel, weiterzuerzählen. Als ich nachfragte, berichtete er, dass eine Frau da gewesen sei, die vielleicht ihre Stiefmutter würde. Ich spürte, wie ein Pfeil mein Herz durchbohrte. Obwohl ich damit gerechnet hatte, wollte ich es nicht wahrhaben. Wie konnte man mich so schnell ersetzen?

Das Auftauchen dieser neuen Frau an Tareks Seite, die innerhalb weniger Wochen nach der Trennung meine Rolle einnahm, gehörte neben vielen weiteren Ereignissen zu den emotional einschneidendsten Ereignissen nach der Rückkehr von meiner Kur. Besonders der Wunsch von Adam, dass ich seine neue Stiefmutter kennenlernen sollte, brachte mich an emotionale Grenzen. Wie sollte ich ihr ruhig gegenübersitzen, wenn ich wusste, dass nun sie es war, die meine Kinder ins Bett brachte, ihnen das Essen zubereitete und an ihrem Leben mehr Anteil nahm, als ich es konnte? Doch Adam ließ nicht locker, und ihm den Wunsch zu erfüllen, war mir wichtiger als mein offensichtliches Ego-Problem. Also nahm ich meinen ganzen Mut zusammen und traf Sophia.

Innerhalb weniger Augenblicke lösten sich die Hirngespinste in Luft auf. Vor mir saß eine Frau, die nicht nur deutlich jünger, sondern wegen ihrer ruhigen Art das genaue Gegenteil von mir war. Immer wieder ertappte ich mich dabei, dass ich drauf und dran war, sie wie eine Freundin ins Herz zu schließen. Bis heute verbindet uns Verständnis und Vertrauen, und ich bin unendlich dankbar, dass ausgerechnet sie es ist, die für die Kinder da ist. Dass wir uns freundschaftlich gegenüberstehen, fanden viele unkonventionell. Doch m e i n Leben ist das, was ich daraus mache. Jede Entscheidung, jede Bereitschaft zur Annäherung und zum gegenseitigen Austausch und jedes gute und ehrliche Wort kommen bis heute den Kindern zugute. Denn unser höchstes Anliegen sollte es sein, sie so gut es geht vor den Konsequenzen unserer Entscheidungen zu schützen.

Wenige Wochen später, Mitte Mai, quittierte ich den Job in dem Marktforschungsinstitut. Ich brauchte einen Job, der näher zu meinem Wohnort und meinen Kindern war. An einem Freitagmorgen lief ich durch die Innenstadt und steuerte intuitiv einen Bio-Supermarkt an. Im Laden war noch nicht viel los, und so lief ich schnurstracks zur Kasse. »Hey«, sagte ich und lächelte. Was tat ich hier eigentlich? Dieser Mut war neu, aber er fühlte sich gut an. »Ich suche einen Job. Sucht ihr zufällig jemanden?« Der Kassierer schaute mich an und grinste. " Wir suchen gerade wirklich jemanden als Schwangerschaftsvertretung. Wenn du magst, komm Montag zum Probearbeiten.« Punktlandung. Wir klärten noch kurz die Rahmenbedingungen, und ich verließ lächelnd das Geschäft.

Am Montag stand ich pünktlich um acht Uhr im Supermarkt. Ich begann an der Kasse, und der Kassierer von Freitag, der sich als der Chef des Ladens entpuppte, erklärte mir die wichtigsten Funktionen und Vorgänge. Dann verschwand er in seinem Büro. Nach zwei Stunden machte ich Pause und wurde ins Büro gerufen. Matthias schaute mich an: »Du hast das sehr souverän gemacht. Hast du schon mal an der Kasse gearbeitet?« Ich schaute ihn an: »Nein, noch nie, aber es hat total Spaß gemacht.« »Ja, das hat man dir angesehen. Wenn du Lust hast, kannst du gerne morgen anfangen.« Mein Herz machte einen Hüpfer. Er überreichte mir einen Arbeitsvertrag. Ich war sprachlos vor Freude, nahm den Vertrag entgegen und las ihn. Am Ende setzte ich meine Unterschrift unter meinen ersten richtigen Arbeitsvertrag. Der Job war ein 450-Euro-Job. Da ich nach wie vor über das Jobcenter versichert war, durfte ich nur 153 Euro behalten. Doch diese Regelung war mir egal. Zu sehr war ich dankbar über 153 Euro zusätzlich. Die Arbeit machte Spaß. Die Kunden waren freundlich, und jedes Mal, wenn sie nach diesem oder jenem fragten, freute ich mich, wenn ich sie sicher durch den Markt lotsen oder ihnen bei Fragen zu den Produkten weiterhelfen konnte. Ich räumte die

Waren ein und sorgte für Ordnung. Aber die meiste Zeit verbrachte ich an der Kasse. Wenn keine Kunden da waren, lernte ich für die im Oktober anstehende schriftliche Heilpraktikerprüfung. An einem Montagnachmittag im Spätsommer rief mich Matthias an und fragte mich, ob ich Zeit hätte, am nächsten Tag im Laden auszuhelfen. »Ich weiß, es ist sehr spontan, aber vielleicht kannst du ja«, ergänzte er. Ich half in letzter Zeit sehr oft und auch sehr gerne aus, und auch dieses Mal sagte ich Ja. Das Geld für die Extrastunden bekam ich aufgrund der Regelung des Jobcenters nicht zu Gesicht. Wenige Tage später standen er und ich im Lager. Er bedankte sich für den spontanen Einsatz. »Ich helfe wirklich gerne aus, auch wenn ich von den Überstunden nichts habe«, antwortete ich. Er schaute mich erstaunt an. »Na ja, du weißt doch, ich bekomme für die Arbeit bei euch am Ende nur die erlaubten 153 Euro.« Am nächsten Tag rief er mich in sein Büro. Er hatte eine Lösung gefunden. Ich überlegte. Vertraust du ihm und unterschreibst? Na ja, was hatte ich zu verlieren?

Eine Garantie hatte ich nicht. Aber Vertrauen. Und ich vertraute.

Die Tage und Wochen vergingen mit Arbeit, Lernen, den Kindern, aber vor allem vergingen sie damit, mit den stillen Stunden in meiner stillen Wohnung leben zu lernen.

Ich kämpfte gegen die Enttäuschung, die Wut und gegen das Gefühl, mich aufzugeben. Die Sehnsucht nach meinen Kindern war mein täglicher Begleiter. Der Lerndruck brachte mich an meine Grenzen, und das Wissen darüber, dass ich nach der bestandenen Heilpraktikerprüfung nicht wirklich viel in der Hand hatte, machte das Lernen nicht leichter.

Ende Juni begann für Millionen Muslim:innen der Fastenmonat. Für mich begann ein Ramadan zum ersten Mal alleine. Es war, um es nicht allzu dramatisch zu formulieren, schrecklich. Tagsüber radelte ich sechs Kilometer zu meiner Arbeit, nach meiner Schicht radelte ich erschöpft und traurig nach Hause. Da war niemand, mit dem man über den Tag sprechen konnte, niemand, mit dem ich gemeinsam vor dem Fastenbrechen das Essen zubereiten, quatschen oder das Gebet verrichten konnte. Ich versuchte, dem Zwangsläufigen ein Schnippchen zu schlagen, damit mich dieser Umstand nicht noch mehr runterzog, und überlegte, was in den letzten zwanzig Jahren während jeden Ramadans auf der Strecke geblieben war, was ich aber angesichts meiner jetzigen Situation nun ändern und einführen könnte. Mir fiel ein, dass niemand mehr Mehrgänge-Menüs von mir erwartete und ich mich endlich dem, was der Ramadan für mich war, nämlich ein Monat der Mäßigung, der Ruhe und der Reflexion, in vollem Umfang widmen konnte. Morgens aß ich im Dunkeln zwei bis drei Datteln, trank das Wasser, das neben meinem Bett stand, verrichtete das Frühgebet und ging wieder schlafen. Abends saß ich mit einem frischen Smoothie, einem Salat und einer warmen Suppe in meiner Küche.

Die Fastentage im Winter sind körperlich nicht besonders anstrengend. Im Sommer allerdings sind die Tage lang und beschwerlich. Es ist nicht unüblich, dass gerade in unseren Breitengraden die Fastenzeit bis zu sechzehn Stunden dauern kann. So sehr ich verstehe, dass Menschen allen Widrigkeiten zum Trotz kompromisslos nach ihren Überzeugungen leben möchten, kann ich heute nicht mehr nachvollziehen, wie man den Anspruch erheben kann, zu denken oder zu behaupten, diejenigen, die es anders oder gar nicht praktizieren, seien vom religiösen Weg abgekommen. Statt die Praxis eines anderen Menschen zu beurteilen und zu bewerten, wäre es doch viel angebrachter, sich anzusehen, wie in arabischen Ländern durch die alljährliche Zeitumstellung die Fastenzeit verkürzt wird oder wie das Fastenbrechen in europäischen Ländern nach Mekka-Zeit erfolgt oder wie die allabendlichen Fressgelage beim Fastenbrechen einzuordnen sind? In arabischsprachigen Ländern wird jedes Jahr zu Ramadan die Uhr um eine Stunde zurückgestellt. Ähnlich der beginnenden Winterzeit in unseren Breitengraden. Damit soll die Wartezeit am Abend verkürzt werden. Eine andere Regelung erlaubt es Menschen in europäischen Breitengraden, sich bei der Zeit des Fastenbrechens nach der mekkanischen Zeit zu orientieren, also früher essen zu können. Und was das allabendliche und in vielen Haushalten etablierte Überangebot von Essen angeht, hat es dieses Phänomen bereits in viele Gesundheitsratgeber geschafft, die einheitlich davor warnen, sich Abend für Abend den Bauch vollzuschlagen.

Zwei Jahre später veränderte ich peu à peu meine bisherige Fastenpraxis. Intuitiv passte ich meine Gewohnheiten an. Ich integrierte bewusst etwas Neues in meinen Alltag, z. B. reduzierte ich meinen Social-Media-Konsum, strich Zucker, Fleisch, glutenhaltige Speisen und/oder Milchprodukte von meinem Speiseplan, führte das Intervallfasten ein, reservierte jeden Tag zwei Stunden fürs Lesen, ging im Wald spazieren oder nahm eingeschlafene Kontakte wieder auf. Es war jedes Jahr ein Monat mit dem Fokus auf etwas Neuem, von dem ich wusste, dass es mir guttun würde, wofür mir aber im Alltagstrott die Muße und Zeit fehlte, diese Dinge umzusetzen.

Den Sommer verbrachte ich neben meiner Arbeit im Bioladen intensiv mit Lernen, da im Herbst die schriftliche Heilpraktikerprüfung anstand. Um die angeforderten Ausbildungsgebühren und die Prüfungskosten beim Gesundheitsamt begleichen zu können, verkaufte ich meinen Goldschmuck.

Ende Oktober saß ich schließlich mit knapp fünfzig anderen Menschen in einem großen Saal in Münster und schrieb meine

Prüfung. Ich bestand. Kurz darauf lernte ich einen Mann im Internet kennen. Nach vielen Wochen aktiver und teils stundenlanger Chats, die mich zum Lachen und Nachdenken brachten und mich meinen Kummer für kurze Zeit vergessen ließen, trafen Kadir und ich uns Ende Dezember persönlich. Er war einige Jahre älter als ich, türkischer Herkunft und Single. Meine anfängliche Skepsis wich in kürzester Zeit dem Gefühl von Vertrauen und Geborgenheit.

Wir verabredeten uns in kurzen Abständen, gingen spazieren oder etwas essen. Als er mich an einem Abend wieder mit seinem Auto nach Hause fuhr, saßen wir vor meiner Wohnung im Auto und hörten ein türkisches Lied nach dem nächsten. Jeder Anlauf, Abschied zu nehmen, endete damit, dass er den Zündschlüssel nicht drehte und ich sitzen blieb. Er erzählte Anekdoten aus seinem Leben, ich schaute ihm zu, wie seine Hände in der Luft erzählten, und vergaß die Zeit. Ich war glücklich. Dieser Mann tat mir gut. Am Ende hatten wir ganze fünf Stunden im Auto gesessen. Die Scheiben waren komplett beschlagen, und kein einziges Mal hatte er den Satz »Lass uns doch zu dir hochgehen« gesagt. Wir wollten beide nicht, dass dieser Tag endete, doch sowohl gegen die Müdigkeit als auch gegen die gegenseitige Anziehung zu kämpfen, wurde von Minute zu Minute anstrengender. In der Luft hing mein Wunsch nach Nähe sowie meine Angst davor. Der Blick auf die Uhr und das Wissen, dass er eine Stunde zurückfahren müsste, mahnten zum Abschied. Ich beugte mich zu ihm und umarmte ihn. Er hielt mich fest und küsste mich auf die Wange. Es war ein Kuss, aus dem Freundschaft und Fürsorge ebenso wie Leidenschaft und der Wunsch nach Nähe sprach. Weder war ich imstande, diesem Gefühl auszuweichen, noch wollte ich, dass dieser Moment aufhörte. Er nahm mein Gesicht in seine Hände und küsste mich. Mein Herz pochte mir bis zum Hals, und alles in mir zitterte vor Angst. Es war die Angst vor dem nächsten Schritt, die Angst, nicht zu wissen, was ich tun und wie ich mich verhalten sollte, und die Angst vor einem religiösen Fehltritt, der aber bereits stattgefunden hatte.

Nach fast einem Jahr der Trennung war er der erste Mann in meinem Leben und der erste in meiner neuen Welt. Er hatte für meine Situation Verständnis, drängte mich nie zu Dingen, die ich nicht wollte, oder versuchte, meine Unwissenheit auszunutzen. Unsere gemeinsame kurze Zeit war überschattet von seinem unbändigen Drang nach Freiheit und meinem tief verwurzelten Wunsch nach Sicherheit und Bindung. Er fuhr mehrmals wöchentlich die weite Strecke zu mir, stand mir mit Rat und tonnenweise Verständnis für meine Situation zur Seite und machte keinen Hehl aus seinen Gefühlen mir gegenüber. Es gab intensive, aber zeitlich begrenzte Stunden, kurze und hitzige Diskussionen über Richtigkeit und Unwichtigkeit unser beider Vorstellungen. Rückblickend weiß ich, dass ich nicht in der Lage war, seinen Standpunkt zu verstehen. Ich konnte damals nicht erkennen, dass ein Abschied von ihm nicht dasselbe war wie der Abschied von meinen Kindern. Er wollte Freiheit im unbeschwerten Jetzt, ich hingegen wollte die sichere Verbindlichkeit für alle Ewigkeit. Beides zusammen ging nicht. Tief in meinem Herzen wollte ich nicht gehen und wollte ihn nicht verlieren. Doch ohne dass ich von mir behaupten konnte, viel Beziehungserfahrung zu haben, war mir bewusst, dass mich unsere Verbindung nicht aus dem Strudel verzweifelnder Momente lösen würde. Am Ende hatten die Differenzen unsere Beziehung zerstört und der Welt zwei kaputte Herzen ausgespuckt. Doch statt mir danach Zeit zu geben, suchte ich auf anderen Wegen nach einer neuen Lösung. Heute kann ich mir mein Verhalten nur deshalb verzeihen, weil ich weiß, dass ich es nicht besser wissen konnte.

Ich hatte Feierabend und lief durch die Innenstadt. Noch immer schwelgte ich in dem erleichternden Gefühl, nun auch die mündliche Heilpraktikerprüfung wenige Tage zuvor bestanden zu haben. Kurz danach erzählte mir meine Freundin von einer Dating-App, die sie heruntergeladen hatte und die ich nach meiner Enttäuschung mit Kadir auch mal ausprobieren sollte. Zwei Tage nach der Prüfung nahm ich meinen ganzen Mut zusammen und meldete mich an. Es war ein befremdliches Gefühl, die Gesichter von Männern nach rechts und links zu wischen. Innerhalb weniger Stunden bereute ich meine Entscheidung wegen der vielen Nachrichten, die ich bekam, denn es war keine App, bei der das Schreiben erst nach einem gemeinsamen Match möglich war. Doch bevor ich mein Vorhaben, die App wieder zu löschen, in die Tat umsetzen konnte, stieß ich auf einen Mann, der meine Aufmerksamkeit auf ganz besondere Weise auf sich zog – Alex, ein elf Jahre älterer Vater aus Köln. Seine warmen braunen Augen veranlassten mich, sein Bild entschlossen nach rechts zu wischen. Wir hatten ein Match. Mir rutschte das Herz in die Hose. Einerseits, weil ich dachte, dass ich gerade deutlich über meiner Liga spielte, und anderseits, weil ich innerlich noch die Überzeugung hatte, dass für mich nur muslimische Männer mit ernsten Heiratsabsichten infrage kämen und sich die unmöglich auf so einer Plattform tummeln würden. Trotzdem war ich neugierig und träumte von einer romantischen Liebe. Ich wollte es einfach ausprobieren.

Heute weiß ich, dass mir damals eigentlich schon bewusst war, wie sehr ich vor dem Schmerz, die Beziehung zu Kadir beendet zu haben, floh. So schlitterte ich in ein Muster, das mir in den kommenden Jahren in der Welt des Onlinedatings und der kurzen Beziehungen immer wieder begegnete: der nahtlose Übergang von einer Partnerschaft in die nächste Affäre oder Beziehung. Dem verletzten Ego und der gescheiterten Beziehung wird ein neuer Partner oder eine neue Partnerin zur Seite gestellt –

meist für eine kurze Zeit und ohne Besinnungspause, ohne Raum zum Reflektieren und ohne dem Kummer seinen Platz zu geben.

Auch ich ließ mich eine ganze Weile von diesem Muster beherrschen, bis ich dieses Verhalten mit den Jahren teilweise nicht nur abstoßend fand, sondern gänzlich aus meiner Art zu leben strich. Doch es brauchte Zeit und einige prägende Erfahrungen, bis ich zu der Überzeugung kam, dass Menschen sich nach jedem Beziehungsaus Zeit nehmen sollten, um die Wunden zu heilen und gemeinsame Erinnerungen zu würdigen. Erst recht, wenn die Verbindung durch tiefe Gefühle, Kinder oder eine lange gemeinsame Zeit geprägt war.

Alex schrieb respektvoll und lustig, hörte mir zu und stellte Fragen. Nach einigen Tagen des Schreibens verabredeten wir uns zu einem persönlichen Kennenlernen. Je näher der Tag rückte, desto größer wurde meine Unsicherheit. Ich spürte, dass ich mich auf ein Terrain begab, von dem ich keine Ahnung hatte. Weder wusste ich, was mich erwartete, noch, wie ich mich verhalten sollte. Im Grunde wusste ich nichts. Außerdem quälte mich die Frage, ob er mich überhaupt mögen und attraktiv finden würde. Ich fragte mich nicht, was wohl wäre, wenn der Mensch, dem ich gleich zum ersten Mal begegnen sollte, nicht m e i n e n Vorstellungen entsprechen würde.

Wir waren auf dem Marktplatz verabredet. Er schrieb, dass er aus dem Parkhaus komme, und während ich meine Wollmütze zurechtzupfte, liefen meine Füße wie von selbst in seine Richtung. Erst sah ich seine Glatze, dann die dunkle Sonnenbrille, dann die dicke Jacke und dann sein Lächeln, als er mich ebenfalls in der Menge erkannte. Dieser Moment war einer der surrealsten Augenblicke meines Lebens. Da kam ein Mann auf mich zu, der gut das Cover des GQ-Magazins hätte zieren können. Am liebsten wäre ich auf der Stelle umgekehrt, doch dafür war es nun zu spät. Als wir uns gegenüberstanden, reichte ich ihm die Hand. Mehr ging nicht, mehr durfte nicht sein. Wir wechselten ein paar

Worte, einigten uns darauf, erst einen Kaffee zu trinken und dann spazieren zu gehen. Es waren aufregende und schöne drei Stunden, und die Zeit verging wie im Flug. Ich erzählte ein wenig von meiner Geschichte, er erzählte mir von seinen beruflichen Stationen, seinen bisherigen Beziehungen und seinen Vorstellungen in Bezug auf Leben und Arbeit, Gott und Religion und seinen Kindern. Beim Abschied fragte er mich, ob er mich kurz in den Arm nehmen dürfe, und nach kurzem Zögern stellte ich mich auf die Zehenspitzen, und wir umarmten uns in unseren dicken Winterjacken. Dann sagte er mir, ich solle mich nicht wundern, wenn ich ihn und unseren Chat später nicht mehr in der App finden würde. Ich fragte nach dem Grund, und er antwortete, dass er die App nicht mehr brauche, weil er mich gefunden habe. Ich spürte einen Anflug von Panik in mir hochsteigen, die in den kommenden Stunden und Tagen nicht verschwand. Wenige Tage und viele Textnachrichten später verabredeten wir uns in Köln und gingen zusammen essen. Während er mir von seiner Arbeit erzählte, überlegte ich, wie ich ihn über meine Strategie, die mich einige Stunden Schlaf gekostet hatte, in Kenntnis setzen sollte. In einem Moment des Schweigens ergriff ich das Wort und sagte ihm, dass das mit uns nichts werden würde. Er sah mir in die Augen: »Darf ich nach dem Grund fragen? Hat es etwas damit zu tun, worüber wir gestern geschrieben haben? Bitte vergleich dich nicht mit meinen Ex-Freundinnen. Du musst wissen, dass du, so wie du bist, perfekt für mich bist, und dass schlanke Frauen ...« Ich unterbrach ihn: »Es hat nichts damit zu tun, dass ich kein Model wie deine Ex-Freundinnen bin, auch wenn ich dieses Thema immer wieder angesprochen habe. Es geht um was anderes. Schau, wir hätten nur eine Chance, wenn du aufhören würdest, zu rauchen und zu trinken. Und dann müsstest du Muslim werden und mich heiraten.« Mit großen Augen schaute er mich an: »Du sagst, dass ich dir nur nah sein kann, wenn ich diese vier Dinge umsetze?« Meinem schnellen Ja folgte seine Bitte um etwas Zeit, damit er darüber nachdenken könne. »Nimm dir gerne so viel Zeit, wie du brauchst«, antwortete ich ihm.

Es vergingen fast zwei Wochen, bis dieses Thema wieder auf den Tisch kam. Während wir uns schrieben, kämpfte ich gegen meine Angst und Unsicherheit, aber auch gegen die Sorge, ihn zu verlieren. Ich wollte keinen Mann mehr in mein Herz lassen, damit er dort wüten und mich am Ende wieder mit einer blutenden Seele alleine lassen konnte. In einer Nachricht an ihn schrieb ich: »Ich finde es sehr schön, wie du schreibst, wie du deine Gefühle zum Ausdruck bringst und was sie bei mir für Gefühle erzeugen. Gleichzeitig macht es mir Angst, denn ich fürchte mich davor, mich fallen zu lassen, und davor, verletzt zu werden. Ich weiß nicht, ob ich dir damit eine Last bin, wenn du mehr von mir erfährst und merkst, was ich eigentlich alles ›brauche‹. Das Gefühl, jemandem etwas schuldig sein zu können, vermeide ich überall, wo es geht, und ersticke es in den meisten Fällen von Anfang an.«

Klar kann man sich jetzt fragen, wieso ich mich auf einer Dating-App anmeldete, ihn matchte und wir dann ein Date hatten, wenn ich das alles nicht richtig wollte, aber die Antwort darauf ist einfach und kompliziert zugleich. Eine Antwort ist die Hoffnung, dass die Liebe irgendwann, irgendwie und irgendwo mit irgendjemandem klappen würde. Für mich jedenfalls war sie der treibende Motor, denn trotz meiner Ängste fühlte sich dieser Schritt gleichzeitig auch richtig an. Vorerst lag für mich die Lösung darin, cool zu bleiben und die Kontrolle nicht zu verlieren. Diese Rechnung machte ich aber ohne Alex, denn egal, wie sehr ich mich gegen emotionale Nähe und Verbundenheit sträubte und innerlich versuchte davonzulaufen, fing er mich jedes Mal wieder ein. »Ayla, ich möchte dir keine Angst machen, dich nicht bedrängen. Du hast ein paarmal schon erwähnt, dass du deine Freiheit schätzt, gerne alleine bist und deine Wohnung liebst. Wenn wir uns näherkommen, werde ich dich nicht drängen, deine Wohnung aufzugeben oder ständig mit mir zusammen zu sein. Es ist mir bewusst, dass du Männer kennengelernt hast, die bestimmte Erwartungen an dich hatten. Meine einzige an dich ist, dass du mir täglich Schnitzel brätst.« Smiley.

Er bat um ein Treffen und lud mich zu sich nach Hause ein. Es war das erste Mal, dass ich die Wohnung eines anderen Mannes betrat, der nicht zu meiner Familie gehörte. Wir saßen in seiner Küche, und er erzählte mir von seinen Freunden, von Karneval, von Partys, von seinen Kindern und von seiner Trennung. Irgendwann fragte ich nach der Flasche, die auf dem Küchenschrank stand. Er antwortete, dass das Baileys sei, und er glaube, dass mir das schmecken würde. Er fragte mich aber nicht, ob ich davon probieren wolle, denn er wusste, dass Alkohol für mich nicht infrage kam. Und das respektierte er. So wie vieles andere auch, von dem er immer mehr erfuhr, je mehr wir sprachen. Irgendwann war es Zeit für mich, das Abendgebet zu verrichten. Ich fragte ihn, ob ich kurz in seinem Schlafzimmer beten könne. »Natürlich, aber geh lieber ins Wohnzimmer, da hast du mehr Platz«, antwortete er und fragte gleich nach, ob ich noch etwas bräuchte. Ich verneinte und sagte ihm, dass es nicht lange dauern würde. Ich ging ins Bad, nahm die Gebetswaschung vor, ging in sein Wohnzimmer, legte die Decke, die auf dem Sofa lag, auf den Boden, wickelte meinen Schal, der mir noch immer wie ein Relikt um den Hals lag, um meinen Kopf und betete. Die Tür war zu, und er war in der Küche. Als ich fertig war, ging ich wieder zu ihm. »Ich habe ja gar nichts gehört. Betet man immer still?« Ich erklärte ihm, dass das Gebet auf verschiedene Weise verrichtet werden könne und wenn man alleine bete, dann sei das in der Regel immer leise. »Wenn man allerdings in einer Gemeinschaft betet, und das ist schon der Fall, wenn man zu zweit ist, dann spricht man die Koranverse beim Früh-, Abend- und Nachtgebet laut. Aber auch nur in den ersten beiden Positionen im Stehen. Danach wird leise weitergebetet.« Er hörte interessiert zu und stellte weitere Fragen. Dann wechselten wir in sein Wohnzimmer und setzten uns auf das große Sofa, das gleichzeitig auch sein Gästebett war. Es war ausgeklappt. Nach einer Weile legte er sich quer. Ich dachte nicht lange nach und legte mich, allerdings mit genug Abstand, neben ihn. Wir blickten uns in die Augen. »Ich werde dich niemals zu irgendetwas drängen oder etwas tun, was du nicht möchtest. Du gibst das Tempo vor«, sagte er, während er meine roten Fingernägel in Augenschein nahm. Ich fühlte mich sicher. Über meine vier Bedingungen sprachen wir nicht, und als es Zeit wurde zu gehen, brachte er mich zur Tür.

Vier Wochen nach unserem ersten Kennenlernen saßen wir uns in einem Restaurant gegenüber. Während ich von meinem Alltagsstress erzählte, schob er irgendwann den Tisch zwischen uns beiseite, beugte sich vor und streckte mir die Hände entgegen. Ich reichte ihm meine. Dabei schaute er mir tief in die Augen und sagte: »Hase, ich habe über deine Bedingungen nachgedacht und möchte dir sagen, was ich darüber denke.« Oh Gott, oh Gott, oh Gott. Mir verschlug es die Sprache, denn die vier Bedingungen waren seitdem kein Thema mehr gewesen. Er fuhr fort: »Du weißt, dass ich mit dem Rauchen bereits aufgehört habe, weil es mich ebenfalls stören würde, wenn meine Partnerin beim Küssen wie ein Aschenbecher riecht. Das mit dem Alkohol ist etwas, das ich nur mit meinen Freunden tue, wenn wir feiern, und ich habe ja erst mit neunundzwanzig damit angefangen, überhaupt ab und zu ein Glas zu trinken. Seitdem tue ich das verantwortungsvoll. Aber ich respektiere deinen Wunsch und werde darauf achten, es in deiner Anwesenheit nicht zu tun. Nur ob das immer klappen wird, kann ich dir nicht versprechen. Stell dir vor, wir gehen mal zusammen in den Klub.« Dabei grinste er. »Kannst du mit meinen bisherigen Antworten leben?« Er machte kurz Pause. Ich antwortete ihm, indem ich seine Hände fester hielt. »Und was die anderen beiden Bedingungen angeht … ich habe auch nicht die Mutter meiner Kinder geheiratet. Du weißt, was ich von der Ehe halte. Und so, wie ich dich verstanden habe, könnten wir sowieso nur heiraten, wenn ich Moslem würde?« Ich nickte. »Aber kannst du dir vorstellen, dass es vielleicht gar nicht im Sinne von Gott oder Allah ist, wenn ich nur für dich Moslem würde?« Ich musste wieder nicken. Wir hatten in den letzten Wochen immer wieder Gespräche über Gott und Religion geführt, und er war der Überzeugung, dass eine Religion, egal welche, in deren Namen Menschen töteten, der Menschheit nichts Gutes gebracht hätte. Seine Argumentation war überzeugend. Gleichzeitig machte mich das gerade Geschehene platt. Dieser Mann hatte sich nicht von meinen Bedingungen abschrecken lassen, sondern sich ernsthaft Gedanken darüber gemacht, und er erklärte mir seine Gründe auf so klare und respektvolle Weise.

Über allem schwang eine Sache, die mir erst viel später bewusst wurde – er blieb sich treu und versuchte gleichzeitig, Kompromisse zu finden, mit denen er und ich leben konnten. In einer E-Mail, die einige Tage später folgte, schrieb er: »Versteh das bitte nicht falsch! Es ist ein wenig erschreckend und faszinierend, dass Religion so einschränkend sein kann. Ich bin bisher so wenig damit in Berührung gekommen, dass ich das quasi nur aus Erzählungen kenne. Es ist etwas, was für mich völlig fremd ist ... und ich muss zugeben, auch wenn ich es langsam ein bisschen besser verstehe, bleibt es mir fremd. Doch ich respektiere dich, ich respektiere deinen Glauben, ich respektiere dich als Frau. Wie ich dir schon neulich sagte, ist es für mich schwer, die beiden letzten Punkte zu vereinbaren. Ich habe das Gefühl, dass dein Glauben Frauen nicht respektiert. Bitte verzeih, wenn ich verallgemeinere. Ich weiß, dass DU anders glaubst, und du sagtest, es ist etwas sehr Individuelles. Nur bist du letzten Endes doch kein Individuum innerhalb deines Glaubens bzw. der konservativen Gemeinde.«

Wie recht er hatte. Ich war immer noch, wenn auch in Bruchstücken, in meiner alten Welt gefangen, und ein Teil von mir lief durch die alten Straßen einer längst von mir verlassenen Stadt. Doch diese Stadt kannte ich. Ich kannte ihre Seitenstraßen, ihre Sackgassen, ihre Supermärkte, ihre Menschen und ihre Parks. Ich konnte mich in ihr nicht verlaufen. Und obwohl ich bereits aus- und fortgezogen war, blieb etwas in mir wie eine neugierige und hungrige Katze in der Wohnung, statt die lange Landstraße entlangzulaufen, die zum nächsten Dorf oder zur nächstgrößeren Stadt führten. So wie mir meine vertraute Stadt immer fremder wurde, fühlte sich das Neue ebenfalls fremd an. Ein Zurück gab es nicht. Aber vorwärts war auch noch nicht möglich.

Neben unserer intensiven Kennenlernphase begann für mich einerseits die intensive Auseinandersetzung mit dem Neuen. Andererseits folgte die Phase vorsichtiger Annäherung in einem für mich angenehmen Tempo. Von ihm gab es keinen Druck und keine Erwartungen. Mit dem Neuen, das ich in seine Welt brachte, setzte er sich auseinander oder stellte Fragen. So wollte er wissen, was es mit der Wasserflasche auf sich hatte, die ich neben seine Toilette platziert hatte. Damit wasche ich mir den Popo, war meine Antwort. Er grinste, und bei meinem nächsten Besuch stand neben der Toilette eine schickere Flasche. »Ich dachte, die sollte schon ein bisschen schöner aussehen, wenn sie jetzt dauerhaft hier steht.«

Nach einigen Übernachtungen kamen wir uns näher. Alex war der dritte Mann in meinem Leben, und die Erfahrung mit ihm war die bis dahin einschneidendste und gleichzeitig schönste. Es waren Stunden voller Zärtlichkeiten, die immer wieder vorsichtig von seinen Fragen nach meinen Vorlieben begleitet wurden. Doch ich hatte kaum eine Ahnung, was meine Vorlieben eigentlich waren. Allein der Gedanke daran löste bereits ein Gefühl von Scham und Panik aus. Von wirklicher Erfahrung, geschweige denn von Kenntnis meines Körpers und der eigenen Sexualität, konnte keine Rede sein. Genauso fehlte mir die Fähigkeit, über meine Lust zu sprechen oder sie zu zeigen. Er ließ sich davon nicht beirren und führte mich während unserer Beziehung näher zu mir, meinem Körper und meiner Sexualität. Freiwillig machte ich nun die Bekanntschaft mit dem äußeren Rand meiner Komfortzone. Deshalb erscheinen mir aus heutiger Sicht die islamischen Regeln und ihre Handhabe als unsinnig. Denn wie können Frauen und Männer, die in jungen Jahren zum ersten Mal in Kontakt mit sich selbst, ihrer Sexualität und dem anderen Geschlecht kommen, wissen, was ihre Wünsche, Vorlieben und Bedürfnisse sind, wenn das Ausleben der Sexualität zum einen nur an einen Partner gebunden ist und gleichzeitig in ein Korsett voller Erwartungen gepresst wird? Wie kann es richtig sein, dass am Anfang jedes Kennenlernens die Absicht auf Eheschließung steht, obwohl man den Partner oder die Partnerin noch gar nicht richtig kennt? Auch wenn immer wieder damit argumentiert wird, dass die Ehe im Islam im Gegensatz zur Ehe in anderen monotheistischen Religionen nicht bis zum Tode halten muss, sondern die Möglichkeit einer Scheidung besteht, ist das doch keine freie Wahl: Familien sind involviert, die Gemeinde ist eingebunden, Ansehen und Würde spielen eine Rolle, und die Scham, gescheitert zu sein, ist hier von Belang. Statt eine Trennung anzustreben, versuchen sich viele Paare nach der ersten Kennenlernphase innerhalb der Ehe zusammenzuraufen, denn auch, wenn die Scheidung möglich wäre, gehört sie im Islam zu den von Gott *am meisten verabscheuten Dingen*.

Wie groß meine Scham tatsächlich war und welchen großen Raum sie einnahm, stellte ich zum ersten Mal mit Alex fest. Ich konnte mich neben ihm nicht umziehen, nicht gemeinsam mit ihm duschen und trotz seiner unkomplizierten Freizügigkeit, die ich mutig fand, hatte ich große Probleme mit meiner Nacktheit und damit, meine Lust auszudrücken. Stattdessen hoffte ich inständig, er möge bitte ohne meine Hilfe irgendwie dafür sorgen, dass ich mehr über meine Sexualität erführe, bis ich irgendwann selbst in der Lage wäre, über die Dinge sprechen zu können. Bis zuletzt war es mir unangenehm und peinlich, ihm gegenüber zu äußern, was mir gefiel und was ich mir wünschte.

Dass das alles erst der Anfang einer langen Reise zu mir, meinem Körper, seinen Bedürfnissen, zu meiner Sexualität und generell zu meiner Weiblichkeit werden würde, war mir überhaupt nicht bewusst.

Bereits am ersten gemeinsamen Morgen überreichte er mir seine Wohnungsschlüssel, doch bis auch ich endlich verstand, dass wir uns füreinander entschieden hatten und nun Schritt für Schritt gemeinsam diesen Weg gehen würden, brauchte es länger, denn in meiner Welt waren die Hürden größer. In erster Linie hieß das für mich, dass ich eingefahrene Vorstellungen, wie was zu sein hatte, immer wieder überdenken und auf ihren Wahrheitsgehalt sowie ihre Realitätstauglichkeit hin überprüfen musste. Es war ermüdend und frustrierend, weil ich merkte, dass ich mit den bisher gewohnten Methoden in meiner neuen Welt nichts anfangen konnte. Früher, wenn kontrovers diskutiert wurde und eine Diskussion ihren Höhepunkt erreichte, wurden die Thesen, Themen oder Meinungen mit islamischen Regeln abgeglichen und bei nicht vorhandener Tauglichkeit verworfen. Dort war die letzte Instanz Gott. Womit ich nun konfrontiert war, glich dem Absolvieren des Seepferdchenabzeichens auf dem offenen Meer. Ich musste lernen, die Angst abzulegen, die Gefahren zu erkennen und einzuschätzen, mich über die Gezeiten informieren und zwischendurch die Entfernung zur Küste im Auge behalten. Am Anfang blieb mir nur das Planschen am Strand und das Beobachten der Wellen aus sicherer Entfernung. In meinem bisherigen Schwimmbad hatte es keine Wellen und keine Gezeiten gegeben, sondern geflieste Böden, eine konstante Wassertemperatur, markierte Bahnen und Leitern, über die man ins Becken gelangen konnte.

Dass ich einige Jahre damit zubringen würde, meine bisherige Prüfinstanz den neuen Umständen anzupassen, konnte ich damals nicht einschätzen. Denn die Tatsache, dass bei einer kontroversen Diskussion die letzte Instanz nun die eigene Moral war, war mir bis dahin nicht geläufig.

Ich lernte seine Freunde kennen, und wenige Wochen später fragte er mich, ob ich Lust hätte, mit ihm in einen Klub zu gehen. Obwohl ich mir meiner Hemmungen und Tabus bewusst war, war meine Neugier mindestens genauso groß, denn ich hatte noch nie einen Klub von innen gesehen. Am frühen Abend trafen wir uns bei ihm zu Hause. Ich klingelte an der Haustür und wartete unten auf der Straße. Schließlich ging ich davon aus, dass wir direkt losfahren würden. Stattdessen schaute er wenige Minuten später verdutzt aus dem Fenster und rief mich hoch, weil er noch nicht fertig sei, und ich solle mich nicht wundern, weil er in der Wanne liegen würde. Oben stand die Tür offen, und auf dem Fußboden waren seine nassen Fußabdrücke zu sehen. Er hatte sich wieder in die Badewanne gelegt. Durch den Türspalt rief ich ein kurzes »Hallo« und ging in die Küche, um dort auf ihn zu warten. »Hase, du kannst auch gerne ins Bad kommen«, hörte ich ihn rufen. Diese Situation war mir zu intim und gleichzeitig zu peinlich, aber eigentlich ertrug ich nur meine eigene Unbeholfenheit nicht. Irgendwann kam er mit einem Handtuch um die Hüften aus dem Bad, schlurfte zu mir in die Küche, gab mir einen Kuss und ließ beim Hinausgehen das Handtuch fallen. Was für ein Anblick, ging es mir durch den Kopf, doch statt meiner Lust nachzugehen, blieb ich erst sitzen und folgte ihm dann in sein Ankleidezimmer, wo er bereits in Boxershorts stand.

Dieser Abend brachte lauter neue Erfahrungen. Ich erfuhr, was Vorglühen bedeutete, lernte, dass man erst ab Mitternacht feiern geht, und stellte schnell fest, dass ein Klub kein wirklich geeigneter Ort für Gespräche war. Auch stand ich zum ersten Mal auf einer Tanzfläche, Körper an Körper mit anderen Frauen und Männern. Aber eben auch mit meinem Partner. Trotz der Dunkelheit im Klub und der permanenten Blick- und Körperkontakte durch und mit anderen Männern und Frauen, hatte ich zu keinem Zeitpunkt das Gefühl, dass diese meiner Beziehung gefährlich im Weg stehen müssten, denn obwohl alle mit allen tanzten und sprachen, existierten hier andere Maßstäbe von Loyalität und Zugehörigkeit.

Auf der überfüllten Tanzfläche nahm außer ihm niemand Kenntnis von meinen stocksteifen Hüften, die nur widerwillig zur Musik mitschwangen. Zwischendurch bekam ich zum ersten Mal mit, wie Getränke über die Theke bestellt, rübergereicht und bezahlt wurden, sah zum ersten Mal eine dunkle Damentoilette und erlebte zum ersten Mal, wie sich Frauen vor einem beschlagenen und schlecht beleuchteten Spiegel schminkten, ihre Kleider zurechtzogen oder ihren Haaren wieder eine Form gaben, während sie leicht wankend auf ihren hohen Absätzen balancierten.

Wenige Tage später fuhren wir gemeinsam über die Osterfeiertage in den Schwarzwald. Das Haus gehörte einem seiner Freunde, und es war für mich das erste Mal, dass ich diese Art von Reise erlebte – in einem neuen Umfeld und mit Menschen meines Alters, die aber im Gegensatz zu mir völlig anders sozialisiert waren und einen Lebensstil führten, den ich nicht kannte. In ihrer Welt standen weder Religion noch Scham noch Verbote im Vordergrund. Vielmehr ging es um eine entspannte und lustige Zeit. Um ein Miteinander. Meine Geschichte war unwichtig, stattdessen beobachtete ich, was unbeschwerter Humor, selbstverständlicher Respekt, Loyalität und gelungene Kommunikation bedeutete. Lustigerweise war die Tischtennisfähigkeit als Kriterium wichtiger als die gleiche Meinung, denn bei jeder Gelegenheit stellten wir uns um die Platte. Von außen betrachtet waren die Tage unbeschwert und entspannt, und obwohl niemand miteinander verwandt war, ging es familiär und vertraut zu. Es gab keine Regeln von oben, es gab die Menschen, ihre Erfahrungen, ihre Freundschaft, und es gab die Sprache. Der einzige Mensch, der seine Regeln mitbrachte, war ich. Ich hatte fünf Mal am Tag meine kurzen Momente des Rückzugs zum Beten, und ich verurteilte das allabendliche gesellige Beisammensein bei Bier, Wein und Brettspielen, ohne es wirklich zu merken. Ich konnte oder wollte nicht verstehen, wie man dieses für mich offensichtlich für den Körper und Geist so schädliche Gesöff Abend für Abend konsumieren konnte. Abgesehen davon, dass es stank, war ich überzeugt davon, dass es das Wesen veränderte und es keinen Sinn hatte, mich mit jemandem zu unterhalten, der getrunken hatte und eh nichts mehr richtig mitbekam. Am zweiten Abend fühlte ich mich deshalb so fehl am Platz, dass ich vorzeitig ins Bett ging, bis Alex irgendwann zu mir kam. Er legte sich neben mich, strich mir über den Kopf und fragte, ob alles in Ordnung sei. Das Einzige, was ich allerdings vernahm, war seine Bierfahne. Ich sagte ihm, dass nichts in Ordnung sei und ich damit einfach nicht klarkäme. Ich begann zu weinen und sagte, dass ich mich verloren fühlte, dass ich meine Kinder vermisste, dass ich nicht wisse, wohin ich gehöre, und eigentlich wegwolle. Er nahm mich in den Arm. An seine genauen Worte erinnere ich mich nicht mehr, aber ich habe noch vor Augen, wie er das schwarze Lederband, an dem ein Adlerflügel baumelte, abnahm und mir um den Hals legte. »Diese Kette begleitet mich seit vielen Jahren und hat mich immer daran erinnert, dass ich frei bin und hinfliegen kann, wo es für mich gut ist. Ich brauche sie nicht mehr. Ab jetzt soll sie dich daran erinnern, dass du überall hinfliegen kannst, wohin du möchtest. Denn du bist frei.« Ich wusste um die Bedeutung dieser Kette, sie sollte bis zu unserer Trennung um meinem Hals hängen und mich an meine Freiheit und an das wertvolle Geschenk an meiner Seite erinnern. Doch woran sie mich ebenfalls erinnerte, war der lange Weg, der mir noch bevorstand.

Als ich mich beruhigt hatte, lagen wir nebeneinander. Das Gespräch hatte ihn mitgenommen. Er drehte sich mit seinem Gesicht zu mir und schlief eng an mich gekuschelt ein. Erst überkam mich ein schlechtes Gewissen, weil ich das Gefühl hatte, ihm mit meinen Urteilen unrecht zu tun, und dann überkam mich eine Welle von Traurigkeit und Scham. Ich spürte, wie ich mich an seiner Seite als Mensch nicht mehr gut genug fühlte. Nicht weil er mir dieses Gefühl gab. Keineswegs. Ich selbst gab mir das Gefühl, weil ich mich unbewusst mit seinen Freunden verglich und niemals gut genug sein könnte, weil ich die Vorstellungen, die ich meinte, erfüllen zu müssen, niemals erfüllen konnte. Wie sollte ich es jemals schaffen, so zu sein wie er oder seine Freunde? Meine beruflichen Perspektiven schienen in weiter Ferne. Mir fehlte der Freundeskreis, mir fehlten Jahrzehnte Erfahrung mit diesem freien Leben und ja, mir fehlte auch das nötige Selbstbewusstsein, das hier irgendwie jeder und jede wie ein Schild vor sich her zu tragen schien.

Meine Gedanken kreisten um die Frage, wie ich irgendwann meinem Vater gegenüberstehen und ihm von meinem Glück mit Alex erzählen sollte. Seine erste Frage wäre, ob er Muslim sei. Und dann war da noch der Alkohol. Wie könnte ich meinen Kindern die verbotenen Flaschen in unserer Küche, sollten wir irgendwann zusammenleben, erklären? Meine Mutter und meine Brüder waren nicht das Problem, aber der Rest der Familie würde mich regelmäßig ins Kreuzverhör nehmen. Und je mehr ich dieses Gedankenkarussell weiterdachte, desto größer wurde die Verzweiflung. Ich war verliebt in diesen Mann und wollte eine Zukunft mit ihm und gleichzeitig schrie ein Teil in mir, dass mir das alles über den Kopf wuchs. Im Grunde war es das bereits, aber ich wollte es nicht akzeptieren. Ich wollte lernen und mich von dem Neuen, was hier seit einigen Wochen Teil meines Lebens geworden war, nicht unterkriegen lassen. Was ich brauchte und mir wünschte, war Geduld.

Rückblickend, mit viel Abstand und um einige Erfahrungen reicher, ist mir die Tragweite, aber auch die Schwere dieser Zeit sehr bewusst. Sie war da, um mich in die nächst höhere Bewusstseinsebene zu hieven. Sie war da, um mir ein Tor zu einer Welt zu öffnen, von der ich in meiner alten Welt nur die Mauern gesehen hatte, und um mir letztendlich zu zeigen, dass ich mich langfristig für einen Weg entscheiden musste. Denn zu dieser Zeit versuchte ich, mit dem Alten das Neue zu verstehen und dem Neuen wegen des Alten keinen Platz zu geben.

Meine Kleidung war dieselbe wie aus der Zeit mit Kopftuch, die ich versuchte, mit dem, was ich mir nun erlaubte, zu kombinieren. Den ersten Sommer verbrachte ich noch im Stil des Gewohnten mit dem einzigen Unterschied, dass meine Haare sichtbar waren. Den zweiten Sommer schaffte ich es, kurze Ärmel zu tragen. Bis ich allerdings Leggins und Strumpfhose unter meinen Kleidern weglassen konnte, sollten weitere zwei Sommer vergehen.

Jedes Mal, wenn wir miteinander schliefen, vollzog ich die große Waschung, um wieder, rituell rein, meine Gebete verrichten zu können, obwohl ich wusste, dass unehelicher Geschlechtsverkehr verboten war. Alles war ein Spagat zwischen alt und neu, zwischen erlaubt und verboten, zwischen Sicherheit und Freiheit. Dass dieser Balanceakt nicht lange gut gehen konnte, liegt auf der Hand.

Ich begleitete ihn zu seinen Basketball-Spielen, ging nach den Spielen mit ihm und seinen Freunden zum Kiosk um die Ecke und stand mit meiner Limo daneben, während sie ihr Feierabendbierchen tranken. Wir verbrachten Abende bei mir oder bei ihm, sprachen neben Alltagsthemen über unsere Vorstellungen und träumten uns hin und wieder in eine gemeinsame Zukunft. Wenn ich mit meinen Ängsten über meine Ungewissheit weder ein noch aus wusste, löschte er das Feuer. Genau in diesen Momenten machte sich unser Altersunterschied durch seine besonnene Art bemerkbar, doch wie jeder Mensch hatte auch er nur eine begrenzte Kapazität.

Nachdem wir meine Mutter besucht hatten, nahm ich all meinen Mut zusammen und schrieb meinem Vater: »Ich wollte dir mitteilen, dass ich einen Menschen kennengelernt habe, mit dem ich sehr glücklich bin. InschaAllah sehen wir uns sehr bald wieder, und wenn du möchtest, kannst du ihn sehr gerne kennenlernen. Er heißt Alex. Deine Tochter, die dich sehr liebt.« An die E-Mail hängte ich ein gemeinsames Bild von mir und Alex an.

Seine Antwort ließ nicht lange auf sich warten und versetzte mir einen Schlag in die Magengrube, auch wenn ich unterbewusst nichts anderes erwartet hatte. Ich wusste, dass er nur mein Bestes wollte, aber einfach nicht in der Lage war, über den Tellerrand der islamischen Regeln zu schauen. Die Nachricht war auf Türkisch. Er fragte mich, ob Alex ein Muslim sei und mich zu einem gottgefälligen Leben führen könne oder ob mich die Beziehung mit ihm eher davon abbringen würde? Er sagte, er könne verstehen, dass ich keinen muslimischen Mann mehr wolle. Dann zitierte er aus einem Koranvers, der sinngemäß besagt, dass die »Reinen mit den Reinen und die Unreinen mit den Unreinen« heiraten sollen und dass dieses Unreine nicht mit Seife, sondern im Erkennen Gottes zu beseitigen sei – der Zustand des geläuterten Herzens. Er erinnerte mich daran, dass dieses Leben eine Reise sei und ich nicht das Ewige riskieren solle. Denn das sei es, worauf es ankomme.

Ich war sprachlos, traurig, wütend. So sehr ich ihn liebte und so sehr ich wusste, dass sein einziger Antrieb darin bestand, nur das Beste für mich zu wollen, weil er mich liebte, fragte ich mich, wieso er nicht sah, dass Alex mich glücklich machte. Wieso konnte er nicht seine Angst vor dem Unbekannten, womit ich ihn gerade konfrontiert hatte, auf angemessene Weise zum Ausdruck bringen, ohne gleich die Antworten in religiösen Regeln zu suchen? Viel später wurde mir durch Gespräche mit ihm und mit ein paar meiner Glaubensgeschwister bewusst, dass sie es nicht können. Sie haben es nie anders kennengelernt. Alex gegenüber erwähnte ich die E-Mail nicht, und sie blieb unbeantwortet, weil ich nicht wusste, was ich schreiben sollte. Zwei Stunden später schickte mein Vater eine weitere E-Mail. Er führte einen Koranvers auf, den ich schon mein ganzes Leben in mahnenden Momenten zu hören bekommen hatte: »Er ist euch näher als eure Halsschlagader, und alles, was wir tun, wird niedergeschrieben.« Die Reise auf Erden sei schnell zu Ende, und wir würden vor Ihm stehen und Rechenschaft ablegen.

Näher als die Halsschlagader – für Muslim:innen bedeutet dieser Vers, Gott weiß alles, was wir sagen, tun und denken; er ist im Inneren des Menschen zu finden. Er kennt unsere Absichten und liebt uns mehr, als eine Mutter ihr Kind lieben kann. Das war ein Argument, das ich früher beipflichtend abgenickt hatte, während sich in meinem Kopf die Gedanken drehten: Wenn Er mir so nah ist und sogar meine Absichten kennt, dann weiß Er auch, wenn es mir mit einer Sache nicht gut geht. Wenn ich diese Sache trotzdem tue, wie kann ich dann überhaupt dafür ehrliche Pluspunkte auf meinem Jenseits-Konto bekommen? Und wenn Er mich und Seine Geschöpfe mehr liebt als eine Mutter ihr Kind, dann reden wir hier von bedingungsloser Liebe – einer Liebe, von denen viele Männer und Frauen und auch viele Väter und Mütter weit entfernt sind.

Ich bin Mutter, und wenn es etwas gibt, was ich meinen Kindern neben der Wichtigkeit ihrer Selbstständigkeit und Mündigkeit mit Hingabe nahegebracht habe und bis an mein Lebensende vorleben möchte, dann ist es, dass meine Liebe bedingungslos ist. Bis heute wissen die Kinder, dass ich immer und unter allen Umständen für sie da bin und da sein werde, egal, für welchen Weg sie sich entscheiden. Wie kann es einem Menschen gelingen, eine Vorstellung von der Liebe Gottes zu seinen Geschöpfen zu erlangen? Erst als ich Mutter wurde, habe ich diesen Koranvers auch auf emotionaler Ebene nachvollziehen können.

Die Auseinandersetzung mit diesem Vers hat mich viele Jahre begleitet, denn neben dem emotionalen Verständnis wurde die geistige Herangehensweise mit jeder neuen Erfahrung greifbarer.

Für mich bedeutet er heute vor allem eins: Jeder Mensch trägt etwas Göttliches in sich. Wenn wir uns selbst näherkommen, indem wir uns besser kennenlernen und in uns hineinhören, kommen wir auch den Antworten des Lebens näher. Er ist Leben und Antwort. Und Er ist uns näher als das Leben. Es heißt nicht umsonst *Gotteserkenntnis durch Selbsterkenntnis.* Gott zwischen zwei Buchdeckel zu packen oder zu meinen, Ihn und sich selbst durch die Einhaltung von Regeln zu finden, ist für mein heutiges Verständnis nichts anderes, als der menschlichen Schöpfung und der göttlichen Allmacht respektlos gegenüberzutreten. Der erste Schritt zu einem anderen Gottesbild wäre doch, sich von der angepassten und vermenschlichten Vorstellung von Ihm zu lösen.

Einige Tage später rief ich meinen Vater an. Am Telefon war er bedachter und der liebevolle Vater, den ich kannte. Er versuchte, mir ein weiteres Mal den Inhalt seiner E-Mails verständlich zu machen. Ich sagte ihm, dass ich ihn verstehe, aber dass er doch bitte versuchen sollte, auch mich zu verstehen. Ich erzählte ihm von meinen vier Bedingungen, die ich Alex gestellt hatte, erzählte ihm, wie liebevoll, geduldig und vor allem respektvoll er sich bisher mir und meinem Glauben gegenüber verhalten habe, ja, mich sogar regelmäßig an meine Gebete erinnerte. Ich erzählte ihm, dass ich mich sicher und wohl bei ihm fühle. Einzig das Thema Alkohol sei das, was mich sehr beschäftige. Nach dem Telefonat hatte ich das Gefühl, dass ich ihn hatte beruhigen können, besonders, weil er wohl sah, dass mein Glaube in keiner Weise in Gefahr war. Gleichzeitig wusste ich aber auch, dass mir nichts anderes übrig blieb, als einsehen zu müssen, dass mein Vater in der Welt verhaftet war, die ich, ob ich wollte oder nicht, verlassen hatte. Ich sah ein, dass es nun in meiner Verantwortung lag, Alex und mich vor den Einflüssen von außen zu schützen. In erster Linie würde das bedeuten, mein Privatleben gegenüber meinem Vater und anderen Menschen privat zu halten.

Eine Woche nach der E-Mail meines Vaters war ich so weit, Alex meinen Kindern vorzustellen. Seine Kinder hatte ich bereits Wochen zuvor bei einem Besuch seiner Eltern kennengelernt. Er kannte neben meiner Mutter nur einen meiner Brüder. Somit blieben noch drei meiner Brüder übrig und meine Kinder. In der vorletzten Maiwoche trafen wir uns bei strahlendem Sonnenschein im Kölner Rheinpark – er mit seinem Sohn und ich mit meinen Kindern. Meine Sorgen, wie sie wohl den neuen Mann an meiner Seite aufnehmen würden, lösten sich innerhalb weniger Minuten in Luft auf. Noah fragte ihn, wann er mich heiraten würde, Leyla fragte ihn, ob sie seine Glatze streicheln dürfe, und Adam wollte mit ihm Steine ins Wasser werfen. So gingen wir zu sechst zum einige Meter entfernten Rheinufer. Während ich auf einem Stück Treibholz saß und die fünf beobachtete, überkam mich ein Gefühl des Glücks und der Liebe, und all die Momente des Zweifelns und der Angst landeten Stück für Stück mit den Steinen im Rhein. Ich war mir sicher, an dieser Stelle eine große Hürde genommen zu haben.

Welche Rolle Alex in meinem Leben gespielt hat, wurde mir, wie so vieles andere auch, erst viele Jahre später bewusst. Er und Kadir öffneten mir die Tür zur Welt der gleichberechtigten Beziehungen und letztlich zu mir selbst – auf eine liebevolle und gutmütige Art. Kadir nahm mir die erste Angst vor Nähe und Intimität, und Alex zeigte mir, dass dort draußen eine unbeschwerte und von Leichtigkeit geprägte Welt auf mich wartet, in der fern von Religion nur Liebe und Respekt die tragenden Säulen des zwischenmenschlichen Zusammenseins bilden können. Ich fragte mich lange Zeit, wieso ich den weiteren Weg ohne sie gehen musste und warum seitdem kein Mann in mein Leben gekommen war, der einen ähnlich beständigen und würdigen Platz eingenommen hatte. Was wäre geschehen, wenn mir anfangs statt Kadir oder Alex ein Mann begegnet wäre, der weder dieses Verständnis noch die Güte mitgebracht hätte, sondern mich stattdessen in einen emotionalen Abgrund katapultiert hätte? Denn genau das sollte im Laufe der Jahre noch geschehen, doch wer einmal warmherzigen Menschen, die einem wohlgesinnt sind, begegnet ist, kann durch unachtsame Menschen dauerhaft keinen Schaden erleiden. Zu wichtig sind die positiven Erfahrungen, und zu präsent sind die bedeutsamen Erinnerungen. Bis heute staune ich, dass meine Reise in die Welt der freiheitlichen Liebe ausgerechnet mit diesen beiden Menschen begann. Gleichzeitig ist mir mittlerweile bewusst, dass es niemals zu einem Happy End im klassischen Sinne hätte kommen können. Ihre Missionen in meinem Leben waren klar definiert und endeten in dem Moment, wo ich meine Erkenntnisse hatte. Und ab da sollte die Reise weitergehen. Ohne sie.

Eine Woche nach unserem gemeinsamen Nachmittag mit den Kindern schrieb ich folgende E-Mail: Lieber Alex, ich schreibe mir jetzt einfach alles von der Seele, denn ich kann diesen Zustand nicht mehr lange aushalten, weil ich sonst platze. Du bist mir in kürzester Zeit ein sehr wichtiger Mensch geworden. Ich liebe dich und möchte noch viel mehr Zeit mit dir verbringen, als es bisher der Fall war. Der Anlass dieser Mail ist eigentlich nicht neu, aber dadurch, dass wir darüber schon einige Male gesprochen haben, fällt es mir leider einfach umso schwerer, es noch mal zur Sprache zu bringen. Es ist so, dass ich mit dir nicht wirklich ICH sein kann. Ich weiß, dass ich mich selbst einschränke – vielleicht aus Angst, dass du gehst, wobei du eh gehen kannst und wirst, wenn du genug hast. Ich möchte dir viel öfter am Tag schreiben, viel öfter nach deiner Hand greifen, viel öfter einfach abends in deiner Wohnung sein, bevor du heimkommst, viel öfter das Gefühl haben, dass ich bei dir »angekommen« bin. Auf der anderen Seite möchte ich in meinem Leben und gerade in meiner Partnerschaft keine faulen Kompromisse mehr schließen müssen. Das tat ich bereits mehr als mein halbes Leben lang, bis ich nicht mehr atmen konnte und daran fast erstickt wäre. Seit vier Monaten sehe ich nun, wie es mir damit geht, und es geht mir nicht gut. Ich werde auf Dauer meine tatsächlich tief sitzende Abneigung dem Alkohol gegenüber nicht ablegen können. Das habe ich versucht, aber es geht nicht. Auch kann ich auf Dauer mit dir ohne islamische Eheschließung nicht zusammen sein, geschweige denn zusammenziehen. Ich weiß, dass du nicht heiraten willst und wirst. Ich weiß auch, dass der Alkohol und das Trinken mit Freunden Bestandteile deines Lebens sind. Diese beiden Punkte werden uns wohl oder übel langfristig auseinanderbringen. Wenn du weißt, dass du bei diesen beiden Sachen keine Kompromisse machen möchtest, dann zögern wir das Unausweichliche einfach nur hinaus und werden beide nicht glücklich. Ich möchte aber nicht der Grund für dein Unglück sein, und ich möchte auch nicht, dass du meinetwegen dein bisheriges Leben auf den Kopf stellst, nur um es mir recht zu machen. Bis vor einem Jahr habe ich nicht mal in meinen kühnsten Träumen daran gedacht, eine Beziehung ohne islamische Eheschließung einzugehen, geschweige denn mit einem Nichtmuslim oder mit einem Menschen, der Alkohol trinkt, zusammen zu sein. Mein Onkel und die Cousine meiner Mutter trinken beide, und das nicht wenig, und jedes Mal, wenn sie uns früher besucht und getrunken haben, fühlte ich mich unwohl. Das alles klingt jetzt chaotisch und unfair, aber mir ist es egal, ob du Muslim bist oder nicht. Mir ist egal, wenn du gelegentlich mal feiern gehst und auch trinkst. Mir ist es egal, ob wir standesamtlich heiraten oder nicht. Mir ist es egal, was der Rest der Familie von unserer Partnerschaft denkt. Mir ist nur nicht die Dauerpräsenz des Alkohols egal.«

Statt die Mail abzuschicken, sagte ich ihm, dass ich mit ihm reden müsse. Etwas in mir wollte mir selbst, ihm, meiner Familie und den Menschen meiner alten Welt gerecht werden, ohne zu verstehen, dass dieser Anspruch völlig unrealistisch und überhaupt nicht notwendig war. Am liebsten hätte ich mir ein

Erdloch gebuddelt und wäre einfach reingesprungen, statt diese Probleme wälzen zu müssen. Mit meiner Mutter, die kaum bis gar keine Beziehungserfahrungen hatte, konnte ich über meine Sorgen nicht sprechen. Jasmin riet mir, auf mein Bauchgefühl zu vertrauen. Nur leider hatten mein Bauchgefühl und ich zu dieser Zeit noch keinen Vertrag miteinander. Ich verstand zwar seine Sprache, wusste aber nicht, wie ich das Gesagte ohne Panik umsetzen sollte. Auch die Freundschaft zu meiner heute mir vertrautesten Freundin steckte für diese Art von Rat noch zu sehr in den Kinderschuhen. Ich hatte also niemanden, mit dem ich reden konnte. Außer mit Alex.

Ich saß mit Blick zur Tür am Ende des Restaurants, in dem wir uns verabredet hatten, als er den Raum betrat. Während er auf mich zulief, lächelte er. In meinem Kopf sah es aus wie auf einem Basar – laute Stimmen, die durcheinander Monologe führten und aneinander vorbeiredeten. Ich lächelte nicht, zu sehr war ich damit beschäftigt, die richtigen Worte zu suchen.

Sein Lächeln erstarrte mit jedem weiteren Schritt, den er näher kam. Statt mich selbst irgendwie aus meinem Gedankenchaos zu befreien, geriet ich innerlich in noch größere Panik, als er mir mit seiner zum ersten Mal erstarrten Mimik und Körperhaltung gegenüberstand. Ich war wie gelähmt. Wir beschlossen, an die frische Luft zu gehen. Zum ersten Mal spürte ich eine Distanz, und alles in mir geriet in Panik. Irgendwann standen wir auf der Hohenzollernbrücke mit Blick zum Dom. Er lehnte sich ans Brückengeländer. »Ich möchte nicht, dass du wegen mir und meinen Vorstellungen unglücklich bist und dir ständig den Kopf zerbrichst. Ich habe nachgedacht und muss mir selbst eingestehen, dass ich mir wohl zu viel zugemutet habe. So sehr ich mir das auch wünsche, bin ich mittlerweile davon überzeugt, dass wir beide in zu unterschiedlichen Welten leben.« Seine Stimme klang traurig, aber bestimmt, und zwischen seinen Worten schwang eine nachdrückliche Endgültigkeit. Bis ich realisierte, dass wir gerade dabei waren, unserer Beziehung den Stecker zu ziehen, brauchte es einige Sätze mehr. »Du verstehst mich nicht. Ich suche einen Weg, damit mich diese eine Sache, nämlich der Alkohol, nicht mehr stört. Für mich ist ja alles andere gerade schon fast zu viel, weil es so neu ist. Alles, was ich brauche, ist einfach mehr Zeit und ein wenig mehr Geduld.« Er schaute mich an, und sein Blick sagte mir, dass ich nicht weiter reden brauchte. Von ganz tief unten spürte ich eine riesige Welle des Schmerzes aufsteigen. Wir hielten uns fest und weinten. Ich versteckte meinen Kopf an seiner Brust. »Was machen wir hier?«, hörte ich meine Stimme sagen. »Wir lieben uns, und du willst, dass wir uns jetzt verabschieden?« Er sagte nichts. Hinter mir hörte ich Menschen an uns vorbeilaufen, spürte ihre Blicke in meinem Rücken, vernahm von rechts und links bedeutungslose Worte. Meine Welt stand auf befremdliche Weise still. Ich verstand es einfach nicht. Mich selbst verstand ich schon nicht, aber noch weniger verstand ich seine Entscheidung. Wieso sah er nicht, was ich gerade brauchte? Hatte ich mich vielleicht nicht deutlich genug ausgedrückt? Es war doch gar nicht so schwer. »Wir müssen einfach akzeptieren, dass es so nicht weitergeht. Ich fühle mich in meinem Leben eingeengt. Deine Regeln sind nicht meine, und bevor ich dich kennenlernte, kannte ich weder deine Religion noch ihre Regeln«, sagte er bedrückt. Ich musste schlucken. Meine Regeln. Es waren doch gar nicht mehr meine Regeln. »Kannst du dir vorstellen, dass ich über dreißig Jahre mit diesen Regeln gelebt habe und gerade erst ein Jahr in einer neuen Welt angekommen bin? Ich brauche Zeit.« Doch es war klar, dass er eine Pause wollte und dass der Abschied bevorstand. Von Menschen, die ich liebe, Abschied zu nehmen, ist mir bis heute ein Graus. Ich wollte die Zeit anhalten und sie zurückdrehen. Ich wollte wieder im Restaurant sitzen und meine chaotischen Gedanken davonjagen. Ich wollte sein Lächeln erwidern. Ich wollte meine Regeln verstehen, und ich wollte ihn so sein lassen können, wie er war. Meine Welt war eine undefinierte Welt. Ein Ort ohne Namen und ohne Wege. Ich tappte unbeholfen herum, verlief mich und stieß mir dauernd den Kopf. Wie konnte ich nur erwarten, dass sich jemand von außerhalb in meiner Welt wohlfühlen konnte? Die Strecke bis zu seinem Auto und der Abschied gehören bis heute zu den Dingen in meinem Leben, die ich tief begraben habe. Zu groß war der Schmerz.

Tags darauf schrieb ich mir in einem Brief den Schmerz von der Seele, zeigte Einsicht und bat erneut um Geduld und Verständnis. Ich hatte begriffen, dass der Alkohol stellvertretend für einige andere Dinge in meiner Welt stand und dass ich lernen musste, die Dinge voneinander zu trennen, und dass vier Monate eine verdammt kurze Zeit waren, um einen Menschen in seiner Gesamtheit zu erfassen.

Es verging eine ganze Woche, bis seine Antwort, die auch gleichzeitig seine letzte Nachricht war, eintraf. Worte, die freundlich um Verständnis baten, dennoch mit den Worten *es gibt einen egoistischen Grund, unsere Beziehung nicht weiterzuverfolgen, und es gibt einen, bei dem ich an dich denke. Du wirst den Letzteren wahrscheinlich nicht zählen lassen, aber ich kann ihn nicht ignorieren. Ayla, ich kann das nicht. Es tut mir leid. Tut mir leid, dich zu enttäuschen. Dir wehzutun. Nicht stark genug zu sein* entschlossen einen Schlussstrich zogen.

Seine Entscheidung riss mir für viele Wochen den Boden unter den Füßen weg. Mir war damals nicht klar, dass es für eine reife Beziehung mehr brauchte als nur die Liebe, doch wie sich eine reife Beziehung genau anfühlt, habe ich in der Praxis bis heute als Ganzes noch nicht erfahren. Allerdings sind mir Teile in kurzen Beziehungen begegnet. Heute definiere ich eine reife Partnerschaft so: Sie ist auf Respekt, Vertrauen, Wertschätzung und Freiheit aufgebaut, setzt voraus, dass zwei gleichwertige Individuen in dieselbe Richtung schauen und nicht den Partner oder die Partnerin als Lehrer, Therapeut oder fehlendes Elternteil zweckentfremden. Sie ist die Summe gemeinsamer Entscheidungen und Erfahrungen, die im besten Fall durch ein verbindliches und gütiges Vorhaben besiegelt wird. Sie nimmt die Schwächen des anderen an, fördert die Stärken und hinterlässt das Gefühl, an der Seite des anderen ein besserer Mensch zu sein. Gemeinsamkeiten und Gegensätze können ergänzen, trennen oder verbinden, aber wichtig ist unser Verhalten.

Bis heute erlebe ich, dass Menschen zusammenkommen, in der Hoffnung, beim jeweils anderen die Baustellen aus Verlustängsten, nicht bearbeiteten Themen aus der Kindheit und bei Mutter- oder Vaterproblemen Heilung zu finden. Es wird nach gegenseitiger Bestätigung gelechzt, man ist selten imstande, alleine zu sein, und sucht in der Intimität oder in Zukunftsträumen nach Erlösung. Aber eine Partnerschaft ist so vieles mehr, als einen Menschen an die Hand zu nehmen und diesen aus dessen Seelensumpf zu ziehen.

Nach einigen Jahren der Erfahrung durch kurze, traurige, nervenaufreibende und teilweise aber eben auch sehr erkenntnisreiche und schöne Beziehungen bin ich mir des Wertes und der Seltenheit einer guten und gesunden Partnerschaft bewusst.

Es sollten dennoch fünf Jahre inklusive einer missbräuchlich toxischen Beziehung vergehen, bis ich Alex' Entscheidung in ihrer Gesamtheit verstand. Als es endlich klick machte und ich nach vielen Anläufen diese Beziehung beendete, schrieb ich ihm folgende Worte: *In den letzten Monaten meines Lebens ging ich innerlich sehr oft unsere Beziehung durch. Nun möchte ich dir sagen, dass das, was du damals getan hast, GUT war, denn ich habe jetzt und während meiner letzten Beziehung so vieles von deinem Verhalten verstehen können, was ich früher einfach nicht besser wissen konnte. Es ist traurig, aber zugleich unglaublich befreiend, die innere Entwicklung über Jahre beobachten zu können und sich der eigenen Lernfähigkeiten bewusst zu werden. Auch wenn viele Jahre zurückliegen, danke ich dir von Herzen für die vielen schönen Momente. Al-*

les, was geschehen war, war wichtig und hatte seinen Sinn. Ich bin daran gewachsen, und unsere gemeinsame Zeit ist mir bis heute als eine der wertvollsten und schönsten in Erinnerung geblieben. Alles Liebe dir und deiner Familie, Ayla. –

Beim Schreiben des folgenden Kapitels saß ich länger als sonst vor einem weißen Blatt Papier und wusste nicht, womit ich anfangen sollte. Denn zu wichtig und zu kontrovers, zu konfliktträchtig und zu essenziell, gleichzeitig aber auch zu ungewöhnlich, zu oberflächlich, zu ambivalent und zu unwichtig sind die Gedanken, Erfahrungen und letztlich die Erkenntnisse, die dieses Thema mit sich bringt. Doch gleichgültig, mit welchen Adjektiven ich auch die Eigenschaften des Alkohols zu beschreiben versuche, bleibt es ein Tabuthema – unerheblich, aus welcher Perspektive man es betrachtet. Doch wieso widme ich diesem Thema ein ganzes Kapitel?

Als Kinder saßen wir mit meinem Vater im Kino. Während die Werbung lief, holte er einen Zettel aus der Tasche und machte eine Strichliste. Am Ende sah die Liste folgendermaßen aus: Eiswerbung drei Striche, Zigarettenwerbung fünf, Alkoholwerbung zehn. Wenn wir von Nachbarn oder anderen Menschen Schokolade mit Alkohol geschenkt bekamen, wurde sie weggeworfen. Man verschenkte auch nichts weiter, wo Alkohol drin war.

Nach der Trennung von Alex wollte ich verstehen, wie etwas, das für orthodoxe Muslim:innen auf so selbstverständliche Weise tabu ist, für den Rest der Welt so selbstverständlich sein kann. Ich wollte wissen, wieso Menschen etwas, das so schlimme Schäden verursacht, angefangen von harmlosen Schlafproblemen bis hin zum Tod, so abfeiern können. Über die Anzahl der weltweit Abhängigen möchte ich gar nicht sprechen. Ich wollte begreifen, wie es sein konnte, dass scheinbar der Alkohol stellvertretend der Grund für das Scheitern der Beziehung mit Alex war, was in Gesellschaften und in den Köpfen von Menschen passiert, die einem Getränk so viel Macht geben, und wieso in Filmen jede:r Schauspieler:in, der vor einem Problem steht oder einen miesen Tag hat, am Ende immer in einer Bar landet. Ich fragte mich auch, ob es einen anderen Grund als das religiöse Verbot geben könnte, warum meine Glaubensgeschwister die einzigen Menschen auf dieser Welt sind, die, wenn sie ihre Religion nach orthodoxer Lesart praktizieren, keinen Alkohol trinken. Ich wollte verstehen und ich wollte mir nichts mehr vorschreiben lassen. Allerdings musste ich dafür eins meiner größten Prinzipien über Bord werfen.

Wenige Tage nach meiner letzten Nachricht an Alex und wenige Tage vor seiner endgültigen Abschiedsmail traf ich mich mit meiner Freundin Jasmin. Ich brauchte Ablenkung, Trost und die klugen Worte einer klugen Frau. Jasmin war mir mit fast allem, was ich gerade durchmachte, ein Jahr voraus und hatte für mich unbewusst die Rolle einer Mentorin übernommen. Gleichzeitig bildete sie mit ihrer ruhigen und besonnenen Art quasi mein Gegenstück und war mir eine gute Zuhörerin und Freundin. Es war ein Feiertag, und wir schlenderten durch die leeren Straßen der Stadt. Ich erzählte ihr von den Ereignissen der letzten Wochen und machte meiner Verständnislosigkeit Luft. »Wie kann Alkohol es schaffen, ein Trennungsgrund zu sein?«, fragte ich sie, ohne eine Antwort zu erwarten, denn im Grunde war die Frage eher rhetorisch. Sie sagte, sie glaube nicht, dass es primär um den Alkohol gehe, sondern um Freiheit und Einschränkungen. »Wer möchte sich denn schon gerne in seine Freiheit reinreden lassen?«, fragte sie weise lächelnd in meine Richtung. Ich musste ihr zustimmen, und trotzdem wollte ein riesengroßer Teil in mir diese Tatsache nicht akzeptieren. »Ich würde echt gerne mal wissen, was so besonders an diesem Scheiß ist«, sagte ich trotzig. »Ja, dann musst du es wohl ausprobieren«, war ihre

Antwort. Ausprobieren? Bitte was? Das Zeug ist verboten, und es ist einfach nur schlecht. Ich wusste, wie es aussah, und ich wusste, wie es roch, ich wusste, dass es für mich von jeher verboten war, und ich wusste, dass es für Menschen wie Alex und Millionen anderer zum Leben dazugehörte. Aber es gehörte eben nicht zu meinem Leben. Diese Tatsache reichte mir, und ich ärgerte mich, dass ich auch auf so eine blöde Idee kommen musste und die Dinge nicht einfach so stehen lassen konnte. An dieser Stelle würden Muslim:innen sagen, ich hätte in diesem Moment die Idee vom Teufel zugeflüstert bekommen und diesen Gedanken gehabt, weil mein Iman anscheinend stark angekratzt war. Ich allerdings wusste, dass es nicht bei dem Gedanken bleiben würde und dass die weiteren Schritte wenig mit dem Teufel, sondern viel mehr mit meiner hartnäckigen Verständnislosigkeit und mit meinem Wunsch, diesen inneren Konflikt lösen zu wollen, zu tun hatten. »Okay, machen wir«, sagte ich entschlossen, grinste sie an, und wir liefen weiter. Jasmin hatte, wie ich, in ihrem Leben bisher noch keinen Schluck Alkohol getrunken, war aber im Gegensatz zu mir viel entspannter, verständnisvoller und definitiv auch toleranter in Bezug auf dieses Thema. Der Abend wurde immer später, und wir immer hungriger. Erst steuerten wir eine Pizzeria an, denn aus Erzählungen wussten wir, dass man niemals auf leeren Magen trinken sollte. Nach der Pizza gönnten wir uns noch ein Eis, bis wir irgendwann vor einer Bar standen. Wir schauten uns an und merkten gleichzeitig, dass wir in den letzten Stunden den Gedanken an unser Experiment völlig aus den Augen verloren hatten. Es war bereits fast Mitternacht, aber unsere Neugier war größer. So gingen wir also in die Bar, setzten uns an einen der vielen leeren Tische, begannen aufgeregt, die Getränkekarte zu studieren, und überlegten, womit wir unsere Jungfräulichkeit am besten »opfern« sollten. Sollte es ein Wein sein oder doch lieber ein Prosecco? Vielleicht lieber Sekt oder besser ein Bier? Wir entschieden uns für einen Cocktail. Irgendwie hatten diese die überzeugenderen Namen. Dann kam die nächste Herausforderung: Welcher sollte es werden? Während wir uns mit dieser Frage beschäftigten, teilte uns die Kellnerin freundlich mit, dass sie nun die letzte Runde bringen würde. Puh, das war Stress. Ja, ich hatte Stress, denn ich verstand nicht, was da auf der Karte stand. Es las sich wie eine fremde Sprache. Whiskey? Nein, das klang zu hart. Gin? Klang wie Dschinni, der Geist. Vielleicht doch Rum? War das nicht das Getränk der Piraten? »Aber was, wenn es nicht schmeckt?«, fragte ich aufgeregt und hilfesuchend. »Na ja, da wir ja nichts davon kennen, können wir ja auch nicht wissen, was besser schmeckt«, war ihre Antwort, ohne von der Karte hochzuschauen. Die Kellnerin schielte zu uns rüber, um die Bestellung aufzunehmen. Wir entschieden uns für einen Mojito. Der hörte sich irgendwie exotisch an und klang nach dunkler kubanischer Bar. Ja, der musste jetzt dran glauben und irgendwo wir auch. Der Gedanke an das, was gleich bevorstand, machte mich hibbelig. Die Kellnerin brachte den Mojito. 0,2 l Getränk zwischen Eiswürfeln und ein paar Minzblättern. Ein schwarzer Strohhalm ragte raus. »Wir hätten gerne noch einen zweiten Strohhalm bitte«, hörte ich Jasmin sagen. Die Kellnerin brachte ihn.

Halten wir fest. Ich war Mitte dreißig, hatte bis zu diesem Tag noch nie einen Schluck Alkohol getrunken und war die größte Verfechterin dieses religiösen Verbots. Jasmin, zwei Jahre älter, hatte ebenfalls religiös bedingt von Alkohol keine Ahnung. Sie hingegen war bisher weder wirklich neugierig gewesen, noch trieb sie ein innerer Konflikt dazu, hier zu sitzen. Zwischen unserem Gekicher, ihren warnenden Worten »Wehe, wenn ich dich in zwanzig Jahren unter der Brücke aufpicken muss« und meinem »Wehe, wenn's dir schmeckt und du nicht mehr davon loskommst«, schob ich ihr das volle Glas zu. Sie sollte den ersten Schluck probieren und ließ sich nicht zweimal bitten. Ihren Gesichtsausdruck, der von Ekel, Übelkeit bis hin zu Erstaunen über den gerade vollzogenen Tabubruch reichte, werde ich wohl mein Leben lang nicht vergessen. »Bääääh, das Zeug schmeckt ja wie Hustensaft«, brach es angewidert aus ihr heraus. Ich musste lachen und wusste, jetzt gab es kein Zurück mehr. Ich griff nach dem kalten Glas, zog vorsichtig an dem dicken Strohhalm und merkte, wie die Flüssigkeit meine Zunge erreichte. Erst brannte es, und dann erlebte ich einen Geschmack, den ich vorher noch nie geschmeckt hatte. Eigentlich war es mehr ein Gefühl im Mund, am Gaumen und im Rachen, und weniger der Geschmack. Eine Kombination, die mich auf überraschende Weise fast schon überforderte. Meinem ersten Gedanken, *igitt, Hustensaft ist leckerer!*, folgte der nächste: krass. Ich, die so gegen Alkohol ist, sitze um ein Uhr in der Früh in einer Bar und trinke einen Cocktail mit Rum! Was würden »meine« Leute und vor allem Alex sagen, wenn sie das hier sehen könnten? Wir überlegten gemeinsam, ob wir nicht doch vielleicht etwas anderes bestellen sollten, und schauten zur Kellnerin rüber. Sie kam zu uns, und wir fragten sie, ob es Cocktails gäbe, die besser schmeckten. Sie verstand unser Anliegen nicht sofort. »Wir haben wirklich keine Ahnung, und es ist das erste Mal für uns, dass wir Alkohol probieren«, erklärten wir ihr. Man konnte förmlich sehen, wie erstaunt sie war. »Euer allererster?«, fragte sie mehrmals völlig irritiert. »Ja, und das schmeckt überhaupt nicht«, antworteten wir ernst. Sie lachte und sagte mit überzeugter Stimme: »Alkohol schmeckt auch nicht. Die anderen Cocktails würden euch auch nicht schmecken.« »Und wieso trinken dann die Leute so viel?«, war unsere verdutzte Reaktion. »Weil es den meisten um die Geselligkeit und die Wirkung geht. Ihr werdet das in einer halben Stunde merken«, sagte sie, lächelte verständnisvoll und ließ uns mit dem Mojito wieder alleine.

Das Glas war immer noch voll, und unsere Ernüchterung war groß, aber wir wollten da jetzt beide durch. Wir lachten Tränen, aber das lag weniger am Alkohol als an der Tatsache, dass ich nun auch diesen Schritt hinter mich gebracht hatte. Jasmin musste zur Toilette. Ich rief ihr lachend zu: »Findest du den Weg noch alleine?«, und sah sie um die Ecke verschwinden. Da saß ich nun und schaute das Glas an. Du bist also dieses berühmte und verbotene Teufelszeug. Und dank dir hatte ich also diese vielen verzweifelten Momente in den letzten Monaten. Ich nahm einen Schluck, und mir fiel auf, dass der zweite Schluck immer noch scheiße schmeckte, aber weniger scheiße als der erste. War das schon der erste Schritt in eine dem Alkohol frönende Zukunft? Ich versuchte, in meinen Körper hineinzuhorchen. Wirkte der Alkohol schon, und wenn ja, war es nun dieses Gefühl, das angeblich durch den Alkohol verursacht wird, oder war ich schlicht und ergreifend übermüdet und konnte deshalb nicht mehr klar denken? Jasmin kam zurück, und ich merkte, dass ich für meinen Teil genug getrunken hatte. Sie grinste und trank den Rest. Ich stand auf, um ebenfalls zur Toilette zu gehen. Ich beobachtete mich. Konnte ich noch gerade laufen? Hatte ich bereits Gleichgewichtsstörungen? Sah ich mich eventuell schon doppelt im Spiegel? Nichts dergleichen. Naja, vielleicht war aber auch die berühmte halbe Stunde noch nicht um. Wir bezahlten und sprachen noch kurz mit der Kellnerin.

Auf dem Weg zur Bahn konnten wir uns vor lauter Lachen kaum noch vernünftig unterhalten. Es mischten sich Gefühle von Müdigkeit, Erschöpfung und Erleichterung, einem schlechten Gewissen und einer zurückhaltend stolzen Souveränität. Das Gefühl, etwas so unfassbar Verbotenes getan zu haben, vermischt mit dem Selbstvertrauen, es letzten Endes dennoch aus ganz bestimmten Gründen getan zu haben, hatte etwas positiv Belebendes. Eine Stimme in mir, die mich zwar nicht lobte, mir aber auch kein schlechtes Gewissen machte, sagte mir, dass genau diese Entscheidung notwendig gewesen war, um die für mich richtigen Dinge zu finden. Ich wollte lernen und kennenlernen, ich wollte erfahren und abwägen, ich wollte verwerfen und entscheiden.

Ich wollte nicht mehr nur befolgen, sondern die über Jahrhunderte praktizierten Riten, Regeln und Rituale selbst beurteilen, hinterfragen und evaluieren. Nicht, weil sie per se verwerflich waren oder einer Generalüberholung bedurften, sondern weil sie zunehmend meinem Bild eines erwachsenen und mündigen Menschen widersprachen.

Wenige Monate später, es war Dezember, war ich mit einer anderen Freundin auf einem türkischen Konzert. Es war spontan, und wir hatten nichts gegessen. Im Foyer des Veranstaltungsortes schallte uns Musik in einer Lautstärke entgegen, die mich fast dazu animierte, den Ort sofort wieder zu verlassen. Aber ich war ja nicht alleine gekommen, und so blieb ich, allerdings mit der Bitte, bald gehen zu dürfen. Wie sollte man sich hier unterhalten, ging es mir durch den Kopf, bis ich schnell feststellte, dass niemand hier war, um sich zu unterhalten. Eine Live-Band spielte auf der Bühne, und ein türkischer Rocksänger schrie ins Mikrofon. Das Publikum stand um runde Stehtische, und wirklich voll war der Raum noch nicht. Meine Freundin ging zur Bar und kam mit zwei Gläsern Weißwein zurück. Ich hatte in den vergangenen Monaten immer mal wieder Cocktails probiert, doch die Süße dieser Getränke brachte mich schnell dazu, sie sein zu lassen. Ich hatte festgestellt, dass mir Mixgetränke, besonders wenn sie sehr süß waren, schon mit dem ersten Schluck zu Kopf stiegen. Wein hatte ich zum ersten Mal bei ihr zu Hause probiert, doch ich mochte ihn nicht. Weder weißen noch roten. Sie aber war überzeugte Weintrinkerin, nicht zuletzt, weil sie der Meinung war, es gehöre sich für eine Frau, eher Wein als Cocktails zu trinken. So machte sie es sich zur Aufgabe, mir Wein schmackhaft zu machen. Wie auch an diesem Abend. Sie stellte das Glas auf den Tisch und gab mir ein Zeichen, dass sie gerne anstoßen wollte. Ich hob mein Glas, stieß mit ihr an und nippte. Nein, es schmeckte nicht, und eigentlich hatte ich großen Hunger, nur gab es weit und breit nichts Essbares. Die Musik wurde immer lauter, und ich versuchte die Lautstärke mit immer lauterer Stimme zu übertönen. Irgendwann gaben wir auf und versuchten uns auf die Musik einzulassen. Schräg gegenüber von unserem Tisch stand eine Gruppe türkischer Männer im Alter zwischen 30 und 40 Jahren. Einer von ihnen, noch dazu sehr attraktiv, schielte immer wieder zu uns herüber. An eine Unterhaltung geschweige denn an einen Small Talk war nicht zu denken. Es verging eine ganze Stunde. Die Weingläser wurden geleert, und meine Freundin sorgte dafür, dass plötzlich ein zweites volles Glas auf dem Tisch stand. Mir drehte sich bereits alles, aber ich wollte weder Schwäche zeigen noch Spielverderberin sein und trank am zweiten Glas, obwohl ich dringend etwas zu essen brauchte. Darauf setzte ich keine Hoffnung mehr, aber ich wollte an der Bar nach Leitungswasser fragen. Meine Schritte waren wackelig, und mein Blick war verschwommen. Im Grunde war mir mein ganzer Zustand völlig fremd, aber wenn man mit einem Rausch zum ersten Mal konfrontiert wird, kann man weder die Folgen noch die Tragweite abschätzen. Ich beruhigte mich damit, dass es gleich wieder vorbeigehen würde, wenn ich erst mal Wasser getrunken hätte. An der Bar war die Lautstärke etwas gedämpfter, und so musste ich nicht brüllen. Mit dem Glas in der Hand wollte ich wieder zurück an unseren Tisch. Just in diesem Moment stand der attraktive Mann mit Bart und Zopf plötzlich neben mir. »Was trinkst du da?«, fragte er lächelnd. »Wasser«, antwortete ich und fuhr fort: »Ich habe für meine Verhältnisse schon zu viel getrunken und leider noch nichts gegessen. Deshalb das« und zeigte aufs Glas. Der Barkeeper brachte ihm sechs kleine Gläser mit einer hellen Flüssigkeit. »Und was trinkst du?«, fragte ich ihn. »Das ist Sambuca. Magst du?« »Was ist denn Sambuca?« »Du kennst Sambuca nicht?«, fragte er mit großen Augen. »Nein. Ich trinke nicht viel, und das auch erst seit ein paar Monaten.« »Echt? Das ist selten«, bemerkte er und fuhr fort: »Wie heißt du?« »Ayla. Und du?« »Ich bin Fuat. Memnun oldum«, sagte er und reichte mir die Hand. »Also, du kennst kein Sambuca. Magst du denn Lakritz?«, fragte er. »Ich lieeeebe Lakritz«, antwortete ich wie aus der Pistole geschossen. »Dann musst du das jetzt probieren, und außerdem kann ich ja auch schlecht sechs Kurze allein trinken« und schob mir eines der Gläser zu. »Du, ich glaub, das ist keine gute Idee«, antwortete ich ihm, schob mit dem Zeigefinger das Glas wieder in seine Richtung und wunderte mich über die Bezeichnung »Kurze«. So heißen also diese kleinen Gläser? »Ach komm, eins trinken wir zusammen«, sagte er lächelnd und stand mittlerweile so nah vor mir, dass ich seinen Atem riechen konnte. Das geht schief, sagte die besorgte Stimme in mir und versuchte, das flaue Gefühl im Magen wegzuatmen. »Okay, aber nur einen«, sagte ich und nahm das Glas in die Hand. Das bisschen Flüssigkeit werde ich wohl noch vertragen, hörte ich die andere Stimme in mir sagen. Ihm fiel meine unbeholfene Art auf. »Du musst es aber in einem Schluck trinken«, sagte er. Ich roch an der Flüssigkeit und führte sie zum Mund. Sie roch tatsächlich wie Lakritz, brannte im Rachen aber wie Feuer. Meine Mimik geriet außer Kontrolle: »Bäh«, kam es aus mir raus. Ich wollte hier weg. »Und?«, fragte er lachend. »Boah, schmeckt echt scheiße«, bekam er als Antwort. »Okay, aber ich habe hier noch vier Gläser. Die kann ich doch nicht alleine austrinken«, sagte er zu mir gebeugt und lächelte. Meine Knie wurden weich. Verdammt! »Sag mal, kann es sein, dass das bisschen Flüssigkeit stärker als Wein ist?«, fragte ich mit noch mehr Schwindel im Kopf. Meine Knie waren aber nicht weich, weil er so toll aussah, sie wurden immer weicher, weil ich verdammt noch mal auf leeren Magen zwei Gläser Wein und den Sambuca runtergespült hatte. Und jetzt sollte ich noch einen zweiten trinken? »Ich glaub, ich bin hier raus. Frag mal deine Freunde. Die trinken bestimmt mit dir«, sagte ich und schielte zum Tisch. Doch der war leer. Anscheinend waren alle auf die Tanzfläche oder wohin auch immer ausgeschwärmt, und ich stand mit ihm und vier kleinen vollen Gläsern alleine an der Bar. Na klasse, dachte ich. »Ach, du bist cool. Komm, den einen noch, und dann gehen wir an die frische Luft. Das wird dir guttun.« Statt ihn mit den vier Kurzen stehen zu lassen, meinen Mantel zu nehmen und mir ein Taxi zu rufen, das mich endlich nach Hause brachte, trank ich das Glas aus. Was dann geschah, kann ich rückblickend nur noch bruchstückhaft aus eigenen Erinnerungsfetzen und den Erzählungen meiner Freundin zusammenfügen. Obwohl es eisiger Winter war, folgte ich Fuat in meinem dünnen Kleid und ohne Mantel nach draußen. Meine Freundin erzählte mir, dass sie in dem Moment, als wir Richtung Innenhof liefen, gerade wieder reinkam. »Der Typ hatte seine Hand unter deinem Kleid«, erzählte sie mir am nächsten Tag. »Bitte was?« Ich konnte es nicht fassen. Abgesehen davon, dass ich das nicht nur nicht mehr mitbekommen hatte, bemerkte ich auch die Minustemperaturen nicht, als wir irgendwann draußen saßen. Er zündete sich eine Zigarette an und hielt sie mir an den Mund. Nein, ich war keine Raucherin und bin es bis heute nicht, aber als er mir die Zigarette an den Mund hielt, zog ich an ihr. Und das nicht einmal. Er schob mir einen Zettel zu und sagte, ich solle meine Nummer aufschreiben. Ich tat es, ohne nachzudenken. Dann spürte ich seine Lippen auf meinem Mund, vernahm die Mischung aus Sambuca, Herrenparfum und Zigaretten und spürte, wie die Übelkeit immer stärker wurde, merkte, dass ich mich wegdrehen musste, doch was mir dann passierte, kann ich bis heute nicht erklären. Alles wurde plötzlich schwarz, und ich konnte nichts mehr sehen. Hinzu kam die Übelkeit, die immer schlimmer wurde und die auch nicht mehr aufzuhalten war. Wie ich später erfuhr, war mir meine Freundin, die seine Hand unter meinem Kleid gesehen hatte, gefolgt, hatte sich an die Tür gestellt, geraucht und das Szenario beobachtet. Dann mussten seine Hose und Schuhe dran glauben. Während ich mich vornübergebeugt und quasi blind erbrach, schritt sie ein. »Was hast du ihr gegeben, du Schwein? Sie verträgt keinen Alkohol und auch nicht, was du ihr noch gegeben hast«, hörte ich sie laut schimpfen, während er »Es waren doch nur zwei Sambuca« murmelte. Ich konnte nicht sitzen und schon gar nicht aufstehen, trotzdem versuchte ich es. Wenn mich beide in dem Moment nicht festgehalten hätten, wäre ich umgefallen. Alles drehte sich. Ich rief meiner Freundin weinend zu, dass ich nichts mehr sehen könne und dass mir kalt sei. Dann spürte ich Hände unter meinen Armen, die mich hochhoben, aber meine Beine sackten zusammen, und die dritte Welle der Übelkeit überkam mich. »Sie muss dringend nach Hause« und »Sie ist total unterkühlt« und »Ruf endlich ein Taxi« hörte ich sie sagen. Alles, was dann geschah, ähnelte einem Film – ich war die Hauptakteurin, sollte gleichzeitig die Regie führen, aber mir entglitt der Film gänzlich. Das Taxi kam, und ich wurde von beiden nach draußen geführt. Als der Fahrer mich sah, weigerte er sich, mich mitzunehmen, aber meine Freundin ließ sich nicht abwimmeln und sagte mit vehementer Stimme: »Sie bekommt meine Handtasche, wenn sie sich übergeben muss.« Während der Fahrt musste ich zweimal nach ihrer Handtasche greifen. Zu Hause angekommen, brachte mich meine Freundin mit Müh und Not bis ans Bett, ich fiel quasi hinein, sie zog mir noch die Schuhe aus und stellte sicherheitshalber den Mülleimer neben das Bett. Der kommende Morgen begann grausam. Die Übelkeit, der flaue Magen und die Kopfschmerzen waren nicht nur immer noch da, sie waren unerträglich. Ich fühlte mich einfach elendig. Meine Freundin war in der Nacht bei mir geblieben und hatte sich ihren Schlafplatz neben meinem Bett auf der Matratze der Kinder eingerichtet. Ich konnte nicht aufstehen, als sie mit einem Glas Wasser neben mir stand. »Du musst trinken«, sagte sie. Allein der Gedanke, etwas essen oder trinken zu müssen, verstärkte meine Übelkeit. »Ich fühle mich so kacke. Lass mich hier einfach liegen.« »Nein, du musst aufstehen, was trinken, dein Gesicht waschen, und dann gehen wir frühstücken.« Ihrer klaren Ansage konnte ich nichts entgegnen, und so stand ich irgendwann mit wackeligen Beinen auf und versuchte mir etwas anzuziehen. Als ich im Bad vor dem Spiegel stand, sah mir ein Häufchen Elend entgegen. Fahle Haut, dunkle Augenringe, leere Augen. So konnte ich doch nicht unter die Menschen. Meine Freundin blieb unerbittlich. Eine Stunde später saßen wir im Café. Während sie ihr spätes Frühstück genoss, stocherte ich mit meiner Gabel im Beilagensalat. An Essen war nicht zu denken. Selbst beim Pfefferminztee kämpfte ich mit dem Loch in meinem Magen. Schließlich brachte sie mich nach Hause, wir verabschiedeten uns, und ich warf mich ins Bett. Richtig essen ging erst im Laufe des nächsten Tages wieder. Das also wird dann wohl eine Alkoholvergiftung oder dieses *einen über den Durst trinken* gewesen sein. Bis heute ist dieser Tag der einzige tote Tag in meinem Kalender.

Mir ließ dieser Vorfall keine Ruhe. Wie konnte man sich diese *Trinkerei* Wochenende für Wochenende freiwillig antun? Es würde mir wohl immer ein Rätsel bleiben. Dass der Körper mit der Zeit resistenter und widerstandsfähiger gegen jede Art von Drogen werden kann, ist bekannt. Doch mal Hand aufs Herz: Nur weil unser Körper etwas schrittweise besser aushält, bedeutet es doch nicht, dass es für ihn nicht schädlich ist. So sehr ich damals die Logik freudiger Partytrinker und der Feierabend- oder Wegbierverfechter oder des sonstigen Gelegenheitstrinkens nicht verstand, sollte es trotzdem noch einige Jahre dauern, bis ich durch viele weitere Erfahrungen meine ganz persönliche Haltung und Meinung zum Alkohol erlangte.

Vor allem fiel mir mit den Jahren Folgendes auf: Gelegenheiten, etwas zu trinken, gibt es immer und wird es immer geben. Wer nicht trinkt oder, wie ich früher, noch nie getrunken hat, kann sich die Bedeutung und die Macht von Gruppendynamiken nicht vorstellen. Mir jedenfalls war sie nicht bewusst. Der »normale« Mensch trinkt gerne zu einem Anlass, und Anlässe gibt es genug. Beispielsweise in folgenden Situationen: gelungener Abschluss eines gelungenen, stressigen oder traurigen Tages, dann an Geburtstagen, zu Weihnachten, an Namenstagen und zu Ostern, zu Beginn oder zum Ende eines Studiums, einer Ausbildung oder eines Jobs, nach der Geburt eines Kindes, bei der Ankunft am Urlaubsort, während der Spieleabende mit Freunden, um sich die Quarantänezeit erträglicher zu machen, bei Einweihungsfeiern oder Sommerabenden in trauter Runde, beim Picknick, bei Liebeskummer oder schlicht, um sich ein Date schön zu trinken. Wirkliche Gründe, Nein zu sagen, gäbe es auch viele, doch wird ein Nein meistens nicht akzeptiert, sondern belächelt. Und plötzlich ist man Außenseiter oder Spielverderber und muss erklären, wieso man heute lieber nach der Limo greift, statt mit Wein anzustoßen.

Ein Nichttrinker muss also erklären, wieso er nicht trinkt. Demjenigen, der zum Alkohol greift, bleiben Erklärungen nicht nur erspart, eine Erklärung wird von ihm schlicht nicht erwartet.

Man könnte jetzt argumentieren, dass es überhaupt nicht erst zum Außenseitertum kommen müsste, wenn man sagt, sorry, ich bin Muslim und trinke nicht, allerdings gehört es auch zur Freiheit, genau in diesen Runden weder aufgrund eines religiösen Verbots, eines genetischen Defektes oder wegen einer Schwangerschaft Nein sagen zu können. So sehr das strikte Alkoholverbot gesundheitlich aus genannten Gründen Sinn hat, könnte das religiöse Verbot ja auch von meinen Glaubensgeschwistern für Aufklärungsarbeit eingesetzt werden, besonders, wenn eigene Erfahrungen im Umgang mit Alkohol zugrunde liegen. Verbote hingegen fördern Intoleranz und führen nicht selten dazu, dass falsche Informationen in die Welt gesetzt werden, und nicht selten gibt gerade das Verteufeln einer Sache diesem seine eigentliche Macht. Für mich liegt die Antwort im Mittelweg und darin, dass jede Form von Exzess weder für einen selbst noch für eine Gesellschaft gesund sein kann. Gerade in Bezug auf Alkohol braucht es einen beispielhaften und bewussten Umgang, sowohl persönlich als auch kollektiv. Fehlende Sensibilität, mangelhaftes oder falsches Wissen, Desinteresse und Arroganz hingegen führen zu Verurteilungen, Machtlosigkeit und Ohnmachtsgefühlen.

Und dann kommt aus meiner Sicht noch eines der wichtigsten Aspekte ins Spiel – in der heutigen Zeit kommen Kinder immer früher mit Alkohol und anderen Drogen in Kontakt. Eltern wollen einerseits nur das Beste für ihre Kinder und wünschen ihnen, dass sie in ihren Freundeskreisen nicht ausgeschlossen werden, andererseits braucht es manchmal ein fürsorgliches Nein. Nicht selten war ich Zeugin, wie Vierzehnjährigen ganz selbstverständlich ein Radler hingestellt oder Sechzehnjährigen beim gemeinsamen Essen ebenfalls Wein eingeschenkt wurde. Wenn Eltern über die Feierkultur ihrer Kinder Bescheid wissen und trotzdem ratlos sind, wenn sich das Kind verkatert am Sonntagnachmittag kurz blicken lässt, läuft was schief. Ich habe diese Dinge in den letzten Jahren im Freundes- und Bekanntenkreis erlebt und war jedes Mal erstaunt darüber, dass nur mit den Schultern gezuckt wurde. Ja, die Lösung ist der Mittelweg, doch um diesen gehen zu können, sollte es statt Verboten vorbildliche Beispiele geben. Denn Verbote schließen die Möglichkeit für Erfahrungen aus und verleiten viel eher dazu, sie irgendwann unverhältnismäßig zu brechen. Dazu gehört aber nicht das begleitete Trinken Minderjähriger unter Aufsicht der Eltern.

Als Mutter von drei Kindern ist es mir ein Herzensanliegen, sie vor Schäden jeder Art zu schützen. Dass das nicht funktioniert, indem ich sie in einen Kokon packe und mit aller Kraft oder gar durch Drohung, Gott werde alles bestrafen, vor diesen Gefahren zu schützen versuche, weiß ich. Doch so sehr es mir ein großer Wunsch ist, das Verantwortungsbewusstsein in den Köpfen von Eltern zu wecken, bei denen der eigene Umgang mit Alkohol und der Umgang mit dem Alkohol ihrer Kinder weniger wichtig scheint, will ich gleichzeitig in den eigenen

Reihen für ein Aufwachen sorgen. Eine Patentlösung habe ich nicht, aber ich habe mittlerweile durch meine eigenen Erfahrungen sowohl den Umgang mit als auch die Gefahren von Alkohol gelernt und glaube, dass ich so für meine Kinder eine authentischere und gleichzeitig fürsorglichere Mutter und Ansprechpartnerin sein kann als damals. Außerdem bin ich überzeugt davon, dass den Heranwachsenden der gesellschaftliche Druck, nur dazugehören zu können, wenn sie bei Alkohol zugreifen, genommen werden muss.

In der Zeit nach meinem ersten Knockout, der seitdem auch der letzte war, brauchte ich erst einmal eine Pause. Irgendwann war ich wieder so weit, dass meine Neugier siegte. Ich probierte verschiedene Sommergetränke aus, trank im Ausland landestypische Weine, kostete vom selbst gemachten Eierlikör meiner Freundin, entschied mich für Baileys auf Eis statt im Kakao, stellte fest, dass mir weder Whiskey noch Rum schmecken und spürte die unterschiedlichen Wirkungsweisen des Alkohols in meinem Körper. Ich lernte langsam, dass die Kombination der Getränke genauso eine Rolle spielt wie die persönliche Tagesform, die Außentemperaturen oder das Essen, das vorher oder währenddessen verzehrt wird.

Bis zur Corona-Pandemie und vor dem Beginn des ersten Lockdowns hatte ich zwei Prinzipien: niemals Alkohol für zu Hause kaufen und niemals alleine trinken. Die Kombination aus beruflicher Ungewissheit, pandemiebedingten Einschränkungen im Sozialen und der Trauer und der Heilungsprozess nach meiner letzten Beziehung führten dazu, dass ich beide Prinzipien sukzessive über Bord warf. Einerseits war es die Zeit der inneren Einkehr, andererseits die Zeit der wenigen geselligen Stunden mit Freunden, zu der fast immer ein Glas Wein gehörte. Ich beobachtete, wie in dieser Zeit auf der Social-Media-Plattform Instagram Frauen, die sich vorher in erster Linie beruflich präsentiert hatten, nun zu jeder Gelegenheit ihre vollen Weingläser ins Bild hielten, einen hippen und durch Leichtigkeit getragenen Lifestyle suggerierten und sich plötzlich *Weinfluencerinnen* nannten. Eine ganze Zeit ließ ich mich davon mitreißen, bis ich im Zuge eines inneren Impulses keinem dieser Kanäle mehr folgte. Einerseits wollte ich nicht mehr, dass fremde Menschen über meinen Gemütszustand entscheiden sollten, indem ihr scheinbar perfektes Leben mein gar nicht so unperfektes Leben infrage stellte, und andererseits ließ mich die Dauerpräsenz voller Weingläser erheblich an der Authentizität ihrer Profile zweifeln.

Welche selbstverständliche Rolle der Alkohol in meinem Leben eingenommen hat, wurde mir nur schrittweise bewusst. Als ich nach einem langen Spieleabend mit Freunden nachts wach lag und trotz des Koffeinentzugs, den ich zwei Monate zuvor begonnen hatte, kein Auge zu bekam, mein Herz wie wild klopfte und ich innerlich jeden Tropfen des Gin Tonics, der den gemeinsamen Abend so selbstverständlich ergänzt hatte, verfluchte, machte es Klick. Mit Erschrecken stellte ich fest, dass es mittlerweile unausgesprochen zum guten Ton gehörte, dass ich meinen Gästen etwas Alkoholisches anbot und dass seit Monaten fast kein gemeinsames Miteinander ohne Alkohol stattgefunden hatte. Auch die Tatsache, dass sich in meiner Küche angebrochene Weinflaschen häuften und ich in der Umsetzung ungesunder Essgewohnheiten zwar konsequent war, aber beim Weglassen des Alkohols innerlich zögerte, machte mich wütend. Was war geschehen? Wo waren meine Prinzipien hin, und was müsste nun passieren, damit aus dieser unbewusst gewordenen Angewohnheit mit dem Alkohol wieder ein bewusster Umgang werden konnte? Ich stand auf, schüttete den Inhalt der angebrochenen Weinflaschen in den Ausguss, holte einen leeren Karton, stellte die restlichen Flaschen hinein und ging in den Keller.

Wie lange die Flaschen nun dort liegen würden, wusste ich nicht. Was ich aber wusste, war, dass ich mich weder von der einen noch von der anderen Seite noch einmal unter Druck setzen lassen wollte. Ich wollte entscheiden, wann ich trinken und wann ich nicht trinken würde. Denn abgesehen davon, dass ich weder mir noch anderen jemals wieder etwas beweisen müsste, weiß ich heute mittlerweile auch, dass es zum Thema Alkohol in meiner Religion ebenfalls kontroverse Meinungen gibt. Im Laufe der Jahrhunderte hat sich durch bestimmte Rechtsschulen eine völlige Ablehnung durchgesetzt. Doch unabhängig von theologischen Auslegungen sollte es am Ende des Tages jedem selbst überlassen sein, welchen Raum Neugier oder Mut einnehmen dürfen oder ob Regeln zum Schriftführer des Lebens werden.

Neben meinen ersten Erfahrungen mit dem Alleinewohnen, dem Kennenlernen der Arbeitswelt und den ersten Gehversuchen in der Welt der Beziehungen, kamen Stück für Stück neue Herausforderungen verschiedener Art hinzu. Entweder geschahen die Dinge parallel, oder eine Sache löste eine andere ab. Während ich die erste Zeit nach der Trennung damit verbrachte, Behördensprache zu lernen und mir die notwendigsten Fertigkeiten wie Strom anmelden, Rechnungen bezahlen und mein Leben betreffende Entscheidungen alleine treffen aneignen musste, verbrachte ich die restliche Zeit damit, vor der Einsamkeit zu flüchten.

Nach der Trennung von Alex vergingen die Wochen damit, mit offenen Armen auf Neues zu warten. Meinem Alkoholversuch folgte die Anmeldung in einem Krav-Maga-Studio, wo ich, ebenfalls zum ersten Mal, in einer gemischten Gruppe durch das Training an meine körperlichen wie moralischen Grenzen stieß, von denen aber nur Ersteres bis zuletzt die große Herausforderung blieb. Diese Form der Selbstverteidigung war nichts für Zimperliche, und das Training war nichts für Menschen mit Körperkontaktaversion. In den Partnerübungen stand ich regelmäßig schwitzenden, großen, schweren und tätowierten Männern gegenüber, die brav den Anweisungen des Trainers folgten – mit der Konsequenz, dass ich zwar regelmäßig mit blauen Flecken das Studio verließ, mich aber mit einem zufriedenen Lächeln auf das nächste Training freute. Anfangs vermutete ich hinter jeder Berührung, jedem Blick oder jeder Unterhaltung sexuelle Absichten. Es dauerte glücklicherweise nicht lange, bis ich verstand, dass ich mit dieser Art zu denken mächtig falschlag. Gleichzeitig dauerte es mindestens genauso lang, bis ich jede neue Erkenntnis um viele Fußnoten zu ergänzen lernte und alles differenzierter betrachtete.

Meine Freundin Mella, die ich ein Jahr zuvor auf schicksalhafte Weise kennengelernt hatte, hatte eine große, aber bis dahin leider unerfüllte Leidenschaft für lateinamerikanischen Tanz. Da ich generell mit Tanzen nicht viel am Hut hatte, erst recht nicht mit Salsa, Bachata oder Merengue, nahm ich ihren Vorschlag, gemeinsam mit ihr tanzen zu gehen, als weitere Herausforderung an. Durch Alex waren mir Klubatmosphäre und Klientel ein wenig bekannt. Doch womit wir in diesem Klub konfrontiert wurden, war wieder neu, denn uns begegneten Menschen mit südländischem, lateinamerikanischem und afrikanischem Hüftschwung. Ohne zu wissen, welchen Ruf der Klub hatte, stürzten wir uns voller Freude auf die Tanzfläche und verstanden nicht, wieso es jedes Mal auf die gleiche Weise ablief. Sobald wir zu tanzen begannen, wurden wir innerhalb weniger Augenblicke von Männern zum Paartanz gebeten. Jedes Mal war ich restlos überfordert, denn ich wusste nicht, worauf ich mehr achtgeben sollte – auf die Tanzschritte oder darauf, wie sehr mir der Mann auf die Pelle rückte. Sollte ich mich einfach locker machen, dem Mann mitteilen, dass sein Schweiß und seine Nähe unangemessen waren, oder sollte ich vielleicht öfter auf die Toilette verschwinden und erst wieder zurückkommen, wenn andere Leute auf der Tanzfläche wären?

Bei unserem nächsten gemeinsamen Besuch im Klub wollten wir etwas Neues ausprobieren – Kizomba statt Salsa. Die Location blieb dieselbe, der Kampf gegen aufdringliche Männer auch. Bei unserem vierten und vorerst letzten Tanzabend, wir dachten tatsächlich, es würde beim nächsten Mal besser, eskalierte die Situation – am Ende des Abends stand ich um zwei Uhr morgens mit einem kleinen kräftigen Mann auf der menschenleeren Ringstraße und versuchte mich aus seinem Griff zu befreien. Was war geschehen? Meine Freundin hatte jemanden kennengelernt und war mit ihm spazieren gegangen. Als der Klub seine Türen schloss, war sie immer noch nicht zurück. Glücklicherweise hatte ich vorher noch ihren Autoschlüssel an mich genommen und versuchte nun auf den Mann, der mir bereits den ganzen Abend auf Schritt und Tritt gefolgt war, mit vernünftigen Worten einzureden und parallel meine Freundin telefonisch zu erreichen. Beides war erfolglos. Während ich mich in Richtung Auto bewegte, flüsterte er mir ins Ohr, ich solle mich nicht so anstellen, schließlich sei ich genauso heiß auf ihn wie er auf mich. Egal, was ich auch sagte oder wie sehr ich versuchte, aus seiner festen Umklammerung loszukommen, wurde sein Bestreben weiter angefacht. Nach einer halben Stunde und mindestens dreißig unbeantworteten Anrufen bei meiner Freundin standen wir vor ihrem Auto, als es plötzlich anfing zu regnen. Noch immer hatte er mich im Griff. Wie aus dem Nichts kamen uns zwei junge Frauen entgegen. Schnell erkannten sie die Situation und forderten den Mann auf, mich loszulassen, der sich allerdings nicht abbringen ließ. Stattdessen forderte er mich auf, die Frauen wegzuschicken. Erst dann würde er mich loslassen. Ich stand unter Schock, bedankte mich bei den Frauen, sagte ihnen, dass ich das auch ohne ihre Hilfe hinbekommen würde. Widerwillig liefen sie langsam weiter und drehten sich dabei immer wieder um. Als sie um die Ecke bogen, war sein Griff nach wie vor nicht lockerer. Ich sagte ihm, dass ich mein Wort gehalten und die Frauen weggeschickt hätte und er nun seins halten solle.

Widerwillig und mich beschimpfend ließ er mich langsam los. Als ich komplett aus seinem Griff gelöst war, rannte ich zum Auto, öffnete die Tür, setzte mich rein, schloss sie von innen ab und fuhr los. In der nächsten Seitenstraße wählte ich mit zitternden Händen wieder Mellas Nummer. Ohne Erfolg. Kopflos fuhr ich die Seitenstraßen ab, bis ich Mella auf einer Bank neben ihrem Tanzpartner sah. Ich hielt an, sprang raus und forderte sie auf, sofort einzusteigen. Erst im Auto schaute sie auf ihr Telefon, das auf stumm geschaltet war, und sah meine Anrufe in Abwesenheit. Ich suchte nach Worten, um ihr das eben Geschehene zu erzählen, doch war kaum imstande, einen vernünftigen Satz zu sagen. Sie nahm mich in den Arm, entschuldigte sich unendliche Male und fuhr mich nach Hause. Bis auf Weiteres gehörten Klubbesuche erst einmal der Vergangenheit an. Mir fehlten damals sämtliche Antennen, sodass ich zwischen übler Anmache und normalem Kennenlernen nicht unterscheiden konnte. So kann ich von Glück sagen, dass mir nichts Schlimmeres passiert ist.

Auch wenn ich solche Gefahren in den folgenden Jahren schneller erkennen oder im Vorfeld besser einschätzen konnte, widerstrebte es mir dennoch, vor unbekannten Situationen wegzulaufen. Lieber stellte ich mich neuen Herausforderungen mit Neugier und freute mich über die vielen Fragezeichen. Ebenso nahm ich dankbar die Antworten an, die manches Mal wie eine osmanische Klatsche angeflogen kamen. Mit dem Kopf vorneweg rannte ich gegen falsche Vorstellungen und Erwartungen, die sich wie eine Mauer vor mir auftürmten, und lag hinterher nicht selten wie ein Käfer auf dem Rücken. Rückblickend waren es diese Erfahrungen, die mich nicht nur zu der Person gemacht haben, die ich heute bin, sondern die mich immer wieder mit der Frage konfrontierten, warum mir in meiner alten Welt diese Erfahrungen vorenthalten wurden. Ist es nicht gerade die Auseinandersetzung mit neuen Unberechenbarkeiten, die uns Menschen formen und sensibilisieren? Wie kann ich in der Lage sein zu wissen, was ich liebe und brauche, wenn ich nie erfahre, wie sich eine bewusst gewählte Entscheidung anfühlt, welches Gefühl hinter einem wirklichen Verlust steckt oder was es heißt, sich eingestehen zu müssen, etwas ausprobiert zu haben, was sich am Ende aber nicht gut anfühlt? Woher kenne ich meine eigentlichen Bedürfnisse und Grenzen, wenn ich Umstände, Menschen und Vorstellungen stets innerhalb meiner Komfortzone halte? Wären wir uns selbst und anderen nicht eine viel größere Bereicherung, wenn wir besser über unser Innerstes Bescheid wüssten und aufhören würden, vor etwas davonzulaufen oder uns ständig mit dem uns Gewohnten zu umgeben? Immer öfter begann ich mir die Frage zu stellen, wer zum Vorschein käme, wenn ich alle meine Rollenzugehörigkeiten ablegen würde und keine Mutter, Freundin, Partnerin, Tochter oder Schwester mehr wäre. Wer ich wäre, wenn ich Job x nicht mehr hätte und sich Träume y und z auch nicht verwirklichen ließen. Was würde mich ausmachen, wenn ich all das nicht mehr hätte? Wäre ich dann überhaupt noch gut? Wäre ich der Mensch, der ich mir wünschen würde zu sein? Wie kann ich wissen, was Liebe, Verbundenheit und Vertrauen im Kern bedeuten, wenn Liebe reglementiert wird, Verbundenheit anscheinend vorherbestimmt ist und Vertrauen wegen der Einhaltung von Geboten und Regeln vorausgesetzt wird?

Besonders das Thema Vertrauen hat sich bis heute wie ein roter Faden mit vielen Knoten durch mein Leben gezogen. Obwohl mein anfangs noch grenzenloses Vertrauen in Menschen spätestens mit der Begegnung mit Iskender blaue Flecken bekam, ist und bleibt Vertrauen im Kern das, wofür ich mich entschieden habe – der erste Dominostein, der passende Türschlüssel, eine Eintrittskarte oder das One-Way-Ticket für eine Abenteuerreise. Ein Leben ohne Vertrauen wäre für mich seelische Isolation, ähnlich wie ein Leben ohne Freude oder neue Herausforderungen.

Was Menschen anging, dauerte es seine Zeit, bis ich beurteilen konnte, ob mich meine Unerfahrenheit angesichts einer bisher nicht da gewesenen Situation ohne Kompass fahren ließ, meine Verliebtheit das Schlechte in einem Mann entschuldigte oder ich schlicht zu naiv war, um zu erkennen, in welchen gesellschaftlichen Netzwerken er sich bewegte. Gleichzeitig lernte ich mit der Zeit immer besser zu entscheiden, ob ich Geduld für chronische Undankbarkeit und Negativität aufbringen wollte, mit Verständnis auf bescheidene Respektfähigkeit oder zum Himmel schreiende Arroganz reagieren wollte oder lieber den leeren Worten und Erwartungshaltungen den Rücken kehrte. Das Wissen, diese Entscheidungen irgendwann selbst treffen zu dürfen, war für mich wie eine Offenbarung. Einerseits erreichte mein Verständnis von Freiheit, Menschlichkeit, Respekt und Liebe mit den Jahren eine tiefere Ebene, andererseits stieg mein Anspruch im Hinblick auf diese Werte. Nach jedem noch so winzigen Aha-Erlebnis war ich wie angefixt. Ich wollte mehr über mich erfahren und lernen, wollte noch mehr von der Welt, ihren Menschen und Möglichkeiten kennenlernen. Mit jeder Grenzerfahrung von Freude und Schmerz, Liebe und Verlust, Nähe und Distanz wurden meine Schritte sicherer. Weisheit habe ich nicht erlangt. Aber das ist auch nicht mein Anspruch. Trotz aller Erfahrungen schaffe ich es regelmäßig, Menschen in mein Leben zu lassen, die meine Grenzen ignorieren oder die sich ungesund weit weg von jenen Werten bewegen, bei denen ich nicht mehr bereit bin, faule Kompromisse einzugehen. Bis ich verstanden hatte, dass ich nicht mit jeder anfangs freundlichen Begegnung ein Leben lang netten Kontakt halten muss und durchaus in der Lage sein darf, den weiteren Weg ohne sie zu gehen, zogen ebenfalls einige Jahre ins Land. Doch seitdem wird meine Antwort bis in alle Zeiten immer dieselbe bleiben: Die Begegnungen haben ihre Gründe, sie haben ihr Gutes und letztlich haben sie auch oft ein Ende. Wie Loslassen funktionierte, wie ich Frieden mit

Abschieden finde und wie ich die Besonderheit im Alleinsein erfahre, begriff mein Verstand erst, als ich in der Lage war, mich selbst auszuhalten und nicht mehr vor dem Alleinsein zu flüchten. Es dauerte einige Jahre, bis ich begriff, dass meine über drei Jahrzehnte lang erlernten Prüfinstanzen ein Update brauchten. Doch dieses Update passierte weder von heute auf morgen, noch nahmen die Ereignisse Rücksicht auf meine emotionalen, finanziellen oder beruflichen Zustände. Mit jeder neuen Entscheidung stand ich entweder mit einem Bein in einem reißenden Strom, sprang in ein großes Becken mit kaltem Wasser oder genoss den Anblick einer Lichtung. Doch egal, was mir auch widerfuhr, ich hatte keine Gebrauchsanweisung und wenn, dann nicht in einer Sprache, mit der ich mich immer weniger verständigen konnte.

Ich konzentrierte mich auf mein berufliches Weiterkommen. Die Tätigkeit als Dozentin in einer Heilpraktikerschule, die ich unmittelbar nach meiner Prüfung angeboten bekam, bereitete mir einerseits zwar Freude, andererseits wurde mir auch sehr schnell bewusst, dass ich ohne einen Universitätsabschluss keine großen beruflichen Sprünge machen konnte. So lag es nahe, dass ich mich zum nächsten Semester erneut an einer Hochschule anmeldete. Doch vorher musste ich mich innerlich endgültig mit der Tatsache abfinden, dass ein Zahnmedizinstudium zeitlich und finanziell nicht möglich war. Ich wusste, dass ich im sozialen Bereich und mit jugendlichen und erwachsenen Menschen arbeiten wollte, und ich wusste, dass es ein Studium sein musste, das mich gleichzeitig zeitlich nicht zu sehr vereinnahmte, da ich nebenher Geld verdienen musste. Ich entschied mich für Soziale Arbeit und für den Studiengang Journalismus und Public Relations und schickte meine Bewerbungen an insgesamt drei Hochschulen. Als ich wenige Wochen später von jeder eine Zusage erhielt, musste ich mich entscheiden. Je mehr ich mich mit dem Tätigkeitsbereich beider Richtungen auseinandersetzte, desto häufiger tauchte die Frage auf, ob ich mein Leben lang die Kraft haben würde, mit den Schicksalen anderer Menschen konfrontiert zu werden. Heute würde ich diese Frage mit einem eindeutigen Ja beantworten, damals konnte mein Nerven- und Energiekostüm dieser Vorstellung nicht standhalten. Stattdessen stellte ich mir vor, wie ich später mal als Journalistin das Handwerkszeug hätte, meinen Standpunkt verständlich zu machen. So entschied ich mich gegen Soziale Arbeit und für den Studiengang Journalismus nicht zuletzt, weil mir das Schreiben Freude macht.

Als meine Zeit im Bioladen nach vierzehn Monaten zu Ende war, rief Matthias mich erneut in sein Büro. In der Zwischenzeit hatte ich für eine kleine Wohnung in der Nähe der Uni einen Mietvertrag unterschrieben, und mein Umzug nach Dortmund stand kurz bevor. Er hatte tatsächlich einen Weg gefunden, wie er mir noch Geld auszahlen konnte. Dankbar unterschrieb ich die Vereinbarung.

Ich fing an zu packen, und obwohl es mein zweiter Umzug alleine war, war es komplett anders. Ich schaute auf neunzehn Monate eines eigenständigen Lebens zurück, saß zwischen Möbeln und anderen Gegenständen, die ich nun tatsächlich mein Eigen nennen konnte, und trug in mir einen kleinen Schatz aus neuen Erfahrungen. Nach und nach fand jedes Teil seinen Platz in einem der Kartons.

Fünf Tage nach meinem Umzug saß ich am Morgen im Zug, als mein Handy klingelte. Mein Atem stockte, denn der Name meiner Tante war auf dem Display, die mich sehr selten anrief. Ich sollte recht behalten, denn sie sagte mit weinender Stimme, dass meine Großmutter am Morgen nicht mehr aufgewacht sei.

Fünf Jahre zuvor war bei meiner Oma eine Alzheimer-Demenz diagnostiziert worden. Körper und Geist verfielen vor unseren Augen, doch auch nach vielen Jahren der Bettlägerigkeit konnte sie nicht loslassen und hielt bis zuletzt verbissen am Leben fest, obwohl nach dem Tod meines Großvaters kein Tag verging, an dem sie nicht um ihn weinte und vor Sehnsucht lieber sterben als leben wollte. In der Familie rechneten wir angesichts ihres zunehmenden körperlichen und geistigen Abbaus fast jeden Tag damit, und so kam ihr Tod nicht überraschend. Doch mir riss er den Boden unter den Füßen weg.

Geerdet wurde ich zwei Tage später, als ich ihren toten Körper in den Räumlichkeiten des islamischen Friedhofs in Hamburg nach islamischem Ritual in einem komplett gefliesten und mit kaltem Licht durchfluteten Raum wusch. Ich küsste ein letztes Mal ihre Stirn, bevor sie in das traditionelle weiße Leichentuch gewickelt wurde.

Die zügige Beerdigung, die Totenwaschung und das gemeinschaftliche Totengebet gehören im Islam zu den Rechten. Ihr Tod gab nach vielen Jahren der Distanz einen Grund für ein Wiedersehen mit der ganzen Familie, auch wenn viele Mitglieder und Bekannte mit der äußerlichen Veränderung meiner Mutter und mir nach wie vor ihre Schwierigkeiten hatten. Ohne Option auf Widerspruch wurde ich gebeten, während der gesamten Zeremonie aus Respekt meiner Großmutter gegenüber ein Kopftuch aufzusetzen. Es widerstrebte mir. Ich empfand es als übergriffig, und es fühlte sich wie die Nötigung zur Heuchelei an, doch für Diskussionen und Protest war mir der Frieden, den ich mir im Herzen beim Abschied von ihr wahren wollte, zu wertvoll.

Nach der Beerdigung begann das Studium. Nun saß ich zwischen meinen neuen Kommilitonen, die fast alle halb so alt waren wie ich, und versuchte meinem Leben, das wieder einmal einem weißen Blatt Papier ähnelte, in einer neuen Wohnung und weit weg von meinen Kindern und Freunden eine neue Struktur zu geben. In den ersten Tagen und Wochen ging ich mit großem Eifer an die Sache. Den ersten Dämpfer verpasste uns ein Professor während einer Einführungsveranstaltung im Fach PR, als er über das Berufsbild des PR-Managers sprach. Sechzig-Stunden-Wochen seien in dieser Branche nicht unüblich, und besonders die weiblichen Studierenden sollten sich gut überlegen, ob sie ihren Schwerpunkt ab dem fünften Semester vielleicht nicht doch in den Bereich Journalismus legen wollten. Den Kinderwunsch könne man sich ebenfalls abschminken, falls man es überhaupt schaffen würde, sich nicht von seinen Kommilitonen schwängern zu lassen. Die meisten Studentinnen würden jedenfalls als Kellnerin enden. Er spreche da aus Erfahrung. Im Raum wurde es still. In meinem Kopf tobte eine wütende Stimme. Ich fragte mich, wie es wohl gerade meinen Kommilitoninnen ergehen musste, die ihre Vorstellungen von Karriere, Familie und Kindern über Bord werfen sollten. Ich hatte nicht nur die privilegierte Position, bereits drei Kinder zu haben, sondern konnte auch aufgrund meiner Lebenserfahrungen die Worte des Professors, die er wahrscheinlich witzig fand, den Kategorien Sexismus, Chauvinismus und Narzissmus zuordnen.

Sowohl das Studium selbst als auch mein Alter stellten mich im Laufe der Monate vor viele Herausforderungen. Beispielsweise fehlte mir trotz bestandener Heilpraktikerausbildung im Gegensatz zu meinen Kommilitonen, die größtenteils direkt nach dem Abitur mit dem Studium angefangen hatten, die Fähigkeit, für Klausuren auswendig lernen zu können. Stattdessen musste ich mir den Lernstoff inhaltlich erarbeiten, was mir letzten Endes in den ersten Klausuren nicht wirklich weiterhalf. Regelmäßig trieb mich das Prüfungssystem an wütende Grenzen und kostete mich Schweiß und Verzweiflung, denn ich konnte dem Binge-Lernen überhaupt nichts Positives abgewinnen. Wenn mich Dozenten und Professoren als einzige Studentin siezten und ich es nach vielen Versuchen nicht schaffte,

Anschluss zu finden, oder wenn ich mich nach den Wochenenden während der langen Zugfahrt alleine auf die Klausuren vorbereitete und montags im Vorbeigehen mitbekam, wie sich Lerngruppen zusammenfanden und sich gegenseitig zwischen Outdooraktivitäten bei Musik und Bier den Lernstoff abfragten, spürte ich das Anderssein auf völlig neue Weise. Im zweiten Semester lernte ich Peter kennen, als er während eines Seminars zu spät kam und eine Reihe schräg hinter mir Platz nahm. Trotz meiner anfänglichen Skepsis wegen seiner Piercings, Tattoos und forschen Sprache wurde er innerhalb kürzester Zeit für mich zum wichtigsten Menschen und Freund an der Uni. Als zweifacher Familienvater und mit zwei Jahren mehr auf dem Lebenskonto als ich wurde er für die restliche Zeit mein Lern-, Lach- und Gesprächspartner. Bei ihm ließ ich meinen Frust raus, wenn ich mich über große Unternehmen aufregte, die die Arbeit von uns Studierenden im Rahmen von Projektarbeiten unbezahlt in Anspruch nahmen, für die sie bei Agenturen fünfstellige Summen bezahlt hätten. Auch versuchte ich gemeinsam mit ihm den Sinn und Unsinn vom Auswendiglernen auf den Grund zu gehen, tauschte mich über Möglichkeiten des Umgangs mit dem Machtgebaren von Professoren aus oder verdrehte mit ihm still die Augen, wenn im Gang unserer Fakultät verzweifelte oder heulende Studierende wegen einer bestandenen Prüfung mit einer Note von »nur« 1,5 zu hören waren. Ob uns das alles das Studium unbedingt leichter machte, wage ich zu bezweifeln. In vielen Momenten wünschte ich mir Unwissenheit und Unerfahrenheit, wenn es um belanglose Themen des Alltags ging, und eine blitzschnelle Auffassungsgabe beim Auswendiglernen, die ich bei meinen jüngeren Kommilitonen beobachten konnte. Für mich glich das Studium einem täglichen Ringen zwischen Jobs, Kindern, Klausuren, Seminaren und den endlosen Kilometern, die ich auf dem Fahrrad, in der Straßenbahn oder in Regionalzügen zurücklegte.

Wie seit Beginn der Trennung lebte ich auch während des ersten Jahres meines Studiums von der Hand in den Mund. Um mit meinen Rechnungen nicht in Verzug zu geraten, verkaufte ich die Möbel, die nach meinem Umzug erst einmal im Keller ihren Platz gefunden hatten. Neben meinem ersten Job schrieb ich verschiedene Stiftungen für Stipendien an, um mir meinen Lebensunterhalt neben dem Studienkredit mit nur einem Nebenjob finanzieren zu können. Jedem Antrag folgte, trotz Empfehlungsschreibens, eine Absage. Die Begründungen waren niederschmetternd. Es fehlte mir an Ehrenämtern. Dass ich jahrelang Elternpflegschaftsvorsitzende in den Schulen und Kindergärten meiner Kinder gewesen war, zählte nicht. Auf meine Nachfrage, was ich denn für eine andere Wahl gehabt hätte als diese Form des Ehrenamtes, erhielt ich von Schulterzucken bis hin zu anmaßenden Unterstellungen, meinem Lebenslauf würde kein sozialer Grundgedanke zugrunde liegen, die ganze Bandbreite von Antworten. Weder die Tatsache, dass ich mich bis zum Abitur innerhalb der muslimischen Jugendgruppe ehrenamtlich aktiv eingebracht, noch dass ich mit einundzwanzig Jahren mein erstes Kind bekommen hatte und so die Möglichkeit eines freiwilligen sozialen Jahres oder anderer ehrenamtlicher Tätigkeiten nicht hatte, wurde anerkannt. Auch meine Kontakte zu einer muslimischen Stiftung liefen ins Leere. Hier galt eine vortreffliche Abiturnote als Voraussetzung, die ich leider nicht vorweisen konnte, und angesichts meiner Situation und meiner Lebensentscheidung, die in den Augen des damaligen Gremiums ein Affront gegen ihre religiösen Vorstellungen war, wurde mir von vornherein keine Förderung in Aussicht gestellt. Heute ist die Stiftung heterogener aufgestellt. Ende des dritten Semesters entschied ich, einfach die Zähne zusammenzubeißen und mich mit diversen Jobs über Wasser zu halten. Ich kellnerte in einer Bar, bereitete im Akkord Kaffee in Pappbechern mit Namen vor, betreute nachmittags Grundschüler in der OGS, telefonierte Listen von Gastronomen für ein Callcenter ab, organisierte Teams für den Außendienst einer namhaften Wochenzeitung, half bei der Organisation von Veranstaltungen als studentische Mitarbeiterin eines Professors an der Universität, übernahm als Studentin die Frühschichten beim WDR, kümmerte mich um die Pressearbeit und Moderation einer städtischen Veranstaltung und nahm als freie Journalistin für ein lokales Magazin regelmäßig Außentermine wahr. Nebenbei lernte ich für Klausuren, fuhr an den Wochenenden meine Kinder abholen und versuchte mir freie Minuten für Sport, Dates oder Treffen mit meinen Freunden freizuhalten. Rückblickend weiß ich nicht, wie ich dieses Ausmaß an Belastungen ertragen habe und in der Regelstudienzeit sämtliche Klausuren, Referate und Hausarbeiten schaffte. Nach einem Jahr bekam ich jedoch dafür die Quittung.

Es war ein Morgen im September wie jeder andere, mit dem Unterschied, dass ich wieder einmal in den Endzügen einer Klausurvorbereitung steckte und mich seit drei Wochen ein Hexenschuss beim Lernen und bei allen anderen Tätigkeiten plagte. Ich versuchte ihn mit Schmerzmitteln statt mit Ruhe in Schach zu halten. Nach fast einem Jahr in diesem Tempo überrollte mich die Erschöpfung immer mehr wie ein Tsunami, und ich musste einsehen, dass es nur noch eine Frage der Zeit war, bis mich der Umfang der Verpflichtungen in die Knie zwingen würde. So beschloss ich, die gemeinsamen Wochenenden mit meinen Kindern fürs Erste auf jedes zweite Wochenende zu legen. In den ersten Monaten dieser neuen Regelung fühlte sich jedes kinderfreie Wochenende nutzlos und falsch an. Neben meiner Sehnsucht und dem inneren Kampf gegen mein eigenes schlechtes Gewissen kamen Vorwürfe hinzu, ich täte den Kindern mit meiner Lebensweise nicht gut.

Wie sehr mir das alles zusetzte, wurde mir erst bewusst, als es zu spät war. Als ich an jenem Morgen wieder nach einer Grundsatzdiskussion das Gespräch verzweifelt beendete, durchzog ein Schmerz meinen Körper, als hätte mir jemand einen Dolch in den Rücken gerammt. Meine Knie gaben nach, und ich sank zu Boden, unfähig, irgendetwas dagegen tun zu können. Mit dem Handy in der Hand krabbelte ich an den Rand meines Bettes, und mein erster Gedanke war, Mira anzurufen, denn sie war zu dieser Zeit meine einzige Freundin in der Nähe und ein Mensch, auf den ich zählen konnte. So auch jetzt. Zehn Minuten später war sie da. Der Weg von meiner Wohnung bis zu ihrem Auto, ins Krankenhaus und wieder zurück nach Hause, waren Stunden qualvoller Schmerzen.

Die Schmerzen sollten mich in den kommenden Wochen gänzlich außer Gefecht setzen. Die Klausur, für die ich insgesamt fünf Wochen gelernt hatte, konnte ich nicht mitschreiben. Meine Kinder sollte ich ebenfalls die nächsten vier Wochen nicht sehen können. Die gesamte erste Woche lag ich flach. Ich fühlte mich gefangen in meinem eigenen Körper. Die Schmerzmittel waren so stark, dass sie meinen Kopf benebelten. Ihre Wirkung ließ zu wünschen übrig, die Nebenwirkungen waren umso stärker. Ich war nur noch in der Lage, mich stöhnend von links nach rechts zu drehen, fluchend auf allen vieren in den Stand hochzukommen, um dann wütend festzustellen, dass ich nicht einmal imstande war, zwei Schritte zu gehen, ohne dass mir vor Schmerzen die Knie einsackten und ich aufgeben musste. Nach einer Woche setzte ich die Schmerzmittel ab.

Meine Seele hatte geschrien, mein Körper hatte reagiert, und am Ende war mein Willen gebrochen, doch ich verstand nicht, was mir das Leben sagen wollte. Was sollte ich tun? Entspannung, Urlaub und Runterkommen? Wie sollte das denn unter diesen Umständen gehen?

Nein. Ich durfte hier nicht flachliegen, nicht außer Gefecht gesetzt sein. Ich musste funktionieren, lernen, meine Kinder sehen, mit ihnen lachen, toben, kuscheln. Auf die Hilfe von außen konnte ich nur begrenzt zurückgreifen, also musste ich die Hilfe von innen aktivieren. Ich fühlte mich ohnmächtig. Mein Rücken war die Achillesferse meines Körpers. Ich erinnerte mich an die Worte einer Orthopädin, als sie ein paar Jahre zuvor meine Röntgenbilder angeschaut hatte. »Sie haben eine Skoliose, keine starke, aber eine bereits sichtbare. Und für ihr Alter ist das unüblich.« Zu diesem Zeitpunkt war ich 26 Jahre alt. Ihre Erklärung: »Der Körper antwortet auf äußere Umstände. Überlegen Sie für sich, was Sie in Ihrem Leben aus der Mitte bringt.« Damals wusste ich nichts mit diesen Worten anzufangen. Nun wurde mir ihre tiefere Bedeutung bewusster. Der viele Stress, die Lasten, die ich auf den Schultern trug, mein unverarbeiteter Ärger, die Luft, die mir zum Einatmen fehlte, die Suche nach meiner Identität – alles das hatte Auswirkungen auf meinen Rücken und meine Haltung gehabt. So viel zur Theorie.

Ich telefonierte mit einer Freundin, die seit zehn Jahren therapeutisch tätig war. Ihre Antwort kam keineswegs überraschend, schließlich waren mir Reaktionen des Körpers dank meiner Heilpraktikerausbildung kein Rätsel. »Gerade wenn es um den Rücken geht, zeigt sich das verletzliche Wesen des Menschen. Hier macht sich der ganze Stress bemerkbar. Angefangen bei der Halswirbelsäule und den Schultern, die das Lastentaxi der Seele sind, dann die Brustwirbelsäule, die einem den Lebensatem zuschnüren kann, bis hinunter zur Lendenwirbelsäule, der Familie, Freunde, Finanzen und Sorgen das Kreuz brechen können«, sagte sie mit fürsorglicher Stimme. Im Idealfall würde man die Reißleine ziehen, bevor einem von außen der Garaus gemacht würde, aber dafür bräuchte es die Umkehr zu einem bewusst gelebten Leben. Von einem bewussten Leben war ich meilenweit entfernt. Wie auch?

Diese Zeit der schmerzhaften Unbeweglichkeit war eine Zwangspause, in der ich mich unausweichlich auch der Erkenntnis unterwarf, dass ich die vielen lauten Fragen im Kopf gerade nicht beantworten konnte. Darin war ich nicht gut. Noch nicht. Aber es führte kein Weg daran vorbei, und ich ergab mich nicht nur der körperlichen Ohnmacht, sondern auch der seelischen. Tagsüber starrte ich aus dem Fenster, nachts weinte ich mich in den Schlaf. Ich vermisste meine Kinder so sehr, dass ich dachte, mein Herz würde jeden Moment vor Schmerz platzen. Doch statt mich einfach auf das Wiedersehen mit ihnen und auf die Erfüllung meiner Sehnsucht zu freuen, haderte ich mit den Umständen und musste Grundsatzdiskussionen mit Tarek führen.

Was mich diese Zeit nachhaltig gelehrt hat, ist Folgendes: dass ich selbst im einsamsten Schmerz die inneren Kräfte ein weiteres Mal mobilisieren kann und mich nicht mehr mit dem Wertvollsten, das ich habe, nämlich meine Kinder, zum Sklaven machen und mich unter Druck setzen lasse. Ich lernte Geduld und ich lernte Grenzen zu setzen und insbesondere lernte ich das Hinschauen. Rückblickend war es die Zeit, die mich aus der inneren Opferhaltung herausbrachte, mir meine Bedürfnisse als Mutter, Ex-Frau, Studentin und Frau in dieser Gesellschaft klarmachte und mir die Notwendigkeit aufzeigte, für mich selbst einzustehen. Es war die Zeit des Loslassens. Ein Prozess, der in den weiteren Monaten und besonders im Entstehungsprozess dieses Buches noch viele Male hart auf die Probe gestellt wurde. Doch die Weichen dafür hatte ich gestellt. Ich verstand, dass ich trotz des Tiefpunkts meine Kräfte erneut mobilisieren musste. Mit dieser Haltung ertrug ich die Diskussionen und Vorwürfe immer besser, aber was sich vor allem veränderte, war mein entschlossener Weg, von dem mich nichts mehr abbringen konnte. Weder die verirrte Bandscheibe noch irrende Menschen.

Als es mir gesundheitlich wieder besser ging, ich meine Prüfungen nachgeholt und meine Prioritäten gesetzt hatte, überkam mich erneut der unstillbare Hunger nach Zugehörigkeit. In Bezug auf meinen Glauben hielt ich bis dahin mit aller Kraft eine

Tür fest verschlossen – nämlich die, hinter der mich meine Glaubensgeschwister zu jedem religiösen Anlass spüren ließen, dass ich nun nicht mehr dazugehörte. Einige Jahre versuchte ich den Schmerz, den ich mir durch die äußerlich verloren gegangene religiöse Zugehörigkeit erklärte und der sich jedes Mal wie ein stumpfer Dolchstoß in meine Brust bohrte, mit einer rationalen Herangehensweise zu betäuben. Einerseits sagte ich mir, dass, egal, was ich tun würde, sowieso niemals jeder zufrieden wäre, und andererseits entschuldigte ich das mir entgegengebrachte Verhalten, denn ich wusste, dass mein Auftreten und meine Meinung eine Provokation darstellten und man mich lieber abschrieb, als sich mit Kritik auseinanderzusetzen. Parallel passierte das Leben und fand auf vielen Ebenen ohne mein aktives Zutun statt. Die Sehnsucht nach Zweisamkeit blieb. Letzten Endes war genau sie der Grund, warum ich dann doch die Tür zu meiner alten Welt öffnete und Kontakt zu Shareef aufnahm, einem muslimischen Mann, den ich aus der Muslimischen Jugend kannte. Fast zwei Jahrzehnte waren seit unserer letzten Begegnung vergangen. In meiner Erinnerung war er ein liebevoller Freigeist, der bereits damals mit seiner wenig dogmatischen Lebenseinstellung in der Gemeinschaft der jungen Muslim:innen hier und da angeeckt war. Als wir wieder Kontakt hatten, wurde uns schnell klar, dass das Interesse für ein Kennenlernen mit ernsthaften Absichten beidseitig vorhanden war, auch wenn wir zu islamischen Themen völlig konträre Ansichten vertraten. Zwei Wochen lang telefonierten wir und trafen uns anschließend unter Einhaltung körperlicher Distanz. So sehr ich mich auf menschlicher Ebene angekommen fühlte, wusste gleichzeitig ein anderer Teil in mir, dass ich für diese Beziehung drauf und dran war, alle bis dahin gemachten Erfahrungen und Erkenntnisse hintanzustellen und mich wieder zu einem großen Teil dem Wertesystem und den Regeln der alten Welt unterzuordnen. Aber sie war mir nun mal angenehm vertraut, und ich ließ mich genau von diesem Gefühl leiten. Nach sechs Monaten intensiven Kontaktes, etwas körperlicher Nähe, die allerdings aus seiner religiösen Perspektive definitiv zu weit ging, und vielen kontroversen Diskussionen löste er die Verlobungspläne mit der Begründung, ihm würde meine Religionspraxis nicht ausreichen, um ein islamisches Leben führen zu können. Es war d e r Schlag ins Gesicht, der mich sowohl schwer traf, als mir auch die Augen öffnete.

Ich brach den Kontakt zu ihm ab. Zu groß war der Schmerz. Natürlich stellte ich mir die Frage, warum ich mich auf ein Kennenlernen und sogar die Perspektive auf ein Leben mit ihm eingelassen hatte. Doch um diese Frage aufrichtig und ehrlich beantworten zu können, brauchte es dieses Buch, das mich unweigerlich zwang, mich mit meiner Vergangenheit und meinen Mechanismen auseinanderzusetzen. Ich erinnerte mich an die ersten Jahre nach der Trennung von meiner Familie, in denen ich händeringend darum bemüht war, mich, die Menschen und auch Gott davon zu überzeugen, dass mein Glaube ein fester Dreh- und Angelpunkt in meinem Leben geblieben war. Heute weiß ich, dass die Angst, auf dem neuen Feld Fehler zu machen, und die Sorgen, was die anderen von mir denken könnten, maßgeblich dazu beitrugen, dass ich Gefahr lief, mich selbst zu verleugnen. Gleichzeitig war in mir eine fast unstillbare Sehnsucht nach gemeinsamer Spiritualität, die ich erfolglos bei Dates oder Beziehungsanbahnungen mit Nichtmuslimen suchte, und tief im Inneren wusste ich, dass mir genau dieses Gefühl ein Stück vertraute Heimat zurückgeben könnte. Sowohl die Erfahrung mit diesem muslimischen Mann als auch andere wiederkehrende Situationen mit einigen meiner Glaubensgeschwister zeigten mir letztendlich, dass persönliche und korrekt geglaubte islamische Überzeugungen kein Garant für einen respektvollen Umgang sind. Bei jeder Ermahnung, ich solle wieder beten, fasten, den Koran lesen oder mich generell zu islamischen Werten bekennen, nahm ich die Ermahner:innen kritisch unter die Lupe und musste jedes Mal feststellen, dass es ihnen an Respekt und Toleranz mangelte und ihr Bemühen, mich bekehren zu wollen, ausschließlich daher rührte, die Richtigkeit ihrer eigenen Konstrukte aufrechtzuerhalten. Bevor ich anfing, Missstände, die es auch in der nichtmuslimischen Welt zuhauf gibt, zu sehen, stieß es mir sauer auf, wenn ich Zeugin davon wurde, wie der öffentliche Ruf eines religiösen Gelehrten trotz handfester Beweise seiner Verstöße mit allen Mitteln verteidigt wurde oder mir regelmäßig eindeutige Offerten von verheirateten muslimischen Männern, die offenbar in mir leichte Beute sahen, gemacht wurden. Alles das ließ mich sprachlos zurück, half mir gleichzeitig aber auch dabei, noch entschiedener an meinem bisherigen Weg festzuhalten und dieser Doppelmoral den Rücken zu kehren. Nach dem Ende der gemeinsamen Zeit mit Shareef musste ich mich erneut mit dem Gefühl beschäftigen, ein weiteres Mal aus meiner religiösen Zugehörigkeit geworfen worden zu sein. Als der Prozess wegen Vergewaltigungsvorwürfen um den französischen Gelehrten Ramadan anfing, zu dem er sich nicht nur sehr verbunden fühlte, sondern an dem er auch keine Kritik zuließ, traf ich eine Entscheidung, mit der ich mir stückweit selbst das Herz brach: Ich wollte niemals wieder einen muslimisch religiösen Mann in mein Leben lassen.

Wie nicht anders zu erwarten war, blieb das Gefühl der Sehnsucht und verstärkte sich ein halbes Jahr später, als ich mich zum ersten Mal im asiatischen Ausland befand, wo ein großer Teil der Bevölkerung muslimischen Glaubens ist, mit Wucht. Es war Fastenzeit, und für mich war es nicht nur die erste Fernreise und die erste bewusst wahrgenommene Begegnung mit Muslim:innen im Ausland, sondern es war der erste Ramadan weit weg von meinem gewohnten Leben. Wieder spürte ich diese tiefe Sehnsucht nach Nähe und Geborgenheit im spirituellen Miteinander, die es mir auszuleben zu diesem Zeitpunkt nicht möglich war.

Heute habe ich die Gefühle von Freude, Glück und Geborgenheit, die früher durch meine Religionspraxis oder durch die Gemeinschaft mit meinen Glaubensgeschwistern ausgelöst wurden, als unerfüllbaren Wunsch akzeptiert und als Teil meiner selbst angenommen. Unerfüllbar deshalb, weil sie meistens unmittelbar an Rituale geknüpft sind, die man zwar auch alleine durchführen kann, die aber nicht dem Gefühl in der Gemeinschaft oder innerhalb einer islamischen Beziehung gleichkommen. Unerfüllbar auch, weil ich zwar ohne Kopftuch an einem Gemeinschaftsgebet oder ohne gefastet zu haben am gemeinsamen Fastenbrechen teilnehmen könnte, das Gefühl allerdings ein anderes wäre, weil das Gemeinschaftsgefühl erst durch das Befolgen eben jener Regeln entsteht. Und schließlich auch deshalb unerfüllbar, weil ich bis heute den Stempel, eine liberale Muslima zu sein, ablehne, da sie nicht meinem ursprünglichen Zugehörigkeitsgefühl entspricht. Egal, wie ich es auch drehe und wende, ich weiß heute, dass meine Sehnsucht ein Überbleibsel aus einer Zeit ist, der ich nun entwachsen bin.

Wenn mich heute jemand nach meiner religiösen oder spirituellen Überzeugung fragt, dann ist meine Antwort, dass ich m e i n e n Weg gefunden habe, dieser in keine Schublade passt und dass es letztlich nur die Menschen selbst sind, die eine Balance zwischen dem Weltlichen und dem Spirituellen in ihrem Leben schaffen können.

Dass Menschen einen Fehler bekanntlich mindestens zweimal machen, erfuhr ich während der erwähnten zweijährigen toxischen Beziehung mit einem nichtmuslimischen Mann, die nach meiner Trennung von Shareef stattfand und mich erneut mit der ganzen Bandbreite von seelischer Gewalt in neuem Gewand konfrontierte. Mit einem Mal begegneten mir ähnliche Vorwürfe wie in den Jahren meiner Ehe – ich würde dieses oder jenes nicht begreifen, mich hier und dort falsch verhalten und ihn nicht mehr, wie am Anfang, zur Priorität in meinem Leben machen, ich solle ihm einfach nur folgen, damit es diesen ganzen Stress zwischen uns nicht gebe, außerdem sei ich eine Egoistin und unbelehrbar, hätte von dem, was ich sage und tue, nicht die geringste Ahnung und sei weder mitfühlend noch kompromissfähig. Bis ich allerdings verstand, was dahintersteckte, sollte es seine Zeit brauchen. Immerhin war mir schnell klar, dass dieses Verhalten nicht auf religiös begründete patriarchale Strukturen zurückzuführen ist.

Bereits in den ersten Tagen unseres Kennenlernens ertönten laute Warnsirenen in meinem Inneren, die aber von meinem Monsterhunger nach Liebe, Nähe und neuen Möglichkeiten auf stumm gestellt wurden. Hinzu kamen seine schönen Worte über Liebe und Partnerschaft, die allerdings spätestens in Augenblicken der Kränkung oder in Situationen, in denen er seine Macht in Gefahr sah, über Bord geworfen wurden. Sein Handeln führte mich regelmäßig an den Rand eines emotionalen und seelischen Kollapses, wenn plötzlich aus dem weltoffenen, verständnisvollen und liebenden Menschen ein opportunistisch und manipulativ handelnder Mann wurde. Anfangs war ich nicht in der Lage, seine Absichten zu erkennen, und später, als sie zum festen Bestandteil unserer Beziehung geworden waren, w o l l t e ich sie nicht sehen. Während unserer gemeinsamen Zeit krochen immer öfter Gefühle von einst hoch, die mir letzten Endes dabei halfen zu erkennen, in welche Abhängigkeiten ich mich manövrierte. Irgendwann platzte mir nicht nur der Kragen, sondern auch ein wichtiger und entscheidender Knoten. Allerdings brauchte es viele Trennungsversuche, bis ich am Ende unserer gemeinsamen Zeit, die insgesamt knapp zwei Jahre dauerte, den Absprung schaffte. Diese Trennung gehörte neben meiner Entscheidung, mich von Tarek zu trennen, zu den bisher schwersten in meinem Leben. Doch dieses Mal war ich gewappneter.

Nach einigen Monaten der bewussten Trauerarbeit, die mit dem Beginn der Corona-Pandemie zusammenfiel und mir letztlich auch den Raum bot, in den ersten Gang zu schalten, wurde mir bewusst, dass ich diese Form der Beziehung in erster Linie wegen meiner Verlustängste angenommen hatte. Es brauchte viele Gespräche mit Freunden und einer Therapeutin, bis ich verstehen konnte, dass meine Freiheitsliebe und meine Selbstständigkeit für einen Mann wie ihn eine Bedrohung darstellen und sich sein Vorhaben, mich nach seinen Vorstellungen zu formen, am Ende an meiner inneren Rebellin die Zähne ausbiss. Ich begann damit, mich mit den Strukturen und Mechanismen von Narzissmus und Fanatismus zu beschäftigen und erkannte immer mehr, dass die Taten dieser Menschen einem egoistischen Selbstzweck entspringen, also auch ihre Liebesbekundungen und Zugeständnisse. Mit jedem Wort und jeder Erklärung setzten sich die bis dahin durcheinanderfliegenden Puzzlestücke immer mehr zu einem Gesamtbild zusammen. Zum ersten Mal beschäftigte ich mich intensiv mit den Themen toxische Beziehungsmuster, Fanatismus und Dogmatismus, und mir wurde bewusst, dass ich mit dieser Erfahrung einen Meilenstein innerer Arbeit gemeistert hatte und dass ein solches Verhalten unabhängig von einer Religion stattfinden kann.

Fanatismus wird im Duden als das rigorose und unduldsame Eintreten für eine Sache oder eine Idee definiert. Schritt für Schritt begann ich die Unterschiede und Gemeinsamkeiten zwischen religiösem Fanatismus und menschlichem Narzissmus sowie menschlich bedingtem Fanatismus und religiös bedingtem Narzissmus zu unterscheiden. Ich erhielt auf diese Weise einen komplett neuen Zugang zu menschlichem Verhalten. Die Querverbindungen machten mit einem Mal Sinn. Was den Dogmatiker angeht, definiert der Duden diesen als unkritischen Verfechter einer Lehrmeinung. Bisher hatte ich darunter nur unbelehrbare Sturheit verstanden. Jetzt bekamen Verhaltensweisen wie Arroganz durch ein Erhabenheitsgefühl gegenüber Andersdenkenden und -gläubigen oder die Unfähigkeit, Kritik anzunehmen und das eigene Verhalten und Denken zu reflektieren, sowohl einen Namen als auch eine Erklärung. Je mehr ich mich mit diesen Themen befasste, desto breiter erstreckte sich ihr Wirkungsspektrum.

Plötzlich tauchten sie überall dort auf, wo es um rigoroses Festhalten an Überzeugungen, das Durchsetzen von Zielen oder das Einfordern von Regeln und Prinzipien ging – kunterbunt in den Reihen religiöser Gläubiger, überzeugter Veganer und Vegetarier, von Diätgurus, Lifestyle-Coaches, Heilpraktikern und Ärzten oder unter Freunden und Arbeitgebern oder bei Diskussionen über Monogamie, Polyamorie oder anderen Möglichkeiten von Paarbeziehung. Allen gemeinsam war die ablehnende Haltung gegenüber anderen Meinungen und die absolute Sicherheit, dass sie richtiglagen und deshalb Zustimmung erwarteten. Wer nicht parierte oder nicht auf gewünschte Weise mit Bewunderung, Zuspruch und Aufmerksamkeit antwortete, wurde mit *ihren* Konsequenzen bestraft. Bis ich allerdings wirklich in der Lage war, dogmatisches, fanatisches oder narzisstisches Verhalten als solches zu erkennen und bis ich zusätzlich verstanden und eingesehen hatte, dass ich mit dieser Sorte Mensch weder auf Augenhöhe sprechen noch auf gute Weise diskutieren kann, musste ich viele Jahre den Ritt durch die emotionale Hölle aus Selbstzweifeln gehen. Dass ich mich vor Erfahrungen dieser Art jahrelang nicht schützen konnte, lag an meinem mangelnden Wissen, meiner naiven Vorstellung von der Welt und der damit einhergehenden Lebensunerfahrenheit. Auch fehlte mir der Zugang zu den Möglichkeiten einer alles infrage stellen dürfenden religiösen Aufklärung, die allerdings Voraussetzung dafür ist, sich sowohl ehrlicher Selbstkritik zu stellen als auch Erfahrungen mit der Vielfalt von Menschen und Systemen machen zu können.

Dass Menschen in Beziehungen, Freundschaften und Arbeitsverhältnissen auf Besserung und Veränderung hoffen und das Verhalten ihrer Peiniger entschuldigen, anstatt notwendige Konsequenzen in die Wege zu leiten, ist nachvollziehbar. Auch ich ergab mich, statt zu handeln, dem Gefühl des Verliebtseins, während parallel Machtspielchen durch Aufwertung, Idealisierung, Lob und Liebesbekundungen ihren Lauf nahmen und schließlich in die Phase der Entwertung mündeten. Jeder Entschluss meinerseits, die Beziehung zu beenden, wurde von tiefen Selbstzweifeln, Verlustängsten und Kummer begleitet. Erst im Austausch mit anderen Betroffenen, durch die eindringlichen und sorgenvollen Worte meiner engsten Freund:innen, das Wälzen von Literatur, durch Gespräche mit meiner Therapeutin und einigen emotionsintensiven Familienaufstellungen schaffte ich nach vielen Anläufen, mir das Geschehene zu vergeben.

Wie dankbar ich jedenfalls heute für meine innere Rebellin bin, brauche ich sicher nicht zu betonen. Nach dieser Begegnung, die ich von allen bisherigen Beziehungen in meinem Leben in die Kategorie *hätte ich lieber darauf verzichtet, war aber anscheinend nötig* einordne, schaffte ich endlich eine emotionale Grundlage, um mich meiner Bachelorarbeit zu widmen, die seit Beginn dieser Beziehung auf Eis gelegen hatte. Und ich packte die Gelegenheit, dieses Buch zu schreiben, bei den Hörnern.

Wenn mir früher jemand prophezeit hätte, dass ich irgendwann ohne meine Kinder leben würde, hätte ich ihn für geistig unzurechnungsfähig erklärt, doch gerade mein Leben ist beispielhaft dafür, wie ein perfekt scheinender Lebensentwurf auf den Kopf gestellt werden kann. Ist es da nicht elementar wichtig, bereits in jungen Jahren unterschiedliche Möglichkeiten aufgezeigt zu bekommen, weil Lebenswege eben nicht linear verlaufen müssen und Erwartungen durchkreuzt werden können? Gerade die Vorstellungen und Erwartungen, was es heißt, Mutter zu sein, ist oft mit der Realität nicht vereinbar. Wenn ich heute auf meine Mutterschaft zurückblicke, sehe ich folgende Konstanten – die bedingungslose Liebe zu meinen Kindern und das feste Vertrauen, dass kein Ereignis im Geringsten etwas daran ändern könnte. Mit Blick darauf, dass es für nichts im Leben eine wirkliche Garantie gibt, ist die Entwicklung von Resilienz sowohl für meine Kinder als auch für mich so wichtig.

Es ist elementar für ihre Seelenstärke, dass sie für die unberechenbare Realität sensibilisiert und gewappnet sind. Das geht nur, wenn man ihnen auch unerfreuliche Dinge zumutet, selbst wenn mir bei dem Gedanken, ihnen könnte Ähnliches wie mir widerfahren, angst und bange wird. Am Ende ist das Leben im Jetzt ausschlaggebend und nicht das Heilsversprechen durch Befolgen religiöser Regeln. So sehr ich um die Bedeutung religiöser Traditionen oder gesellschaftlicher Konventionen weiß, muss es dennoch erlaubt sein, sie zu hinterfragen oder zu kritisieren. Das setzt allerdings voraus, dass man sich angstfrei die Erlaubnis erteilen kann, ein Kollektivdenken zu verlassen.

Nachdem ich mich zum ersten Mal im Sommer für einen Tag traute, unter meinem Kleid keine Leggings anzuziehen, zwei Jahre später zum ersten Mal im Meer schwamm und ein weiteres Jahr später zum ersten Mal mit meinen Kindern ein Schwimmbad besuchte, schaffte ich es erst letztes Jahr, mit einem Bikini ins Freibad zu gehen. Ich erinnere mich sehr gut an die Überwindung, die jeder dieser Schritte kostete, und auch an die Unterhaltungen mit meinen Kindern, die ich in meine Entscheidungen einbezog. Ich erinnere mich an verschämte Blicke, als ich ihnen zu Hause zum ersten Mal einen Badeanzug vorführte, an ihre Worte, dass mein halber Hintern zu sehen sei und ich lieber einen Burkini anziehen solle, und an meine Erwiderung, dass ich sie verstehen würde, sie aber wenigstens einmal mit mir ins Schwimmbad gehen sollten, um zu sehen, dass das alles überhaupt keine Rolle spielen würde. Ich sagte ihnen zu, dass sie am Ende entscheiden könnten, ob wir blieben oder nicht. Wir gingen zusammen schwimmen, und ich behielt recht. Wir hatten ein paar unvergesslich schöne Stunden unter freiem Himmel Haut an Haut im Wasser. Auf diese Weise erfuhren sie, dass es neben jedem Gebot und Verbot auch Auswahlmöglichkeiten gibt und sich Befürchtungen nicht immer bewahrheiten. Natürlich habe ich an dieser Stelle die Worte meiner Glaubensgeschwister im Ohr, die von Sünde sprechen und sich darin bestätigt fühlen, weil auf die Ermächtigung, das Kopftuch abzulegen, tatsächlich Missachtung und Übertretung anderer Regeln folgten. Deshalb ist es mir wichtig, gerade in ihre Richtung festzuhalten, dass jede einzelne bewusste Beilegung einer Regel oder eines Verbots mich zur Auseinandersetzung mit meinen Grenzen zwang und ich dadurch mit tiefer Dankbarkeit immer wieder einen neuen Zugang zu Gott fand. Ich wünsche jedem Menschen, unabhängig von religiösen oder sozialen Prägungen, dass er nur über die Dinge ein Urteil fällt, für die er sich aus freien Stücken entschieden oder die er selbst erlebt hat.

Bis heute konfrontiere ich meine Kinder in regelmäßigen Abständen mit dem Leben in meiner Welt. Wo früher jedoch noch auf jede neue Sache ausführliche Gespräche folgten, haben uns Zeit und Vertrauen dahin gebracht, dass Erlebnisse, Begegnungen oder Meinungen, die fern ihrer eigenen religiösen Vorstellungen sind, als Möglichkeit und Teil meiner Persönlichkeit angenommen werden. Bis heute begleitet uns die Rücksicht auf die gegenseitigen Vorstellungen. In der Praxis sieht es so aus, dass sie beispielsweise während unserer gemeinsamen Zeit ihren fünfmaligen Pflichtgebeten nachkommen oder wir im Ramadan gemeinsam Fasten brechen – sie fastend, ich nicht fastend.

Den Kern meines Glaubens bildet das Gefühl, das ich mir, seit ich zwölf bin, bewahrt habe. Für mich ist der Islam eine Lebenseinstellung. Er ist dieses ganz spezielle Gefühl von Geborgenheit und Schutz, von Nähe und Verständnis. Er schließt keinen Menschen aus, besitzt keinen Anspruch auf vollendete Perfektion und zeichnet sich durch individuelle Veränderungs- und Anpassungsprozesse aus.

NACHWORT

Mein Leben nahm Wendungen, die ich mir früher nicht ansatzweise hätte vorstellen können. Und sie stellten mich immer wieder vor die Entscheidung: Sollte ich resignieren, mich verbittert abwenden oder das Ganze als Aufgabe sehen, an der ich wachsen konnte? Ich entschied mich immer für Letzteres, auch wenn der Weg alles andere als leicht war. Für Resignation waren zu viel Lebensfreude und Neugier und für Verbitterung zu viel Rebellin in mir. Weder wollte ich den Verursacher:innen diese Genugtuung geben, noch mir selbst die Chance nehmen lassen, aus meinem Leben etwas Sinnhaftes und Wunderbares zu gestalten. Also blieb es beim Lernen durch Erfahrung, doch wie das letzten Endes funktionierte, hatte mir niemand beigebracht. Ich sprang ins kalte Wasser.

Wenn ich heute auf die letzten Jahre zurückschaue, erkenne ich, wie alle Ereignisse und Begegnungen ebenso wie meine vielen Entscheidungen wie in einem Zeitraffer durch mein Leben fegten. Innerhalb weniger Jahre fanden so viele und wichtige Veränderungen statt, wie sie andere Menschen normalerweise auf ein ganzes Leben verteilt erleben, wenn überhaupt. Einzig das Gefühl von körperlicher und geistiger Erschöpfung erinnerte mich hin und wieder daran, dass ich diesem pausenlosen Dauerlauf den Stecker ziehen musste, weil ich immer öfter japsend von einem Termin zum nächsten Date, von einem Kurztrip zum nächsten Job oder von einer Veranstaltung zur nächsten Fortbildung rannte. Mittlerweile sind mir meine Bedürfnisse wichtig und bewusst, wobei Ausnahmen die Regel bestätigen.

Heute kann ich sagen, dass ich trotz gescheiterter Beziehungen, der vielen Probleme und Rückschläge in meinem beruflichen Werdegang und der immer noch schweren Abschiede von meinen Kindern keine einzige Entscheidung bereue. Ich würde alles wieder genauso tun.

Was den Glauben angeht, ist für mich heute nur noch die Religionspraxis akzeptabel, die die geistige und physische Freiheit eines anderen Menschen nicht einschränkt oder gefährdet. Sobald allerdings Religiosität oder Macht- und Wahrheitsansprüche die Grenzen eines anderen Menschen verletzen, beginnt für mich übergriffiges Handeln. Unweigerlich stellt sich deshalb für mich die Frage, ob ein Überlegenheitsverständnis nicht den Grundstein für Intoleranz gegenüber Andersdenkenden und Andersgläubigen legt. Wo keine Akzeptanz herrscht, fehlt der Respekt, und wo kein Verständnis ist, findet keine Verständigung statt. Somit gelten moralische Werte wie Toleranz, Verständnis, Akzeptanz, Nächstenliebe usw. nur für Glaubensgeschwister. Diese enge Moral, die den Wert der Gleichgesinnten überhöht, legitimiert wiederum abwertendes Verhalten gegenüber Andersdenkenden. Das führt zu bizarren Feindbildern und unmenschlichen Verhaltensweisen, die mit dem eigentlichen Menschenbild im Islam von der Gleichheit vor Gott nicht mehr viel zu tun haben können.

Für mich ist der Islam viel mehr als eine Ansammlung von Regeln. Wenn ich heute mit meinen Verwandten oder mit Glaubensgeschwistern über die Regeln spreche und nach dem Grund frage, wieso sie diese ausnahmslos einhalten, sind ihre Antworten zwar vielfältig, aber allen gemeinsam ist der Pflichtcharakter, der mit der Angst vor Sanktionen bei Unterlassung einhergeht. Die Gründe lauten also »so steht es im Koran« oder »so sind die Regeln« und »ihre Einhaltung ist die Eintrittskarte ins Paradies«.

Genauso ist es mit den Geboten. Das fünfmalige Pflichtgebet gilt als eine private Audienz mit Gott: Auch wenn Gott unsere

Gebete nicht braucht, braucht sie der Mensch umso mehr. Nicht selten wird der Vergleich einer Mutter-Kind-Beziehung bemüht: So wie eine Mutter ihr Kind bedingungslos liebt, brauche es dennoch die regelmäßige Kontaktpflege, um eine gesunde Verbindung zu schaffen. Für mich hinkt dieser Vergleich, seit ich mein klassisches Verständnis einer überbehütenden Mutter zu hinterfragen begann und mir nichts sehnlicher wünsche, als dass meine Kinder selbstständige, verantwortungsbewusste und vor allem im Herzen glückliche und dankbare Menschen werden.

An dieser Stelle ist es mir wichtig zu betonen: Nichts (!) spricht dagegen, aus Überzeugung fromm zu leben und religiöse Regeln, Gebote oder Verbote einzuhalten, solange das freiwillig und angstfrei erfolgt, solange ihnen kein Pflichtstempel aufgedrückt wird und solange Gläubige daraus keinen Absolutheitsanspruch ableiten. Denn so, wie der Glaube das Privateste und Intimste ist, was ein Mensch fühlen kann, dürfen Ausübung oder Nichtausübung religiöser Gebote nicht als Bewertungsgrundlage für den Wert eines Menschen dienen. Wenn ich heute von einem kritikwürdigen Binnensystem spreche, dann meine ich damit eine religiös verhärtete Gesetzesgrundlage, die der Wahrung ihrer eigenen Wahrheit dient. Weil sie Autoritätshörigkeit hochhält. Weil sie Menschen in respektwürdig und nicht respektwürdig kategorisiert. Weil sie in der Geschlechterfrage Frauen als nicht gleichwertige Menschen ansieht.

Für mich ist es heute schwer nachzuvollziehen, wie aus einem Glauben, der vor über 1400 Jahren auf der Arabischen Halbinsel herabgesandt wurde, ein starres Regelwerk werden konnte, das unnachgiebig ist und sich vom eigentlichen Kern entfernt hat. Es gab keinen Islam und keine Muslim:innen, als Prophet Mohammed an der Seite seiner Anhänger:innen den Glauben verkündete, um die Wüstenbewohner, die Götzendienste praktizierten und barbarische Rituale abhielten, wieder an den Monotheismus und die Menschlichkeit zu erinnern. Ich bin überzeugt davon, dass die Beziehung zu Gott niemals von so kleinteiligen Regeln überschattet sein darf. So wie der Gott-Mensch-Beziehung die Barmherzigkeit zugrunde liegt, muss der Mensch-Gott-Beziehung Freiwilligkeit zugrunde liegen.

Wenn ich gefragt werde, ob ich mich immer noch als Muslimin sehe, ist meine Antwort ein klares Ja – ich bin eine Muslimin ohne Label, die an Gottes Fügung und Führung und an seine Liebe und Barmherzigkeit glaubt.

Was wir Menschen endlich brauchen und was die Realität unserer Welt erfordert, ist die Akzeptanz von Vielfalt, denn ohne sie sind weder Menschen noch Generationen imstande, die großartige Schöpfung zu erkennen und Gott dankbar zu begegnen.

DANKSAGUNG

Mami. Du hast uns Kindern Mut, Respekt, Friedfertigkeit, Großzügigkeit und vor allem Standhaftigkeit vorgelebt. Wenn mir Widrigkeiten und Konsequenzen eines für mich noch nicht greifbar selbstbestimmten Lebens seine unschönen Seiten aufzeigten, waren es immer deine Worte, die mir aus jedem einzelnen Moment der Ratlosigkeit hinaushalfen. Es war dein Vorbild, das mir den Zugang zu Besonnenheit und Langmut aufzeigte, in dem ich jede noch so wegweisende Erkenntnis mit Dankbarkeit annehmen lernte. Danke, dass du bis heute ununterbrochen an mich glaubst und immer da bist.

Baba. Geduld, Güte, Sanftheit – alle diese Eigenschaften hast du mit Leben gefüllt und dein ganzes Schaffen darauf aufgebaut. Durch dich habe ich meinen Glauben auf eine Art kennen und lieben gelernt, dass er bis heute mein Nordstern ist. Durch ihn begegne ich Herausforderungen mit Vertrauen. Ich danke dir für jeden Strohhalm, nach dem du für mich gegriffen hast, und ich danke dir von Herzen, dass mein Wohl und das Wohl meiner Geschwister für dich immer die größte Priorität hatten. Am meisten danke ich dir, dass du mir zu jedem Zeitpunkt meines Lebens stets auf Augenhöhe begegnet bist.

Meine Habibis. Ihr seid für mich für alle Zeiten das allergrößte und wundervollste Geschenk. Als Mutter wünsche ich mir für euch eine Welt, in der Werte wie aufrichtige Liebe, Geradlinigkeit, Respekt, Wertschätzung, Geduld und Nachsicht eine von Inflation geschützte Währung wird, die die Hürden aus menschengemachten Idealen entschieden überwinden können und kompromisslose und stumpf gewordene Wächter von Dogmen und Machtstrukturen verstummen lassen.

Mein großer Dank geht an jeden einzelnen meiner Brüder. Ihr seid zu keinem Zeitpunkt von meiner Seite gewichen, egal wie groß unsere persönlichen Ansichten oder religiöse Prinzipien auseinanderklafften. Ich liebe unsere bis heute aktiv gelebte Respekt- und Wertschätzungskultur, dass wir uns gegenseitig sehen, lieben und annehmen – so wie wir sind: unterschiedlich und im Kern doch gleich.

Ati, Sefi, Ünal. Ihr seid Familie, deren Präsenz in meinem Leben fast zu spät kam. Umso dankbarer bin ich, dass wir ohne Altlasten zueinander gefunden haben. Dieses Band wird niemand trennen können.

Dina, du warst und bist mir immer eine kompetente und einfühlsame Ansprechpartnerin. Mit dir durch schwere und gute Zeiten zu gehen, hat mich jedes Mal mit viel Dankbarkeit erfüllt. Auch danke ich dir sehr, dass du mir zu theologischen Fragen im Buch ohne Zögern zur Seite gestanden hast.

Suat. Wenn es einen Menschen in meiner Vergangenheit gibt, bei dem ich den Satz »richtiger Mensch zum falschen Zeitpunkt« sagen würde, dann bei dir. Danke aus tiefstem Herzen für unsere gemeinsamen Augenblicke, Danke für deine Wertschätzung und Liebe und vor allem für deine schonungslos ehrlichen Worte in jeder noch so schweren Situation meines Lebens, und Danke, dass du dir in jedem dieser Momente treu geblieben bist. Deine gute Energie begleitet mich bis heute.

Lieber Marcus. Bei jedem Gedanken, der in deine Richtung geht, schwingt neben einigen Funken Wehmut die zehnfach größere Dankbarkeit mit – für jeden schönen, jeden komplizierten und jeden noch so winzigen Moment, der mich einerseits aus meiner Komfortzone zwang und mir andererseits die Schönheit eines freien Lebens vor Augen führte. Durch dich bin ich gewachsen.

Meine allerliebste Mel. Du bist im wahrsten Sinne des Wortes in mein Leben gesprungen, bist bis heute an meiner Seite geblieben und hast mit mir so viele wertvolle Erinnerungen geschaffen. Allein diese Tatsache gehört mit zu den schönsten Geschenken meines Lebens. Deine klugen und klaren Worte, die bisher in jeder Gelegenheit durch Sanftmut und Aufrichtigkeit ihren Weg zu mir fanden, zeichnen das Gefühl aus, das mich einhüllt, wenn ich an unsere Freundschaft denke. Mit dir als Freundin an meiner Seite möchte ich alt werden und irgendwann ein Seniorenheim unsicher machen.

Stetigkeit ist dein zweiter Vorname, lieber Murat. Kein Freund war und ist mir seelisch und mental so ähnlich wie du. Egal, mit welchem Gedankenchaos ich dich um Rat fragte, wusstest du Wege und Worte, mich zu erden und mir stets das berühmte Licht am Ende des Tunnels anzuknipsen. Danke, dass es dich gibt und du bist, wie du bist. Wir beide tragen die Verantwortung für die Fortführung familiärer Verbundenheit. Und es ist schön, diese Aufgabe mit dir gemeinsam zu teilen.

Was soll ich sagen, außer dass ich unsere Freundschaft in keine Schublade stecken kann. Lieber Özgür, du bist in meinem Kopf und Herzen und im Ohr die mutige Stimme, die mich immer ins nächste Abenteuer zu schubsen versucht, und egal, wie sehr meine ängstlichen und zögerlichen Anteile deine Worte bisher zu relativieren versuchten, hast du es immer geschafft, mich nach jedem Gespräch weitere 3 Zentimeter aus meiner Komfortzone zu lotsen. Dafür danke ich dir sehr.

Michael. Wie eine platonische Freundschaft zwischen Mann und Frau über ein Jahrzehnt halten kann, habe ich durch dich erfahren können. Für dieses Geschenk und für jedes deiner gesprochenen und geschriebenen Worte, die meiner manchmal enger gewordene Wahrnehmung immer zu großer Weite verhalfen, kann ich gar nicht genug Danke sagen.

Liebe Helga. Bei dir möchte ich mich von Herzen für deine Geduld mit mir bedanken, aber auch dafür, dass du vom ersten Moment an unser Projekt geglaubt und dich mit aller Kraft dafür eingesetzt hast. Du warst mir in der Zeit unserer Zusammenarbeit nicht nur eine wunderbare Lektorin, sondern Vertraute. Dafür danke ich dir sehr und freue mich auf weitere Buchschwangerschaften :).

Es gibt noch viele Menschen, denen ich in aller Ausführlichkeit meinen Dank aussprechen möchte, die immer da sind, ob in unmittelbarer Nähe oder von der anderen Seite der Welt – konstant und beständig, vorbehaltlos, unkompliziert und aufrichtig.

Lieber Ahmad, lieber Tamim, lieber Orkan, lieber Peter – du hast eh einen ganz besonderen Stellenwert bei mir –, lieber Marius, lieber Tobi, lieber Marc, lieber Isso, lieber Hans-Jürgen, lieber Günther, lieber Björn, lieber Erdal. Jeder einzelne von euch hat seinen Platz in meinem Leben und freiwillig werde ich diesen auch nicht freigeben. Danke für euch. Von Herzen.

Liebe Nora, liebe Sarah, liebe Romina, liebe Ümit, liebe Sineb, liebe Heike, liebe Nur, liebe Hatice, liebe Rabia, liebe Hülya, liebe Tasnim, liebe Naile, liebe Gonca, liebe Caroline, liebe Neslihan und liebe Ghada. Einige von euch begleiten mein Leben mit all seinen Hindernissen und Baustellen, den schönen, traurigen und lustigen Momenten seit über zehn Jahren, während ein paar von euch erst seit wenigen Jahren mein Leben reicher und schöner machen. Doch egal, wie lange es euch in meiner Welt nun schon gibt, jeden von euch liebe und schätze ich für ihre Klugheit und ihren Erfahrungshorizont, für ihre Art, das Leben zu sehen, und ihre Art, aus unangenehmen Umständen etwas Wertvolles und Wunderbares zu kreieren.

Unsere gemeinsame Reise wird weitergehen.

Aus Verantwortung für die Umwelt hat sich der *Verlag Kiepenheuer & Witsch* zu einer nachhaltigen Buchproduktion verpflichtet. Der bewusste Umgang mit unseren Ressourcen, der Schutz unseres Klimas und der Natur gehören zu unseren obersten Unternehmenszielen.

Gemeinsam mit unseren Partnern und Lieferanten setzen wir uns für eine klimaneutrale Buchproduktion ein, die den Erwerb von Klimazertifikaten zur Kompensation des CO_2-Ausstoßes einschließt.

Weitere Informationen finden Sie unter:
www.klimaneutralerverlag.de

MIX
Papier aus verantwortungsvollen Quellen
FSC® C014496

1. Auflage 2022

Covergestaltung Marion Blomeyer / Lowlypaper
Covermotiv © Annika Fußwinkel
Gesetzt aus der Ten Oldstyle und der Condor
Satz Buch-Werkstatt GmbH, Bad Aibling
Druck und Bindung GGP Media GmbH, Pößneck

ISBN 978-3-462-00197-6